我国世界文化遗产地旅游成长波动与管理动因研究

姚宏　郭雪梅　李晓英　著

中国财经出版传媒集团
中国财政经济出版社

图书在版编目（CIP）数据

我国世界文化遗产地旅游成长波动与管理动因研究／姚宏，郭雪梅，李晓英著．--北京：中国财政经济出版社，2019.12

ISBN 978-7-5095-9486-5

Ⅰ．①我…　Ⅱ．①姚…②郭…③李…　Ⅲ．①文化遗产-旅游业发展-研究-中国　Ⅳ．①F592

中国版本图书馆 CIP 数据核字（2019）第 276916 号

责任编辑：蔡　宾　　　　责任校对：胡永立

封面设计：陈宇琰

中国财政经济出版社出版

URL：http：//www.cfeph.cn

E-mail：cfeph@cfeph.cn

社址：北京市海淀区阜成路甲 28 号　邮政编码：100142

营销中心电话：010-88191537　编辑部门电话：010-88190666

北京财经印刷厂印刷　各地新华书店经销

787×1092 毫米　16 开　10.75 印张　210 000 字

2019 年 12 月第 1 版　2019 年 12 月北京第 1 次印刷

定价：56.00 元

ISBN 978-7-5095-9486-5

（图书出现印装问题，本社负责调换）

本社质量投诉电话：010-88190744

打击盗版举报热线：010-88191661　QQ：2242791300

序　言

1972年，联合国教科文组织在巴黎通过了《保护世界文化和自然遗产公约》，成立联合国教科文组织世界遗产委员会，其宗旨在于促进各国和各国人民之间的合作，为合理保护和恢复全人类共同的遗产做出积极的贡献。我国在1985年12月12日加入《保护世界文化与自然遗产公约》的缔约国行列，截至2018年7月，已有53项世界文化和自然遗产，排名第二位。

世界遗产自诞生以来，就受到全世界人民的广泛关注，申遗成为各国保护文物与文化的重要工作，而申遗之后遗产地的发展变化研究也成为学者们关注的焦点。世界遗产作为重要的旅游吸引物资源，进行旅游利用是遗产地普遍而重要的开发方向，既实现了遗产传承与共享功能，又成为地方经济重要的增长点。近年来不少因旅游而引起危机的遗产地案例表明，如果不能科学管理，遗产旅游开发不但难以实现遗产保护与旅游开发双赢的目标，反而成为双刃剑，使管理适应并促进旅游战略彻底执行、提高管理绩效是遗产地旅游利用实践的难点。本书以我国早期入选《世界文化遗产名录》的七个遗产地为例，旨在分析中国的世界遗产地多年旅游波动状况，解读影响波动的管理因素，尝试提出优化管理的对策建议。主要内容包括：

1. 七大遗产地旅游数据波动对比分析

（1）运用旅游地非线性成长理论与模型，以分段函数方程对七大遗产地的旅游统计数据进行模拟分析，其中对旅游收入确立基准年份进行标准化处理，消除汇率、物价指数两个因素对除物价通货膨胀因素的影响。在此基础上对遗产地的旅游客流模拟对比以及旅游收入模拟对比，找出波动规律与重要时间节点。

（2）将七个案例分类为历史人文型、博物馆型与山岳型，三类遗产地旅游客流与旅游收入波动的幅度与速度表现出一定的差异，旅游成长速度由高到低依次是山岳型、博物馆型、历史人文型遗产地。七大遗产地波动剧烈程度由强及弱分别为：平遥古城、承德避暑山庄、武当山、曲阜、莫高窟、泰山、兵马俑，即波动幅度依次是第三批遗产 > 第二批遗产 > 第一批遗产。平遥古城的波动幅度在40%以上，受外界影响较大；承德的振动幅度在30%内；武当山出现20%左右的波动；曲阜在18%～25%；莫高窟和泰山平均振幅分别为15%和10%；兵马俑除三次全国范围内的略微振动外，几乎没有偏离本底线。在旅游收入方面，山岳型遗产地的收入突破门票经济，引入文艺演出、索道、电梯等收入，旅游收入来源渠道较为宽广，互动性更高，体验参与带来效益明显，旅游发展速度大于历史文化和博物馆型遗产地。

（3）突发危机或庆典事件中七个遗产地受到波动与恢复能力不同。典型事件中，1989年的政治风波对曲阜三孔造成的损失最大，2003年非典对平遥古城和曲阜三孔造成的客流损失都几乎达到50%，避暑山庄受影响较小；分析加入遗产名录后两年客流，泰山、曲阜三孔受到拉动效应很小，申遗的瞬时效应明显不足等。

2. 管理因素对七大遗产地旅游波动的刺激或抑制作用分析

（1）管理因素是刺激或抑制旅游发展的重要因素，包括管理体制、政策制度、营销策略等，研究表明政策制度和大规模突发事件管理是遗产地旅游成长过程和波动的主要影响因素，此外入遗效应差异、资源类型对管理要求差异、营销能力差异、旅游交通管理等也是重要影响因素。

（2）从政策制度来看，国家层面旅游法律法规颁布的规范引领性。国家出台的政策或制度发挥的效力与遗产景区所处生命周期有关。旅游地旅游成长周期与国家的成长周期同步时，政策的激励瞬时性较强，如曲阜三孔生命周期与国家旅游生命周期的同步性致使法律效力发挥的瞬时性明显。省市层面地方旅游政策法规对全国号召的响应，凸显出地方立法的雷同，针对性小。山东省旅游立法理念与时俱进，政府职能由管理者向促进者转变，是曲阜三孔与全国旅游发展契合度高的重要原因之一。遗产地景区层面的政策干扰途径与效果各不相同，这与资源禀赋、区位优势和经济发展水平有关。各遗产地普遍重视挖掘遗产的历史与文化内涵，充分利用各种节庆活动和门票优惠来吸引游客；各遗产地通过微信、二维码等互联网途径售票、发放优惠券等，使现代景区管理逐步走向网络化与智能化；融资与投入等资本手段不同，对旅游发展有的促进作用表现出一定的差异，如中央财政对曲阜与承德的大力资金投入促进其保护工作进行，平遥古城承载的内涵独特性使其也能通过各种平台招商引资完成古城的修葺与保护。

3. 七大遗产地游客与居民的旅游感知差异与管理因素分析

（1）七大遗产地游客与居民的旅游感知差异。七处遗产地感知整体得分中，游客和居民一致评价曲阜三孔和敦煌莫高窟位居前列，其他五个遗产地则差异较大。在旅游感知的二级指标分析中，游客打分较高的因素主要集中在讲解服务、遗产保护、教育传承和基础设施，参与项目、特色购买和营销效果打分较低。居民对便捷程度、遗产保护、陈列展示与讲解服务四个要素的评价最高，对管理水平、参与项目、特色购买和教育传承因素的评价较低。在四项一级指标中，游客和居民一致认为游娱功能因素差而遗产功能因素较好。

通过遗产地整体得分的对比分析，可以发现：遗产地整体旅游感知水平较高，七处样本地感知数据中，无论是游客群体还是居民群体，其遗产地整体感知得分均在3.70之上，说明世界文化遗产地的旅游感知度处于较高水平。结合实地访谈中两类样本群体对文化价值开发、服务环境、卫生环境、设施投入等诸多管理因素的态度和意见，从景区开发、景区环境和景区投入三个方面看，较普遍的问题是遗产地景区开发内涵不足，遗产地景区卫生和市场环境满意度不高，遗产地景区投入与发展速度存在差距。

（2）影响游客与居民对遗产旅游体验感知的管理因素。外部管理因素主要有管理主体与机构建制、区域合作机制、法制建设与实施等；内部管理因素有旅游项目开发、门票定价策略、展览陈列手段等。研究表明，其管理机构级别越高，对遗产地开发的自主权越大，政策倾斜也越明显，政府支持力度也越强；七大遗产地中都充分利用自身的优势与周边景区形成了区域联动，区域合作机制不仅可以实现资源互补、参与项目的互补，对市场开发升级、旅游从业环境的净化更有促进作用；遗产地旅游法律法规方面存在的部分共性问题：立法注重宏观行业规范以及遗产保护，轻视游客权益维护；实施效率不高，缺乏监督主体等。从遗产地景区管理内部因素看，旅游项目开发、门票定价策略、展陈手段等是影响旅游感知最直接的因素，多数世界文化遗产地都实施淡旺季浮动价格一票制管理，但是在讲解费用、景区内交通费用上存在差异，遗产地开发逐渐从粗放型转向可持续型，越来越注重科技运用与创新，但普遍存在体验产品开发不足的问题。

4. 优化政府遗产旅游管理的对策分析。知识与信息时代要求我们更加重视无形资产管理带来的效益，研究围绕旅游发展战略目标，以提升无形资产管理绩效作为优化政府主导的遗产旅游管理的途径，尝试借鉴战略地图模型，以陕西为例构建遗产旅游管理模型。结合陕西省“十三五”旅游规划目标，明确遗产旅游管理的使命愿景为“国际一流‘一带一路’遗产旅游核心区”，明确与目标相关的客户价值主张为“产品领先、成本最低、高质量旅游体验”、利益相关者价值主张为“经济效益最高、社会效益最高、管理效益最高”，为实现使命与价值而注重的管理流程主要包括“产品创新流程、运营管理流程、社会与法规流程、文物保护流程”，建立学习型组织与学习型旅游地的重要任务包括“人力、组织、技术”，构建陕西遗产旅游管理战略地图，明晰了管理的衡量目标、绩效层面。

5. 建议遗产旅游地管理机构与部门，进一步全面梳理所有世界遗产地旅游发展数据，建立世界遗产地数据库，跟踪旅游发展过程，以便于进行综合分析，为我国遗产旅游发展战略总体规划提供依据。建设美丽中国、乡村振兴、全域旅游等国家战略，以及高质量旅游者等对遗产旅游管理提出了更高的要求，现有的遗产旅游管理策略滞后于战略要求，改变粗放型遗产管理、提高管理水平与效益是迫在眉睫的重要问题，需要更多的科学管理理念、手段与措施介入。

本书受到《我国世界文化遗产地旅游成长波动与管理动因研究》（国家社科基金一般项目，13BGL087）、《“一带一路”背景下陕西遗产旅游目的地国际化的跨境合作管理机制》（陕西省自然科学基金面上项目，2017JM7006；2016 中国丝绸之路研究院科学研究项目，2016SY17）等科学研究项目资助，得到了西安财经大学商学院、现代企业管理研究中心资金资助。同时，作者在调研过程中得到各位老师、朋友、企业人士的帮助，才得以顺利完成大量详实数据的收集，获得了宝贵的经验。

本书在撰写过程查阅并参考了大量的国内外文献，对相关研究学者及研究成果的引用都进行了说明，在此一并感谢学者的观点、研究为本书撰写带来的帮助。同时，由于笔者学识有限，若在本书撰写中有任何不当之处，恳请各位专家批评指正。

姚 宏

2019 年 6 月于西安

目　录

第1章

绪　　论

1.1　研究意义

1.1.1　遗产地旅游发展演化研究的意义

旅游发展演化研究是旅游学最重要课题之一，遗产地旅游随世界文化遗产名录的诞生而成为焦点，随之而来演化发展、管理问题等进入旅游学视野，形成众多旅游学与文化遗产学的交叉课题。

已有研究成果中，影响最广泛的旅游地生命周期理论用于描述旅游地演化宏观过程与趋势规律，后来逐渐聚焦于寻求数理模型的突破。巴特勒（Butler）于1980年提出该理论，多应用于岛屿、海岸、山地，模型也多次被修改，如阿格沃尔（Agarwal，1994；1997；1998；2001）运用于度假区、海滨旅游地等多次的论述与修正，巴特勒（Butler）本人也在2006年系统整理了相关的理论、应用分析研究。在定量研究方面，利用数据或者建立数理模型进行验证较为普遍，贝内代托（Benedetto，1993）以对数函数建立模型研究塞浦路斯1949～1984年的旅游发展过程，朗德托普（Lundtorp，2001）和万希尔（Wanhill，2001）提出一个需求驱动的公式和数理论证来解释生命周期模型，（Berry，2001）以数理论证和模型支持了该理论，使生命周期每一阶段的标示成为可能。

国内关于这方面的理论应用探讨很多，但定量研究较少，姚宏（2008；2009；2010；2011）基于旅游系统的非线性特征尝试提出旅游地非线性成长数理模型，并以山岳景区、西安等作为案例进行了周期分析。谢彦君（1995）提出旅游地生命周期的控制和调整；陆林（1997）研究了山岳型旅游地生命周期；保继刚（1999）总结认为旅游地生命周期的讨论主要集中在旅游地演化发展的解释模型、指导市场营销和规划、预测未来发展趋势三方面；张朝枝（2003）提出了驱动力分析等。

国外遗产旅游研究早已兴起，国内遗产旅游问题在2000年之后引起广泛关注，研究热点与国际接轨，与世界文化遗产相关的主要有遗产旅游者研究、遗产地利益相关者研究以及政府管理体制、模式、法制建设等（徐嵩龄、王兴斌、喻学才、刘振礼、宋振春、张朝枝、孙九霞等，1996～2012）。世界文化遗产的旅游开发管理研究以个案为主，注重分析遗产旅游的特色与开发中凸现的矛盾，侧重经营管理研究，如黄山模式、平遥模式、丽江模式、苏州模式、西湖模式等（年继伟，2004；朱生东、杨效忠等，2009、2010、2015；徐嵩龄，2013）；遗产管理体制是研究焦点问题，多侧重各国遗产地管理体制与经验比较（徐嵩龄，2003、2008；张朝枝等，2004～2012），汪明林（2006；2014）尝试分析适合中国国情的管理与政府定位。

综合旅游地演化与遗产旅游交叉研究，着眼于遗产旅游角度的旅游地生命周期分析案例研究不多，将多个世界文化遗产进行生命周期数据模拟，并比较波动因素与影响要素等尚属于研究空白。

本书聚焦于全国早期入选《世界遗产名录》的重要遗产地，旨在分析遗产旅游成长波动的共性规律与不同类型遗产地的波动特点，并对波动产生的因素进行甄别。选取1997年之前入选《世界遗产名录》的7个世界文化遗产（泰山、承德避暑山庄、曲阜三孔、武当山、平遥古城、莫高窟、兵马俑）进行对比研究，实现数据分析和因素分析，从而为遗产地可持续旅游发展提供借鉴。

1.1.2 加强遗产旅游管理研究的意义

世界文化遗产地是最重要的遗产旅游目的地，遗产保护与旅游开发、旅游服务供给与游客需求的矛盾都比较突出（张慧祯，2013）。过度旅游使得遗产地不但难以实现遗产保护与旅游开发双赢的目标，反而成为双刃剑，近年屡发的管理混乱带来深刻的教训。从管理角度来看，如何认识问题本质、使管理适应并促进旅游战略彻底执行、提高管理绩效是实践难点，因而亟须管理创新机制与手段。比较旅游开发管理对旅游发展波动的影响，运用现代管理工具，为现行体制下双赢战略的执行提供管理技术创新策略，具有较好的实践指导意义。

1.1.2.1 管理因素已成为影响到遗产地旅游可持续发展的最重要因素之一

它既可能成为增长的触发性因素，也可能抑制削弱遗产地旅游发展的效益。影响遗产地旅游发展的因素很多，主要有政治、经济与制度环境，资源开发与产品创新、突发事件与旅游危机等，加上旅游业地位与规模在不同时间段发生变化，政治危机、经济危机、自然灾害等多种旅游危机，国际庆典、会议、商务等事件影响，制约或影响中国旅游发展的同时，也深刻地影响着地方旅游业的发展和成长过程，反映在相应的数据指标和曲线上，形成某些断裂点、凹形谷，波动也反映在曲线的振幅、周期长短等指标上。通过对数据的模拟与再现，找到重要的凸峰凹谷，查阅凸峰凹谷年份及前一年份的国家、地方以及遗产地本身的历史资料，挖掘当期的重要事件、制度、营销以及产品开发等，是对管理尤其是制度管理在遗产旅游波动的重要作用进行剖析的有效途径。

1.1.2.2 如何使管理适应并促进遗产旅游资源保护和发展

文化遗产旅游地是我国最重要的旅游目的地类型之一，吸引众多的游客，也面临巨大的资源环境压力。如何使管理适应并促进遗产旅游资源保护和发展是当前和今后遗产地研究和争论的焦点；如何尽可能的考虑更多利益相关者的利益诉求，是新时期在我国遗产旅游地构建人与自然、人与人之间和谐的和谐社会的一个重要命题。陕西逐渐扩大的文化遗产旅游市场带来了一系列的共性与个性问题，引发我们对文化旅游资产整合与利用的深思，在激烈的市场竞争中，管理问题日益凸显，为旅游产业发展提出了新的课题，通过对文化遗产资源进行管理创新，能否带来遗产保护与旅游开发效益的跨越式增长的双赢？

基于对文化遗产基本属性和功能的认识，需要认真思考文化遗产旅游所涉及的经营与管理体系问题。与我国旅游景区管理区和经营权分离的实践结合，“三权分离”与不分离的呼声各半，对遗产地管理体制的讨论成为研究热点，基本观点倾向于对遗产资源，尤其是世界遗产进行严格的政府部门管理，其中的旅游经营要按照规划控制。如朱建安（2004）研究世界遗产旅游中的政府定位，提出在市场化条件下的政府规制；汪明林（2006）研究旅游资源保护与旅游发展中政府的制度、组织、职务作为。杨瑞芹与马波（2004）探讨公共旅游资源经营权、王咏与陆林（2006）以西递宏村为例，研究管理的利益主体和经营模式；徐高龄（2003；2005）反对遗产旅游地管理进行两权分离或四权分离，提出遗产产业的非营利性经营必须遵循的标准，认为遗产经营权的转让是有严格的前提；对综合型遗产地管理的实践经验则包括了平遥模式、丽江模式、苏州模式等。2006年来的研究开始出现对各方利益相关者的考察，以期实现遗产保护、遗产旅游和社会利益的和谐。已有对社区参与与利益相关者的研究涉及的主要有居民、媒体和社区参与，如王嘉学等（2006）研究三江并流世界自然遗产保护中怒江峡谷的居民参与旅游开发的问题；胡海燕（2006）研究了西藏布达拉宫的遗产管理中管理者、当地社区、全体公众与旅游者等利益相关者的利益需求和管理对策；邹统钎（2007；2013；2017）研究古村落遗产旅游的社区主导开发、基于自然与文化解决方案的遗产旅游资源管理战略等；胡北明（2010，2014）基于利益相关者角度剖析我国遗产旅游地管理体制的改革，并以九寨沟为例分析遗产地核心利益相关者诉求。

文化遗产以旅游景点的形式产生经济收益，专家认为景点门票收益已经成为中国文化遗产旅游收益的中心环节，文化遗产被纳入旅游经营体系，容易出现两种倾向：一是普通文化遗产不能获得应有的收益，从而妨碍文化遗产的保护和利用，导致文化遗产资源的流失和破坏；二是知名文化遗产容易获得超高经济收益，但未能向其他领域扩散，不利于社会的整体发展（宋振春，2010）。两种情况对于文化遗产旅游所涉及各个环节、各个行业间的平衡，实现整体可持续的健康发展，都有一定消极影响。对此，学术界主要从文化遗产的管理体制、文化遗产旅游产品的公共性等角度分析了解决问题的路径和方法，但对于旅游发展实践产生的影响有限，也导致理论研究本身难以进一步深入。从上述内容来看，文化遗产资源经营方式与管理体制深刻地影响到开发效益与保护效果。如果仅仅提出将管理权与经营权分属政府、企业等不同主体，缺乏对文化遗产旅游相关利益者的详细分类与分级，对文化遗产资源的属性与经营管理体系等问题并不明晰，对于现行政府主导管理模式下的遗产旅游资源管理，很多研究成果缺乏实践可操作性和普遍的指导意义。

因此研究难点之一，是在遗产与旅游这两个领域之间搭建桥梁，寻找新的生长点，最大限度减少错误的开发对遗产资源的破坏，正确处理保护、利用的关系，获得遗产保护与旅游开发的双赢。旅游业的发展与遗产保护往往是一对矛盾，做好这两方面的工作都是政府的职责，遗产类旅游资源管理模式是政府管理模式，政府集所有权、管理权和经营权于一身，管理中难免出现弊端。现行对遗产切块分割的管理模式有专业化管理的优点，但当前世界对于遗产的认识日趋整体化、人文化，这种管理模式已经暴露其整体性、协调性差的缺陷。当务之急是提高遗产管理理念，运用科学的理论指导遗产管理实践。

1.1.2.3 国内文化遗产管理实践的相对落后

国内文化遗产旅游管理问题众多，但现代管理模型与工具在文化遗产旅游地管理研究及应用中明显不足。在旅游经济发展领域，管理带来的无形资产效益逐步提上日程，将为解决遗产旅游发展中的管理问题、实现遗产保护与利用双赢战略提供新的着眼点与途径。尽管吴育标（2010）在博士论文研究中国世界遗产战略管理模式，提出战略框架与遗产管理体制，但对于适用何种管理工具并没有详细的阐述。

纵览全球经济发展宏观背景，知识和服务经济趋势明朗，无形资产创造价值已经从1982年的不到40%到今天超过75%。即便资源丰富，如果对人力资源和信息系统投资不足的话，其人均产出和增长都将远远低于大量投资于人力资本、信息资本和高效内部系统的国家和地区。在旅游经济发展领域，吸取世界旅游及其他行业发展经验，对于无形资产管理的成功在一定程度上也将决定旅游发展的业绩与趋势，有关管理带来的无形资产效益也已经逐步提上中国旅游管理的日程。

1.1.3 本书的理论价值与实践意义

1.1.3.1 理论价值

旅游地非线性成长（Tourist Area Nonlinear Growth，简称TANG）模型是对较长时段的旅游地多个生命周期演化过程进行模拟和分析的工具，通过模拟方程与成长曲线及相关特征值实现不同周期的横向与纵向比较，成为研究旅游地演化的有力工具，是生命周期理论的拓展与延伸。世界文化遗产作为旅游吸引物，既实现了遗产传承与共享功能，又是地方经济重要的增长点，运用TANG模型全面剖析其多年发展周期结构与趋势，是十分必要而且可行的实证应用。本书分析7个世界遗产地的旅游成长波动过程，具有一定的代表性，其研究方法与模型将为其他遗产地提供借鉴。

1.1.3.2 实践意义

过度旅游使遗产地不但难以实现遗产保护与旅游开发双赢的目标，反而成为双刃剑。不论是从七大遗产地的旅游数据波动的相关管理因素分析来看，还是从影响游客与居民的遗产旅游感知的管理因素而言，管理对于遗产旅游发展的影响十分突出，亟待深入分析和探讨。

从管理角度来看，如何认识问题本质、使管理适应并促进旅游战略彻底执行、提高管理绩效是实践难点，因而亟须管理创新机制与手段。本书比较旅游开发管理对旅游发展波动的影响，在“对策探讨”内容中运用现代管理工具，为现行体制下双赢战略的执行提供管理技术创新策略，具有较好的实践指导意义。运用战略地图寻求解决的理论基础和对策，明晰遗产旅游管理战略与目标、文化遗产旅游地的利益相关者、创新流程及知识与组织准备等，将兼顾旅游开发的经济与社会效益、保护需求及其实现，为政府管理文化遗产旅游提供理论依据与可操作实践方案。陕西作为文化遗产旅游大省，在全国具有代表性，对其管理状况的剖析与理论实证分析，将为其他省区提供参考借鉴。

1.2 研究内容

1.2.1 世界遗产地旅游成长波动规律与特点

描述遗产地在加入《世界遗产名录》之后的发展过程，发现遗产旅游波动规律与特点。旅游地非线性成长（Tourist Area Nonlinear Growth，简称 TANG）模型是对较长时段的旅游地多个生命周期演化过程进行模拟和分析的工具，通过模拟方程与成长曲线及相关特征值实现不同周期的横向与纵向比较，成为研究旅游地演化的有力工具，是生命周期理论的拓展与延伸。世界文化遗产作为旅游吸引物，既实现了遗产传承与共享功能，又是地方经济重要的增长点，运用 TANG 模型全面剖析其多年发展周期结构与趋势，是十分必要而且可行的实证应用。

1.2.2 影响世界遗产地旅游成长波动的管理因素

通过对比分析多个遗产地的历史发展过程，剖析遗产地波动及周期变化的影响因素，尤其是管理方面的因素。对历史文化世界文化遗产地、山岳型世界文化遗产地和博物馆型遗产地旅游成长周期过程模拟，以分段函数方程模拟成长型 S 形曲线。数据模拟较长时间序列的旅游客流与收入等指标，分析对比七大遗产地旅游发展周期变化的重要特征值与周期规律，尤其是入遗之后的变化，深层剖析成长曲线波动产生的管理因素，为开发提供借鉴。

1.2.3 影响游客与居民对世界遗产地旅游感知的管理因素

游客与社区居民对遗产地的旅游体验感知，以及影响游客感知的管理因素。通过实地调研获得游客问卷数据，建立指标体系，根据特尔菲法获得指标权重，对数据进行评价分析，获得七大遗产地游客感知的各级指标得分，进而分析要素特点、差异与原因。

1.2.4 优化遗产旅游管理的对策研究

依据现行遗产地管理以政府主导管理体制，结合管理学工具，以陕西为例，提供优化遗产旅游管理的对策，重点在于无形资产管理整合，为创新管理机制提供参考依据。

1.3 研究方法

结合旅游学、地理学、经济学和管理学等相关知识，研究主要采用实地调研、文献分析、问卷调研、数据模拟、对比分析等方法，定性与定量分析相结合，运用非线性函数模型、本底趋势线模型、战略地图模型等实现研究内容。

（1）实地调查法。研究前期对七大遗产地进行实地考察、问卷调研，调研时通过遗产地行政管理部门获取统计数据。实地调查内容包括三大方面：统计数据收集，对景区游客及相关从业人员问卷调研，历年旅游政策、制度、运营管理资料等。

（2）数理模型模拟分析法。运用非线性成长理论的分段式函数模型，基于旅游统计数据，构建周期函数方程，并产生“S”形曲线与统计值折线进行对比分析，获得周期发展规律和重要特征值。

（3）对比分析法。对比分析主要体现在以下五方面：单个遗产地的客流与收入两项指标纵向对比、七大遗产地的成长周期横向对比、七大遗产地游客感知对比、七大遗产地管理要素对比、七大遗产地游客与居民的旅游感知差异对比等。

（4）理论与实践相结合分析法。研究结合相关理论，选择平遥古城、曲阜三孔、承德避暑山庄、泰山、武当山、莫高窟和兵马俑作为实证案例进行研究。

（5）模式分析法。借用 Kaplan 战略地图理论与模型，以陕西省为例，构建遗产旅游管理战略地图，为各级政府与组织优化遗产旅游管理、明晰管理路径与绩效提供对策。

1.4 研究技术路线

研究以“实地调研与考察—数据模拟与对比—探究遗产旅游波动动因—对比旅游经营管理—提出发展与创新机制”的思路展开，将旅游地演化的理论与模型应用到世界文化遗产地旅游研究中，结合管理学理论分析经营管理实践，实现从现象到内因、从理论到实证的系统过程。研究思路如图1-1所示。

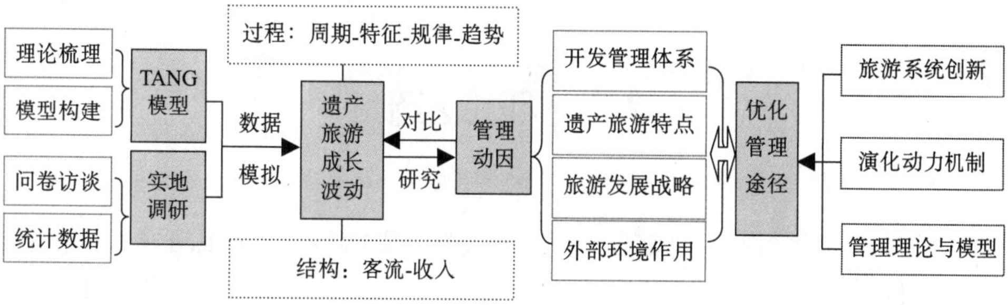

图1-1 研究技术路线

第2章

理论基础与国内外研究进展

2.1 理论基础

一个旅游地的发展过程一般都包括投入、成长、成熟、停滞和衰退或复苏六个阶段，在理想状态且没有任何因素影响的情况下，旅游地的成长轨迹呈现一条平滑的“S”形曲线。但在实际中，受众多因素的影响，旅游地的成长呈现“峰谷交错”和“多周期”等特性。本书以以下旅游地演化的基础理论为基本分析依据。

2.1.1 本底趋势线理论

本底趋势线（Natural Trend Curve）理论是关于本底趋势线的定义、建模、画法和其应用的理论与方法。它是在旅游市场调查分析的基础上，严格区分旅游业发展中的天然趋势和事件旅游的影响，依据较长期的统计数据，关于旅游地成长过程分析和预测的理论与方法，其应用包括：旅游地成长趋势与波动周期分析、事件旅游及其影响分析、景点景区旅游发展预测等。是孙根年教授在近10年的哲学思考、数学分析和应用实践研究的基础上提出的一个全新而系统的理论，并试图将旅游成长分析、事件旅游评价和旅游预测统合为一。

“本底”借用了环境学中“本底值”（即在未受人为污染条件下环境中各种因素的天然含量）的概念，鉴于旅游业的动态发展性，所以旅游业的本底值也只能是动力学方程或动态曲线（李乃英，1998）。这里旅游本底线对应于“价值”，价值具有天然的稳定性；价格受市场供求关系的影响，虽然有随机波动性，但总以价值为基础。旅游本底线的天然稳定性是确定的，它是客源市场和旅游目的地两个断面，在资源禀赋、旅游需求、社会及人口经济发展规模和速度，以及空间相互作用中的综合反应；旅游统计线受到境内外重大政治、经济、环境事件的冲击和干扰，也是的随机波动的围绕着本底线上下波动或涨落。建立旅游本底线可揭示某国旅游业发展固有趋势，结合统计线可作为指示过去旅游业兴衰的“晴雨表”，作为本底线的自然延伸又有预测未来功能（孙根年，2000）。

1998 年，孙根年教授提出旅游本底趋势线的概念，并发现了其“晴雨表”功能与预测功能，率先用于分析“政治风波”对我国入境旅游业的影响（李乃英，1998）；2000 年，运用本底趋势线理论分析了西安市旅游业的成长与波动周期，拓展了本底线理论在旅游成长分析中的作用（孙根年，2000）；2005 年，将本底线理论与巴特勒（Batler）的旅游生命周期理论结合起来，提出旅游危机的生命周期，完成了 2003 年 SARS 对我国旅游和交通客运量影响的分析，在时空尺度的分析上更为深入细致；2006 年，戴光全、保继刚运用本低趋势线理论，分析了 1999 年昆明世博回对昆明旅游业发展的效应，开拓了庆典事件分析；2007 年将本底趋势线理论与游客亲景度、旅游季节指数等结合起来，完成了 2008 年北京奥运会对入境和国内旅游影响的预测；2009 ~ 2010 年，利用本底趋势理论开展国际关系及危机事件对旅游业的影响分析及多危机事件高分辨率的分析研究。

2.1.2　旅游地非线性成长理论

在旅游地生命周期理论和本地趋势线理论的基础上，孙根年教授与作者进一步提出旅游地非线性成长理论（Travel Area Nonlinear Growth Theory，简称 TANG），该理论认为，旅游目的地是非线性系统，其成长遵从 logistic 方程，运行轨迹为条平缓增长—加速增长—增长趋缓—零增长的“S”形曲线，建立单周期“S”形曲线，某一旅游地可能具有一个或者多个这样的周期，周期之间存在分岔点，其持续成长具有四种可能的模式：成长—长期稳定模式，成长—衰退—稳定模式、成长—衰退—再成长模式和扇贝型成长模式（姚宏，2013）。

对于非线性成长的分岔结构的模式，用如下分段函数来表示旅游地某个周期成长，即：

$$Q_i(t) = \frac{A_i}{1 + B_i \exp(-C_i \times t)} + Q_{i0} \quad 或 \quad Q_i(t) = \frac{A_i}{1 + \exp(-C_i \times t + b_i)} + Q_{i0}$$

其中：$Q_i(t)$ 为第 t 年第 i 个周期内的客流量；

Q_{i0}为客流量第 i 个周期的逻辑下界；

A_i 表示第 i 个周期的逻辑上界；

B_i 表示逻辑上界和逻辑下界的对比关系，称之为初始参数；

C_i 表示第 i 个周期内增长速度（或成长参数），是产出序列边际增长率的上界；

t 代表某个成长周期内的时间变量。

本模式的改进是将旅游成长周期动态化和阶段化，认为其长期成长过程是几个生命周期的前后联接（李乃英，1998）。

2.1.3　“第二曲线”理论

关于旅游地的多周期发展问题，唐代剑以旅游地复兴为研究基点，将第二曲线理论引入到旅游地复兴理论研究之中。根据伊莫里森（Ian Morrison）所提出的第二曲线内涵，以巴特勒（Butler）所提出的旅游地生命周期曲线图为基础，以时间为横轴、旅游经济力为纵轴，描绘出旅游地发展与演进的第二曲线模型，即：为了能够实现持续发展，避免衰败，旅游地需要在高峰到来之前，针对市场需求创新旅游产品，培育新的市场，开辟新的道路，这条发展轨迹称之为“旅游地第二曲线”。并提出旅游地第二曲线有主动型、理想型和被动型三种表现形态（唐代剑，2009）。第二曲线理论对于分析遗产旅游地多周期发展历程与观察点，具有很好的借鉴价值。

2.1.4 战略地图理论

平衡计分卡（Balanced Scorecard，简称 BSC）和战略地图（Strategic Map，简称 SM）基本理论首先来自并运用于企业战略管理（李晨辉，2012）。1992 年 Kaplan 和 Norton 在《哈佛商业评论》发表了“The Balanced Scorecard – Measures That Drive Performance”（平衡计分卡：企业绩效的驱动）一文，产生了强烈的反响。此后的十几年中，他们将平衡计分卡从最初的业绩衡量工具，发展成为企业战略管理的方法。2001 年，卡普兰和诺顿在其《战略中心型组织》一书中，曾对失败的战略进行了分析，结论是：在 70 % 的案例中，真正的问题不是笨拙的战略，而是笨拙的执行。战略管理的核心不是制定而是如何执行，不是目标确定而是内部流程设计和无形资产的整合。实践证明了平衡计分卡蕴含的一个基本原理，“如果你能衡量它，那么你就能管理它”。两人在《哈佛商业评论》发表的 5 篇文章，在哈佛商学院出版社出版《平衡计分卡》《战略中心型组织》《战略地图》3 本著作，形成了平衡计分卡与战略地图的完整理论体系。

平衡计分卡（BSC）又可称为“战略平衡积分卡”“平衡计分卡”或“综合记分卡”等。它的核心思想就是通过财务、客户、内部流程及学习与发展四个方面的指标之间的相互驱动的因果关系展现组织的战略轨迹，实现绩效考核——绩效改进以及战略实施——战略修正的战略目标过程（胡玉明，2004）。根据发明者 Kaplan 的定义，平衡计分卡是被用来表达多样的、相互联系的众多目标，并确定所欲达到目标的途径。它并不是公司所有衡量指标的全面概括、所有战略、财务和运营衡量指标的替代品、日常运营管理工具，而是从财务、客户、内部运营流程、学习与成长维度将任务和战略转化为目标和衡量指标，并全面衡量经营绩效的工具和流程（姚宏，2013）。

战略地图 SM 从其对应的 BSC 发展而来，增加了一个细节层和颗粒层，用以说明时间动态性，展示重点和提高清晰性。SM 提供了一个全面描述战略的直观方法，以使目标和指标可以被建立和管理。把战略转化为简单易用的地图的逻辑结构，以平衡计分卡（Balanced Scorecard，简称 BSC）四个角度的相互关系为内核，把四个角度通过因果关系链条串了起来，并以图的形式告诉管理者：什么样的知识、技能和文化系统（学习与成长角度）可以用来构建运作系统（内部流程角度），进而给需求者带来特殊的价值（客户角度/利益相关者角度），实现更高的财务价值/使命价值（财务角度/使命角度），从而实现战略目标（罗伯特·S. 卡普兰，2005）。

2.2　旅游成长波动研究进展

2.2.1　国外研究进展

有关旅游地成长的理论主要是旅游地生命周期理论。旅游地生命周期是从发生学和时间演化过程对旅游地成长进行描述的重要理论（杨效忠，2004）。

目前国内外学者公认的旅游地开发成长基本理论“旅游地生命周期理论”是 1980 年，巴特勒（R. W. Butler）提出的。他认为旅游地的演化经历 6 个阶段，呈“S”形曲线；2001 年朗德托普（Lundtorp）等通过对夏威夷岛屿的长时段数据分析，将旅游地的成长归纳为三种基本模式，即主循环—再循环模式、成长—衰落—稳定模式和扇贝型模式。2006 年，巴特勒（Butler）本人也著书对其 1980 年提出的生命周期模型进行了进一步的理论和实证探讨验证。拉盖夫斯基（Lagiewski，2006）综述了不同规模的旅游地分析。

除此之外，TALC 模型也应用于不同类型的旅游吸引物和旅游资源（如，岛屿、海岸、山地等，如韦弗（D B. Weaver，1990）将 TALC 用于盖曼岛；保继刚等 2006 年关于丹霞山的 TALC 分析等），并从不同角度出发进行探讨，如普罗瑟（G M. Prosser）在 1995 年，阿加沃（Agarwal）在 1997 对 TALC 的有效性和实证研究；与 TALC 各阶段相应的社会、环境和经济的变化，旅游地发展的速度和社会经济文化影响，如 1982 年马蒂森（A. Mathieson）和沃尔（G. Wall）著书论述旅游的经济、自然和社会影响；贝里（Berry）在 2001 完成博士论文论证 TALC 理论在澳大利亚 Cairns 地区的运用等）。

最后，还有学者对“S”形曲线对旅游地生命周期“S”形曲线提出改进与探讨，主要形成三种模式：Haywood 模式，认为旅游产品生命周期曲线实际上是由若干不同的细分市场组成的；Svend Lundtorp 模式，采用定量方法证实并支持了巴特勒（Butler）的 S 形曲线；Strapp 生命周期附属模型，以平均停留时间为指标，提出了生命周期的附属模型。

2.2.2　国内研究进展

景区旅游客流峰谷交错的动态发展一直是困扰管理者的难题。因此对景区长时间段客流变化进行年际分析，有利于预测未来客流规模态势和波动范围，同时为政府应对突发事件的危机管理以及制订景区持续发展的供需策略提供重要的指导作用。在国内，生命周期理论也成为旅游地发展的重要研究方法，得到众多学者的实践应用（张丽、吴必虎，1997；晓杰、张斌，1999；吕菽菲、张捷等，1999；丁健、保继刚，2000；肖光明，2003；杨效忠、陆林等，2004；王志稳、黄家美，2004）。也有部分学者在已往的理论基础上，进行了改进，提出旅游地生命周期的复合模型（刘泽华，2003）或者创新生命周期的三个阶段：远程观光、近程休闲和商务旅游（徐红罡，2005）。但是该理论在实践中的预测功和调控功能表现出局限性，特别是旅游地发展演化的非线性、多周期性变化，生命周期理论的单周期和定性分析已经不能满足于多个景区的横向比较。1998 年孙根年教授提出的旅游本底趋势概念和模拟方程弥补了这一缺陷，已经得到学术界广泛认可与应用。现今研究主要要集中在：基于客流数据旅游地非线性成长分析与预测，如旅游地非线性成长与产业演变关系、演进路径分析（麻学锋，2012；马秋芳，2009），旅游地非线性成长影响因素作用机制，旅游地非线性成长多周期分析与比较研究（马丽君，2010；姚宏，2008；孙根年，2007）；事件与危机的影响与评估，如危机事件对旅游业、铁路客运量、不同景区的影响及危机评估（马丽君，2009；孙根年，2006；孙根年，2011；舒镜镜，2010），事件对旅游地的经济、旅游效益评估（戴光全，2007）。

2.3 旅游地成长波动的影响因素的研究进展

旅游地成长的影响因素也是国内外专家学者关注的重要方面。旅游地未来的成长趋势在很大程度上受影响因素的制约，只有把握旅游成长与相关因素的作用机理，才能更好地指导旅游地的发展。

2.3.1 国外研究进展

国外专家主要侧重于影响因素的评估研究和影响因子作用机理研究。

对遗址类景区，采用不同的评估方法研究影响因素。塞缪尔（Samuel Seongseop Kim）等以韩国首尔的昌德宫遗址为例，运用 10 个价格指标，采用封闭式问卷调查的形式，借助条件价值评估法对韩国世界文化遗产的使用价值和游客支付意愿决定因素进行了评估。结果表明，世界文化遗产地的经济价值对使用者或旅游者而言远大于其货币受益水平，在 logit 线性模型和对数模型两种评价方法中，游客支付意愿的决定因素有很高的一致性。约翰霍尔（John Hall）等以世界战争遗址地——加利波利澳新军团纪念活动为例，在对出席纪念活动者问卷调查的基础上，运用探索性和验证性因子分析和结构方程模型，研究了交通、其他设施、庆典仪式、娱乐活动对参加者满意度的影响，安迪（Andy S Choi）等把澳大利亚堪培拉的旧国会遗址作为研究地，运用选择模型从标志性建筑和收藏、展览、活动项目、设施和进入费用对文化遗产地各属性的经济价值进行了评估。

对入境旅游市场，多数专家从国际影响因素世界平均收入和汇率变动探讨作用机理（Kareem O I，2007）。此外，危机突发事件的影响也是国外学者研究的重点。如重大危机事件（政治危机、战争、金融危机、SARS 等流行病爆发等）（Naude，Saayman，2005；Yang，et al. ，2010；Yang，Wong，2012）。

2.3.2　国内研究进展

国内专家的研究视角丰富多样。主要有几类：一是对不同类型的旅游地影响因素归类。如对战争遗址旅游的因素，从旅游者的角度归纳为旅游者的期望与旅游者游览目的地的非闲暇性；对古城镇从本身的角度出发，初步对影响因素的测度进行排序。如商丘古城的遗址研究则通过测量模型对各维度的影响因素的贡献程度做出排序，得出贡献从大到小依为内部设施、人文环境、遗址资源、游客需求和价格因素（周常春，2013）；村落遗产地的社区居民积极的态度对旅游的发展起到关键作用（王纯阳，2014）。还有学者笼统将旅游的驱动因素归为文化需求的驱动。二是分析不同旅游市场的影响因素。入境旅游市场的波动主要受工具性产业政策、服务水准以及旅游产品升级措施。此外，世界经济环境，重大事件，入境旅游客源的国家（地区）、民族、文化、收入水平，目的地的资源禀赋、可进入性、经济联系度、产品与服务水平、消费结构与层次等均是刺激旅游市场波动变化的保健因素（王钦安，2016）；对国内旅游市场影响因素分析，得出带薪休假和节假日放假办法的进一步改善（郑媛媛，2005）。三是旅游地演化中影响因素的不同分类及作用机理。邵晓兰、高峻在整理相关文献时发现，国外学者研究分析的旅游地演化主要影响因素包括：游客类型、游客心理、管理决策和资源质量、社会背景（殖民历史）、国际供求关系市场、其他旅游地的竞争、管理者的决策、旅游投资者的作用、旅游容量、突发事件（邵晓兰，2006）等方面。谢彦君从理论上探讨了影响旅游地生命周期的因素，认为直接影响旅游地生命周期的是需求因素、效应因素和环境因素（谢彦君，1995）。还有学者将影响因素与生命周期曲线的形状之间的关系未能建立起来，系统的阐释了影响因素的作用机制，同时系统将影响因素进行多维度划分比较（王晓华，2009）。

综上国内外研究，主要在构建影响因素的指标体系，对影响因素与旅游成长的关系虽有简单的深入研究，但是从时间维度，长期波动的影响因素和短期波动的影响因素几乎没有涉及，这对旅游成长波动的长期年际变化分析是个空白。本文基于此，对影响旅游地生命周期的因子进行时间尺度上的分类综合（张惠，2005），并结合其他理论进行影响因素的周期关联分析。本文从时间维度建立的影响因素如表 2－1 所示。

表 2－1　旅游地成长驱动因素分类

时间维度	影响因素	作用机理
长期稳定因素	政策法规、旅游资源丰度及独特性、社区居民态度等。 如：1989 年发生政治风波，直接使避暑山庄旅游业受损，形成低谷	影响曲线的起点和初始值
长期波动因素	可进入性、游客偏好、外部投资、刺激制、旅游产品、目的地服务水准等。 如：1994 年山庄加入《世界遗产名录》，直接提升知名度，旅游客流凸峰	对曲线造成波动，可能成为拐点
短期变动因素	突发事件与节庆活动等。 如：1995 年山庄施行套票制度，优惠游客的同时刺激游客旅游需求	影响曲线斜率和短期内走势

2.4 遗产开发管理研究综述

自1985年11月22日中国加入《保护世界文化与自然遗产公约》的缔约国行列以来，申报世界遗产的活动得到全社会的积极响应。2015年恰逢中国加入《保护世界文化和自然遗产公约》（简称《世界遗产公约》）30周年，在此之际，回顾中国文化遗产保护与管理的研究进展（闫颖，2015），总结相关经验成为很好的历史契机。截至2016年6月，中国共计拥有50项世界遗产，仅次于意大利（百度百科）。中国的遗产旅游呈现突飞猛进的发展态势，世界遗产正处于高压力与高耗损的时期，遗产地普遍存在久被诟病的问题"重申报，轻管理"，因而建立符合中国国情与科学发展规律的理论保护体系成为目前亟待解决的问题，相关研究领域持续热点高温。本文尝试通过对30年来国内外有关中国遗产旅游开发与管理的文献进行检索与对比分析，总结相关经验，为未来中国遗产旅游开发与管理研究提供借鉴。

2.4.1 国内外研究文献总体分析

本书研究文献基础为国际权威数据库Elsevier和中国知网（CNKI）中的国内外核心期刊，其中，国外文献检索关键词：heritage，heritage tourism，heritage development and management，heritage stakeholder；国内文献检索检关键词为：遗产，遗产旅游，遗产保护与开发，遗产利益，遗产管理，遗产管理体系，遗产管理机制，遗产管理模式；关键词多样化可以尽可能避免学科差异和翻译产生的遗漏。检索文献刊出时间自中国加入世界遗产公约的1985年1月起，2014年12月止，为确保搜集文献的广度与深度，笔者在检索数据库全部文献的基础上，主要参考旅游学刊、经济地理、人文地理、Tourism Management、Annals of Toursim Research等15种核心期刊和13种区域研究较强的期刊，对重要文献进行提炼，深入分析引用率高、有影响、有价值的文献799篇。对于知网缺失的重要文献，则用纸质本来查阅。最后笔者将检索到的文献主要从数量统计和研究区域两个部分来分析。

2.4.1.1 国内外文献数量对比分析

对比国内研究研究文献的变化可以更清晰地找出研究的差异。以下将从研究文献数量的年际变化和研究主题数量的变化两个方面梳理文献新特点。

（1）已发表文献数量年际变化。1985年以来历年文献数据量显示了国内外研究中国遗产旅游开发与管理的研究态势（如图2-1）。总体上，国内外关于中国遗产旅游开发与管理的研究数量呈现上扬的趋势。

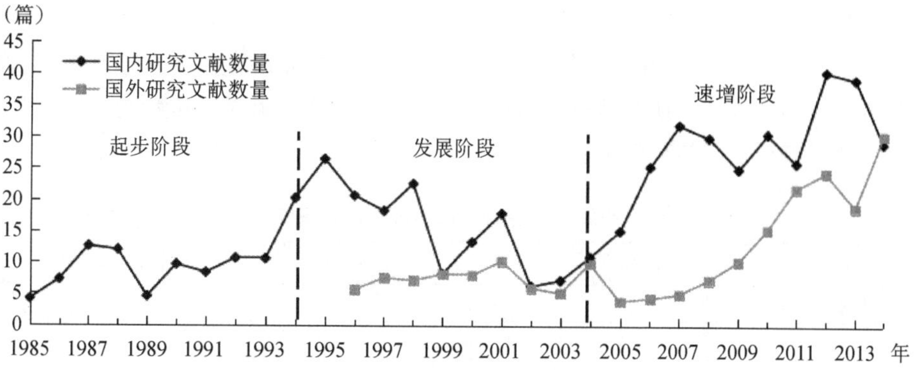

图 2－1　1985～2014 年中国遗产旅游开发与管理的国内外文献数量对比

注：1996 年以前，检索到国外相关研究文献共 15 篇，因分布零散，图中未标注。

为了便于分析，按时间等距原则将国内研究 30 年分为 3 个阶段：研究起步阶段（1985～1994）、研究发展阶段（1995～2004）、快速增长阶段（2005～2014）。通过整理各个阶段的数据发现：第一阶段（1985～1994）属于研究起步阶段，本阶段共 104 篇文献，占检索文献总数的 18.7%，年平均 10 篇。从学者在相关文献中选用的措辞“开发设想”“大剖析”“刍见”等，可以总结出学者在这一阶段的研究中采用审慎的观望态度。究其原因主要是我国从 1982 年开始先后公布了三批国家级历史文化名城，对遗产的界定和开发研究才刚刚起步，故本阶段文献数量较少；第二阶段（1995～2004）为发展阶段，与起步阶段相比，文献数量已经大增，共计 158 篇，占检索文献总数的 28.5%，年平均 16 篇。此时各地申报世界遗产活动已经大规模进行，遗产旅游研究快速发展，特别在 1995 年文献数量达到最大；第三阶段（2005～2014）为快速增长阶段，文献比例最大的时段 296 篇，比重达到 53.4%，年平均 30 篇。从遗产开发中的多方利益相关者诉求均衡、管理体制变革到政策法规等研究，从概述性研究逐渐过渡到以数理统计为基础的定量研究。尤其是 2005 年《西安宣言》的颁布将文化遗产的开发与保护区域拓展到周边环境，学者们逐渐对世界遗产地盲目开发进行反思，试图从多个方面来寻求世界遗产保护与开发的双赢途径。这个阶段研究拓展提升，学术界百家争鸣的现状产生了层出不穷的学术成果，文献的数量也达到最多。

国外的相关研究在 1996 年以前，即国内研究的起步阶段，研究成果很少。1996 年之后相关研究如雨后春笋，逐步在学术界得到关注。在国内研究的成熟阶段（2005～2014），国际上关于中国遗产旅游的研究文献量几乎呈直线增长，在 2014 年研究成果与国内基本持平。受世界遗产保护全球化不可逆转的趋势，跨国界申报和管理遗产的工作已经成为新常态，如在 2014 年丝绸之路申遗成功等表明我国的遗产资源与保护工作已经在国际中占有一席之地。我国的遗产旅游保护与管理已经引起国际专家的关心与思考。这很好地解释了国际学术成果在近几年发展迅猛的势头。

（2）国内外文献研究主题数量分布比较。在中国遗产旅游的开发与管理研究中，国内外研究相应的各个专题均有涉及，表现出研究的实践与理论的创新驱动并行（王洋，2010）。但可以发现研究主题表现出不同的趋势。国外研究侧重于遗产旅游开发与管理的技术运用，气候环境变化对遗产旅游带来的影响，遗产管理全球准则的本土化困境研究。国外研究较关注建文化遗产价值、保护与技术运用。国内研究的重点方向紧随我国政府调控遗产旅游发展的大背景。遗产地政府角色、政策，利益相关者及社区参与、遗产旅游法律问题、遗产地可持续发展与科学发展观等传统研究领域是国内研究热点。如表 2－2 所示。

表 2－2　　中国遗产旅游开发与管理国内外文献研究主题数量

研究主题	国内	国外	总数
遗产地开发与管理基本理论	19	13	32
遗产地规划	21	20	41
遗产地旅游资源研究	20	9	29
遗产地可持续发展与科学发展观	30	5	35
遗产地政府政策	29	10	39
利益相关者及社区参与	26	8	34
遗产地管理体制	16	5	21
世界遗产申报研究	15	7	22
遗产旅游法律问题	28	1	29
遗产旅游开发保护技术	10	9	19
气候环境变化对遗产开发与管理影响	8	15	23
遗产管理全球准则的本土化困境	4	10	14
合计	226	112	338

2.4.1.2　国内外研究区域对比分析

有关中国遗产旅游研究区域的选取上，国内外存在一定的差异。国文化遗历史名城所在省份成为国内研究的焦点；国外对与国际接轨的中国城市香港、澳门、广州、上海和北京的遗产研究是非常丰富的。

（1）国内案例研究区域分析。根据图 2－1“遗产旅游开发与管理文献折线图的波动态势”，对我国国内研究的三个阶段进行案例地的研究频率统计，排名前 5 的省份的聚类结果如表 2－3 所示。对比各个阶段的聚类结果，得出两个结论：案例地的选取表现为单极辐射向多极辐射发散趋势；案例地研究数量与研究机构及学者的数量正相关。

表 2－3　　三个阶段研究文献数量排在前 5 位的省份聚类结果

阶段	1985～1995 年			1996～2005 年			2006～2014 年		
序号	省份	数量	百分比	省份	数量	百分比	省份	数量	百分比
1	安徽	7	26%	四川	11	14%	四川	6	8%
2	山东	4	15%	安徽	9	12%	北京	4	5%
3	山西	3	11%	云南	5	6%	江苏	4	5%
4	陕西	2	7%	北京	3	4%	云南	3	4%
5	湖南	2	7%	湖南	3	4%	澳门	3	4%
	合计	27	66%	合计	77	40%	合计	74	26%

来源：笔者统计。

（2）区域案例选取呈现由单极辐射向多极辐射发散态势。每个阶段排在前 5 位的省份文献数量分别占本阶段案例研究总数的 66%、40% 和 26%，从 1985 ~ 2014 年研究的重点仍集中在安徽、四川、湖南和北京等几个地域单元内，研究成果有高度的聚集性。排在前五位的省份研究文献所占比重在 3 个阶段中依次下降，这说明研究的地域范围逐渐扩大，这与全国更多景点的申报遗产成功有关，研究密切围绕世界遗产地旅游开发所产生的一系列实践问题。

（3）区域案例数量与学者和当地研究机构数量呈正相关。关于安徽的研究文献数量最多，陆林（1991 ~ 2002）7 次以整个黄山为例，对其国际化发展和入境客源市场、黄山旅游者的感知行为及空间行为、黄山的旅游地生命周期进行了研究（陆林，1991；1994；1995；1996；1997）；许嵩龄在 2002 ~ 2003 年连续对黄山模式的管理制度进行了评析，对其更新方向提出战略性的建议（许嵩龄，2003）；还有大批本土学者黄成林（1995）、胡善风（1996）、胡济源（1997）和冯学刚（1998）对黄山资源的开发与保护（胡济源，1997；黄成林 1995）、黄山客流容量（胡善风，1996）、黄山景区旅游商品的开发（冯学钢，1998）等进行细致的研究，本土研究机构涉及安徽师范大学、徽州师专、黄山旅游局和安徽地矿局等多所机构。在 1985 ~ 2002 年研究湖南省的重要文献有 5 篇，其中本土研究人员和机构发表 3 篇，张朝枝（2005 ~ 2007）连续发文对武陵源的管理体制变迁，游客对索道的满意度等进行研究（张朝枝，2005；2006；2007）。排在前 5 名的省份中，四川，云南，北京其研究文献各有 17 篇、8 篇、7 篇，各省的本土机构分表发表文献所占比例在一半左右。

（4）国外研究区域分析。国外学者对中国遗产资源禀赋高的旅游地关注是最多的，如图 2 - 2 显示国际研究中国遗产旅游中的热点案例地。排名前 3 位的是云南（14 篇）、四川（7 篇）、安徽（4 篇），这源于国际学者对富有中国特色的民族文化旅游地较感兴趣。研究的案例地以休闲的文化遗产居多。有国际学者分别对相关景区开发与保护进行探讨。如，四川汶川地震后，建立大熊猫保护基地的迁移走廊路径模型以便自然保护区的保护与保育工作的进行（马丽君，2009）；江苏甪直古镇的遗产商业化评析得出建立商业景观会破坏小城气氛。其次关注北京、广州、香港、澳门、上海等与国际接轨的国际大都市。如，上海新天地在创建跨历史的空间过程中的新天地发源地含义有学者进行诠释；澳门的殖民历史与澳门遗产旅游的可持续发展也备受关注。

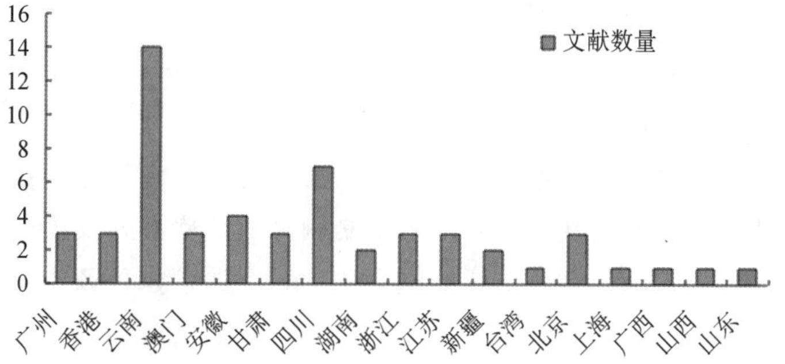

图 2 - 2　2002 年来国际研究中国遗产旅游开发与管理案例地文献数量

国内外研究热点都是实践导向型，不同的是，国外研究对案例地选取较广泛，在热点旅游地之外更注重潜在旅游胜地的开发管理研究。结合表2-1与图2-2可以清晰地看出国内外关于中国世界遗产旅游开发与管理研究的案例省域大体一致，但是具体的遗产地有区别。在相同的省域中，国内研究注重如山东泰山、安徽黄山等自然文化双遗产的研究（丛莎莎，2008）；国外则侧重于文化遗产的研究，如山东曲阜、安徽西递宏村。国内研究三个阶段对遗产地关注程度的变化表明学者关注点从单个遗产资源富集的遗产地研究向澳门、北京等历史文化名城的遗产地转移，从微观向宏观的研究视野在逐步打开；国外研究地域更多关注与国际接轨的中国城市香港、澳门、广州、上海和北京等的遗产旅游开发与保护，此外，国外对台湾、新疆等地遗产旅游开发与管理的研究是国内很少关注的。同时采用多学科交叉、多视角转换更深刻揭示研究现象，探讨出研究成因。相比之下，国内研究的层次较低，对热点旅游地的跟风追踪是目前阻碍我国遗产旅游发展的主要原因。

2.4.2 国内外遗产旅游开发与管理研究内容对比

通过对文献的梳理，国内外遗产旅游开发与管理研究内容存在诸多不同。下面主要从遗产旅游保护与开发关系博弈、经营管理研究和可持续发展研究三大部分来进行对比分析。研究框架如图2-3所示：

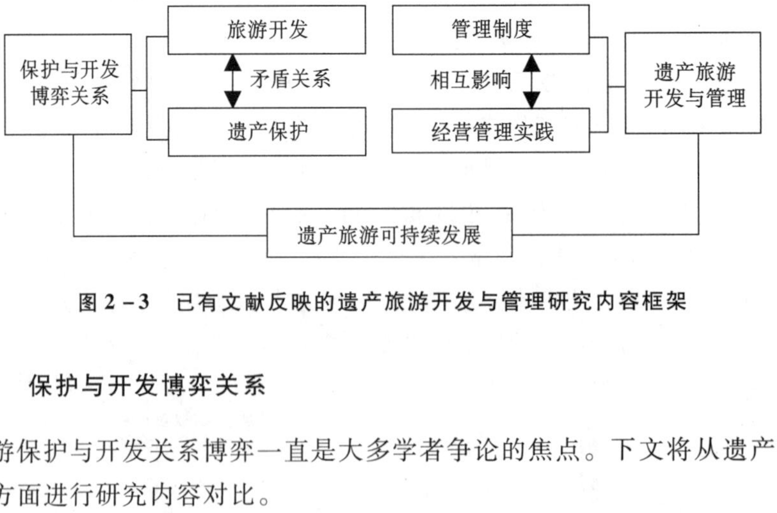

图2-3 已有文献反映的遗产旅游开发与管理研究内容框架

2.4.2.1 保护与开发博弈关系

遗产旅游保护与开发关系博弈一直是大多学者争论的焦点。下文将从遗产资源的开发与保护两个方面进行研究内容对比。

（1）遗产资源的旅游开发研究。国外遗产资源的旅游开发研究侧重于开发理论的研究，特别是遗产开发遵循原真性研究。国内则是侧重遗产旅游开发模式的研究，主要从宏观开发模式升级探讨、中观遗产廊道和微观单个遗产保护设计技术研究。具体对比如表2-4所示。

表 2-4　　国内外遗产资源的旅游开发研究内容对比

	研究重点	研究主题	主要研究内容
国外研究	遗产资源开发原真性研究		遗产资源的开发常常扭曲其原真性以迎合游客需求的品位来展示，遗产资源开发过程中商业化对遗产的原真性提出巨大的挑战（Andriotis K，2011），所以在旅游开发中对遗产资源的评估不应该忽略非物质层面的评估（Abdel Tawab A G，2013；Apostolakis A，2003），有学者还对本真性的界定进行了外延拓展归纳出了 5 个特点：原始性、自然性、影响力、特殊性、参考性（Pendlebury J，2009）
国内研究	宏观遗产旅游开发模式的升级探讨	轮休型或功能分区开发模式	针对不同生态系统的功能确定旅游开发的程度，使得旅游区域自然化并且受到最小程度人类的影响（翟峰，1990），让景点轮休或分区域开发模式，将遗产地分为核心保护区、核心环境区、缓冲区和边缘区。还有学者主张“创意产业化”与产业结构升级，提出不同的文化遗产的开发经营模式，包括设定“文化遗产日”，建造文化生态博物馆和文化遗产主题公园（谢凝高，2002）
		景区社区联动开发模式	采用“山上游”与”山下住”的发展模式来开发，才能保护好旅游风景区，特别对世界遗产景区，应该将世界遗产旅游与社区相结合。有学者提出实现世界遗产地旅游经营者、旅游者、地方经济共同发展的多赢模式，即“景区游，社区休闲”（梁学成，2006）
		动态循环开发模式	动态循环开发模由规划、开发、管理、检测 4 个环节组成。此外，可以对世界遗产使用多种开发模式（丁小丽，2008）
		融合型开发模式	将物质与非物质遗产融合到一起来开发。世界遗产的开发包括硬开发与软开发两个方面，而目前我国多数停留在硬开发上。对于软开发方面，可以根据世界遗产资源类型与特点，提出不同类型世界遗产的旅游价值开发模式，深入挖掘遗产资源中的无形价值及表现形式，为遗产资源总价值增加含金量（孙云仙，1996）
	中观遗产廊道、遗产链的整体性开发保护	丝绸之路的建设	西北地区遗产旅游资源丰厚，特别是“丝绸之路”的历史遗址荟萃着各种各样的特色个性资源，可以联合起来在整个大西北开展遗产群落的特色旅游。河西走廊对河西作为丝绸之路段，历史文化名城的资源特色，变迁规律以及保护与开发问题同样引起了学术界关注（丁小丽，2008）
		京杭大运河	基于遗产廊道研究视角丰富多样，涉及面广；工业遗产廊道构建（朱强，2007），文化生态廊道聚落形态研究或生态变迁研究（李创新，2009），遗产廊道的开发模式研究以及水陆遗产体系构建（施然，2009；俞孔坚，2010）
		茶马古道	茶马古道的线性遗产廊道的保护研究、聚落空间关系研究和基于“点—轴系统”理论的旅游发展战略研究均依托于茶马古道的历史与现状，对文化遗产廊道的构整合了各种思路，提供了多元化的研究视角
		其他遗产群落整体研究	河流山岳群落的跨区域研究逐步凸显出优势。珠江三角洲旅游资源可以从三个层次进行开发：基础层次，提高层次和专门层次。长江流域是“黄金旅游线”，古建筑和古遗址等丰富历史文化资源都成为开发的优势条件。也有学者对三峡地区古盐业遗址的资源价值，提出相应的开发与规划建设。皖南区域三大名山，黄山、齐云山、九华山及一个省级景区开发态势进行全局分析，全新整合了皖南地区的旅游路线（冯学钢，1998）

续表

	研究重点	研究主题	主要研究内容
国内研究	微观单个遗产资源的实证研究以及设计技术成为主要关注点	实证案例研究	平遥古城、武当山旅游打造黄金旅游圈的旅游经济发展战略等均运用管理、经济手段以旅游兴经贸。同时，借鉴国外的经验，强调在遗产旅游开发中应该设计有效的路线，合理控制游客对生态旅游敏感区域的进入度也是实证案例研究的焦点。世界文化遗产旅游深度开发应该有三个维度内容：基于遗产特性的产品体系的深化与扩展以及旅游质量的提升，莫高窟的遗产资源受到威胁，实施遗产数字化战略正是开发与保护石窟艺术的可靠途径（张瑛，2006）
		数理模型研究	数理模型的构建对遗产地的开发与管理提供了操作性强、针对性强开发规划思路。市场需求—承载力模型（康俊香，2006）和吸引力—承载力模型（张维亚，2008）论证了遗产地开发潜力，提供了规范化的开发模式

国内外对遗产资源的旅游开发上探讨的侧重点不同。国外研究注重挖掘现象背后的理论支撑，注重真实性的机制探讨，引发真实性矛盾的动因分析。整个思维过程即发现矛盾，推进理论，拓宽研究视角。国内对遗产资源的旅游开发则是面对单一的现象矛盾，研究思维经历从点到线到面的转变，即微观——中观——宏观的研究方向。但是，根本上是透过现象来讨论相应的解决对策，从实践上升到理论层面上的感知能力欠缺。这也是国内外在遗产资源的开发研究中显著区别之一。

（2）遗产资源保护研究。国外有关遗产资源保护研究中，注重技术运用，GIS 技术、3D 技术、激光技术和虚拟技术运用成为研究的主流，如表 2－5 所示。

表 2－5　国内外遗产资源的旅游保护研究内容对比

	研究重点	细分主题	主要研究内容
国外研究	遗产资源保护的数字化技术研究	交互式展示技术	虚拟遗产实时应用的新框架，利用毛笔作为三维交互工具，实现虚拟的现实体验（Robina Hetherington，2006）。三维立体建筑是凭借网络中的可扩展标识语言而建立的（Meehae Song，2005），既满足了游客的需求，又对遗产地的分流起到一定作用，间接保护了遗产资源
		空间信息技术	李咪咪（Mimi Li，2008）从地理视角，运用 GIS 技术，监测景点的地理分布并讨论其与客源城市的时空关系。最后得出威胁遗产资源保护的三个来源：人口压力、地方经济政策和金融支持的缺乏。在网络时代，遗产保护研究已经出现新型模式。吴平生（Pingsheng Wu，2013）研究了气候对遗产的影响。利用 GIS 和区域的气候参数得出四种气候地图
	动力学视角下保护研究	低碳促保护	徐建华（J. Xu，2011）以中国乐山市为例，在中国节能减排的大背景下，提出一种微分动力系统模型与模糊系数模拟低碳旅游在世界自然文化遗产区域保护的必要性，并且预测低碳旅游收入、能源消耗和碳排放强度。王羽（WangYu，2007）以中国武隆为例，从动力学角度研究传感器节点定位监测世界自然遗产武隆的植物炭储量

续表

	研究重点	细分主题	主要研究内容
国外研究	其他	保护新思路	罗兰斯基（Loulanski，2011）等总结促进遗产保护意识形成的遗产教育、社区参与、解说系统完善等 15 个因素。史蒂芬（Stephen J. Calver）等学者否认游客参与对遗产资源的破坏性，提出遗产资源保护与游客的休闲愉悦体验可以在游客参与的过程中协调一致，为遗产保护提供新思路。此外，其他一些新型的思路也渗入到遗产保护的研究中，理查兹（Richards G，2011）通过创意文化产业进行文化遗产的保护等
国内研究	保护理念	必要性研究	遗产旅游的兴起，由于盲目开发，保护不善，商业化和超容量负荷等问题引起学者对世界遗产开发中的保护研究。世界遗产资源本身的价值属性—不可复制性，遗产旅游资源是保护性资源而不是开发性资源，这表明遗产资源具有不可替代性，非人工再造性，真实性与完整性。因此，遗产旅游的保护有很强的必要性（张晓，2001）。有学者从地理空间、信息系统、问卷调查等多种技术手段和保护世界遗产的现实意义论证了世界遗产保护的必要性（吴必虎，2002）。只有保护世界遗产旅游资源才能从根本上保证旅游业的可持续发展，同时，世界遗产资源自身的特点及其资源的独特性都决定了对它进行保护（吴晓隽，2004）
	遗产保护方法	建立保护体系	提倡建立遗产保护体系的构想可以归为五类：一是遗产教育体系。发挥社会各方面力量保护我国的世界遗产建立了一套针对不同利益主体的世界遗产旅游教育体系（邓明艳，2003）；二是法律监测保护体系。从法律、公众、标准、示范、创新和监测六个方面建立子体系，共同搭建一个完整的遗产保护体系（王琴红，2006）；三是三维架构的保护体系。政府、社区组织和社区居民的三维构架的保护体系（王永桂，2011）或者政府、遗产经营者和市场环境三方面的保护体系（梁学成，2007）是最新的尝试方向；四是遗产廊道保护体系。面对我国遗产保护区域化的趋势，在大维度的遗产进行整体性保护新理念—“文化线路”。强调了遗产保护由点到线、再到面的新的遗产保护观（李伟，2004）。遗产廊道保护体系也是一种在绿色通道思想的指导下对自然、经济、历史等多重目标的一种保护体系（李林，2008）；五是历史文化名城的保护体系。历史文化名城的保护体系是建立在遗产价值的基础上（孙秀丽，2011）

归纳与分析发现，国内外学者对遗产资源的保护研究视角不同。国外学者从数字化视角、动力学视角出发，结合微观个案，做到具体问题具体分析。整个研究研究注重实践性。同时，一些新型的思路也贯穿在遗产资源保护中。如从文化创意、低碳旅游等新视角实现保护与开发的均衡。国内学者研究的核心是遗产资源保护理念与方法的探索。对遗产资源保护的必要性从资源本身的稀缺性、保护的现实意义进行技术论证，得出了旅游业可持续发展对世界遗产资源保护的依赖。国内研究宏观视野开阔，注重理论的升华，但是实证研究微乎其微。一些大的新理念也只是停留在想的阶段，真正应用新方法的研究很少。此外，国内学者在遗产资源保护与旅游开发孰轻孰重的理论仍存在很大的分歧。“二元结构冲突”主涵盖三大基本观点：第一，保护为先。世界遗产保护为先是永恒的主题（罗佳

明，2001)，在观念上树立保护第一的思想、同时依靠法律和机制妥善解决遗产开发中的破坏问题（常玉生，2002)。只有在遗产地开发中遵循保护的原则才能根据资源状况来决定遗产地内能否开展旅游的地区。第二，同步进行。遗产资源的市场化开发是经济发展中环境代价最小的一种现实选择，只讲保护，不讲发展，地方经济容易陷入困境，资源的保护经费没有来源（魏小安，2002)，所以保护与开发之间是可以同步进行、相互促进的(陈耀华，2003)，特别在双遗产的开发中应加大投入、完善机制、保护与开发并举和提高服务质量等措施（何星亮，2003)，处理好有效保护与合理利用的关系（鲍展斌，2002)。第三，冲突根源分析。遗产旅游开发与保护的根源是理论二元结构冲突，这些理论冲突主要包括：主题真实与客体真实；文化商业化发展结果争论；遗产地承载力容量以及展示与解说的矛盾（张朝枝，2010)。

2.4.2.2 遗产旅游的经营管理研究

遗产旅游的经营管理主要集中在制度研究与利益相关者研究这两个方面。在制度研究方面，主要集中于我国遗产旅游管理制度对国外制度的借鉴与创新上，特别是现有制度下形成的遗产地实践模式的探讨。在利益相关者研究方面，国外侧重于划分清与遗产景区相关的利益相关者，国内则强调多方利益的诉求均衡机制。

(1) 制度研究。在制度研究方面，国际上已经很成熟。已有文献表明国内现有的遗产旅游管理的制度研究还处于初步模仿国外阶段，理论的不成熟，片面、割据和条状等管理问题已经导致遗产地的不可持续发展。对创新未来发展的管理体系的构建、法律法规的完善、遗产形象的创新与保持等研究都相对薄弱，也缺乏一个动态、弹性、适合本国国情的包罗规划、实施、监测、评估、反馈一体化的管理计划研究。具体研究内容如表 2－6 所示。

表 2－6 国内外遗产旅游经营管理制度研究内容对比

	研究重点	主要内容	
国外研究	国外在遗产旅游的经营管理研究上形成自己的体系	美国	美国国家公园体系实行中央政府的垂直管理，与地方没有任何关系，实行国家级的统一管理与体制
		日本	中央政府与地方政府、私人多方合作管理，导致资源管理权排他性不强
		西欧	大多数遗产地有不同层级的权利机构管理，如 85% 的遗产地有当地权力机构的干预，65% 的遗产地有地区权力机构介入管理，而 62% 的遗产地有国家权力机构的干预。参与者的不同背景与复杂关系致使遗产管理陷入较大的困境，高度的协调与沟通是遗产管理工作的前提

续表

	研究重点	主要内容
国内研究	移植国外的遗产管理体制	借鉴发达国家相关理念与举措，更多从世界遗产公益性出发，而不是单纯以赢利为目的（陈来生，2003），主张移植美国国家公园管理体制（谢凝高，1995；郑玉歆，2002）。从旅游市场关系出发，提出“二权分离”，使遗产旅游遵循市场机制进行经营（荀自钧，2002；张晓，2002；魏小安，2003；朱建安，2004）
	结合中国国情，提出有中国特色的遗产管理体制	针对遗产资源由政府管理还是市场经营这一焦点问题是在规避公共资源，是“公地悲剧”的两种模式—政府干预与产权私有的争论，不是对关系，而是解决问题的两种途径（张朝枝，2006）。从遗产地产权主体，资源处置权设置，法律监督机制三个角度认为中国应从完善法律监督，理顺资源处置权，确立清晰的产权主体（张朝枝，2004）。在比较分析文化遗产“国际管理模式”的基础上，根据旅游服务的特殊性提出所有权、经营权、管理权和监督权“四权分离与制衡”的管理模式（王兴斌，2002）

20 世纪末，我国遗产地的经营与管理模式得到不断发展，在国外制度的借鉴中形成了自己特有的模式。“丽江模式”“黄山模式”“平遥模式”“西湖模式”等相继成为管理发展成功的典型，如表 2－7 所示。

表 2－7　　我国世界遗产地管理实践模式对比

管理实践模式	黄山模式	西湖模式	平遥模式	丽江模式
遗产身份	文化与自然双遗产	文化遗产	文化遗产	文化遗产
模式特色	在遗产管理中引入市场机制，较好地解决了遗产管理费（刘正威，2013）	“免费为主，收费为补”的经营模式，以特许经营方式提供旅游服务（刘思敏，2011）	坚持保护为主、抢救第一、合理利用、加强管理方针，采用收支两条线制度（张晓亮，2008）	注重保护文化的原生性和完整性，对民族文化的严格保护和市场化运作
经营主体	黄山旅游发展股份有限公司	浙江荣怀环保科技公司	平遥古城旅游股份有限公司	古城保护与开发投资公司
管理主体	黄山市建设委员会	杭州西湖风景名胜区管理委员会	平遥古城保护管理委员会	丽江古城区政府
效益述评	文化遗产能够得到妥善保护。无视自然环境脆弱性既有损自然遗产护，又不利于生态和环境保护	基本保证了西湖的原真性与完整性。实现了经济、社会、生态效益的共赢	“新旧分离”的保护，实现了经济效益，商业化过浓，影响民俗文化的发展	既有对社区自然和文化遗产的整体保护，整个社会效益显著

注：根据相关文献整理。

由表2-7可以看出，我国的世界遗产地管理模式已经初具特色。第一，黄山模式是游客管理及旅游开发成功的一个典例。但黄山模式的弊端在于它的成长依赖于变化的时代，"一套班子，两块牌子"的做法已经与当前的发展相矛盾，无视社区居民的参与，无视生态脆弱，不能保证"山上游，山下居"的旅游方式影响了黄山遗产地的可持续发展。黄山模式的更新已经变得很迫切。第二，西湖模式为景区免费开放提供了一个特例。西湖的"零票制"为遗产地带来巨大的经济、社会、生态效益并对它的可复制性进行了探讨。第三，平遥模式与丽江模式都是对古城保护模式的新探索。平遥模式的成功内因在于政府引导，企业主营；门票一卡通；"新旧分离"保护模式是其成功的主要因素。丽江模式是文化资源保护成功应用到以通道侗族民族文化的保护（文红，2006）。丽江模式突出了保护"活"的纳西文化。丽江的保护在世界民族文化的前列，当前它的发展也同样遇到了瓶颈（木基元，2004）。

综上所述，在理论上，我国遗产管理制度选择正在经历由完全移植到创造性借鉴。在管理实践中，四种模式的管理主体都是当地政府或管委会，经营主体均是企业。据此可知，我国的世界遗产地多采用了"二权分离"的"经营权转移"制度。但是，事实并不尽如此。"一套班子，两块牌子"的模式才是我国大多数遗产的管理经营模式。如平遥古城股份有限公司与当地旅游局在政府的引领下导致了多重目标问题（范玉仙，2004）。即便如此，这四种模式均有可借鉴之处："保护先行"的发展理念，合理的规划和有效的创新体制是平遥古城和丽江古城的共同成功之处（欧阳坚，2008）。西湖遗产类旅游服务的公益性经营与非遗产类的营利性经营是值得学习的（徐嵩龄，2013）。

（2）遗产旅游管理的利益相关者研究。利益相关者研究是国外遗产旅游管理研究领域的重要组成部分。主要阐释各种利益相关者对遗产保护与开发工作的作用。国际研究从政府、经营者、游客和社区参与者这四个主要方面来进行研究；国内研究则聚焦于概念界定与均衡发展这两个方面。具体情况如表2-8所示。

表2-8　　国内外遗产旅游管理利益相关者研究对比

研究类别	研究侧重点	研究对象	主要研究内容
国外研究	主要从政府、经营者、游客和社区参与者这四个主要方面来进行研究	政府	王依（Yi Wang，2012）从政治经济学的角度，以杭州西湖为例，强调政府干预在决定遗产保护与旅游开发优先权上有重要的作用。政府的相关政策是遗产资源的保护和利益相关者关系协调的保证。苏明明（Mingming Su，2012）认为遗产旅游管理关键在于政府管理结构与部门关系的相互协调。杨丽（Li Yang，2006）以西双版纳为例，探讨民族旅游与政府调控之间的关系
		经营者	遗产资源的公益性致使各国都在寻找管理与经营的平衡点。遗产经营者扮演的角色倍受争议。马塞尔（Masele F，2012）指出社区居民对私人开发遗产地资源表示反对，认为利益追逐大于遗产资源的保护，长此以往对遗产地的发展不利。穆兹恩·库皮斯（Murzyn－Kupisz M，2013）承认私人经营的利益主导弊端，但是对遗产地的修复与开发有很大的促进作用，同时有利于当地社区居民的发展

续表

研究类别	研究侧重点	研究对象	主要研究内容
国外研究	主要从政府、经营者、游客和社区参与者这四个主要方面来进行研究	游客	主要集中在游客的遗产旅游体验研究，包含游客的旅游目的，如波瑞亚（Poria Y，2003）游客感知是了解其参观动机的主要因素；游客的旅游期望，如扬克霍姆斯（Yankholmes A K，2010）游客对遗产地的体验是双重的。一方面是对遗产地的消遣体验；另一方面是基于自己个人背景对景区的理解；还有游客的体验质量的影响因素研究，如亚历山德罗斯（Alexandros A，2005）采用案例研究，指出信息质量的提高能提升游客满意度；相反拥挤程度越大游客满意度越低
		社区参与	艾丝特（Esther H. K Yung，2011）强调遗产保护公众参与的重要性，公众参与作为利益团体的非正式渠道值得进一步研究。王艳（Yan Wang，2012）试图在世界遗产的背景下寻找京杭大运河的更好管理。提出利益相关者合作的重要性
国内研究	利益相关者界定分类		利益相关者可以分为决定性、可靠性和引起危险性的利益相者，对每个类别的利益相关者进行了内容和评价指标的界定，政府作为是遗产旅游利益相关者管理中最重要的因素，政府应从制度、组织和公务员三个方面加强（汪明林，2005）。同时强调了全体公众在整个遗产管理中的作用（胡海燕，2006）。还有学者对工业遗产旅游利益相关者进行角色定位（薄茜，2012）
	利益诉求和均衡发展研究		只有解决利益相关者主体的利益诉求，才能够制定出利益均衡的管理制度与经营模式（胡北明，2010）。社区旅游发展中利益相关者建立博弈模型，然后用进行帕累托最优分析，可以对利益相关者角色与关系的调整给出相关建议（王纯阳，2012）。还有学者重点研究湘西村寨旅游各利益相关主体者利益冲突及其关系协调机制（唐杰锋，2013）

国外研究中注重利益关者的多方研究，主要从政府、企业、游客以及社区参与四个利益相关主体阐释利益相关者对遗产旅游管理的作用。国内研究中近年来更注重利益相关者的理论抽象分类，特别强调利益相关者中社区参与的重要性。此外，国内利益相关者的博弈均衡、关系协调机制的建立成为现今研究的重点。

2.4.2.3　遗产旅游的可持续发展研究

遗产旅游的可持续发展已经成为全球研究的共识，但是国内外研究的内容在可持续旅游发展模式、案例研究、手段与技术层面表现出很大的不同（蒋先峰，2010）。对比可得，国外研究注重实践研究，运用技术与手段研究具体案例地的可持续发展。国内学者更侧重于遗产旅游可持续发展的理论研究，从宏观方面着手，提出框架或者模型来完善理论的不足。具体研究内容如下。

国外学者研究的可持续多采用实证研究，注重技术层面的改进。李琴迪（Qindi Li 等，2012）对中国东南部的土楼建筑采用实地调查法，比较发现土楼建筑室内的环境质量比一般农村建筑的高，然后对这些差异形成的可能原因进行了探讨。在中国 5·12 汶川大地震中，四川省的大熊猫基地以及多种遗产建筑受损。为使其可持续发展，陈同斌（Tongbin Chen，2012）研究羌族寨子村的瞭望台和碉楼等遗产建筑的修复，强调保持当地铁匠和传统艺术基础来进行救援、维护和保护。李海龙（Hailong Li 等，2010）认为景观破碎化及生物多样性保护是科研应考虑到的。“5·12”地震造成大熊猫基地景观破碎化，作者建立了成本最低的路径模型试图探讨识别大熊猫迁徙走廊及栖息地的评估。

国内学者全面研究了世界遗产地的可持续发展，认为发展遗产旅游除了处理好保护与开发的矛盾外，还得处理好其他两大矛盾：旅游经济与旅游文化，供给质量与项目数量之间的矛盾（陶伟，2000），同时构建了文化在整个世界遗产旅游可持续发展中的完整体系（严梅，2003）。2009 年就已经有学者提出 ICTs（信息交流技术）为遗产发展提供崭新的机遇、可以实现可持续发展（张维亚，2009）。还有学者针关注世界遗产开发研究，侧重世界遗产旅游开发对区域旅游经济的影响，提出世界遗产旅游的新的开发模式及如何走可持续发展道路（邵佳，2011）。部分学者利用实证研究，认为利益相关者引发的矛盾影响到社会经济的可持续发展（吕宛青，2007），对遗产旅游的可持续困惑提出新的见解（陈岩峰，2008）。最终，构建一个包含遗产战略环境分析、遗产内在环境分析、遗产战略使命、目标体系制定和实施的动态管理体制，设计以法律为基础、为国家为主导，以地方为主体、第三方机构参与、社会公众监督的总的利益相关者一体化的可持续遗产管理模式可以在制度与方法上解决当前面临的种种困难（罗佳明，2003；罗佳明，2004）。

2.4.3 对比结论

通过梳理 30 年来的国内外重要文献，本书综述了遗产旅游管理的传统观研究内容，涉及遗产旅游开发与保护关系、遗产旅游经营管理和遗产旅游可持续发展三大主题。主要研究内容如表 2 -9 所示。

表 2 -9　30 年国内外中国遗产旅游开发管理研究对比

研究内容	细分主题	国内	国外
遗产旅游保护开发关系博弈	开发	探讨开发模式（王镜，2008）；关注现象，研究思维经历由微观中观宏观转变	注重内在机制探讨，特别是开发中遗产原真性的研究
	保护	保护与开发相协调的理论探索（王平，2014）；注重理论的升华，缺乏微观个案的遗产保护研究，实证研究微乎其微	用实证研究，将 GIS 技术、3D 技术、激光技术、虚拟技术多种技术运用到微观个案，善于具体问题具体分析
遗产旅游经营管理	管理制度	初步模仿国外阶段，理论的不成熟	各国的遗产管理都有自己专门的部门或特定的代理机构负责
	利益相关者	注重利益相关者的理论抽象分类；关注对象有限；利益相关者的博弈均衡、关系协调机	多种利益相关者对遗产旅游管理的作用
遗产旅游可持续发展		侧重于遗产旅游可持续发展的理论研究，从宏观方面着手，提出框架或者模型来完善理论的不足	运用技术与手段研究具体案例地的可持续发展

从总体上讲，中国遗产旅游已经成为国内外的学术界的聚焦点。国外对中国遗产旅游开发管理的研究为未来中国遗产旅游的发展提供了广阔的视角，同时从侧面反映出国内学者研究的薄弱环节，值得我们借鉴。

（1）研究区域上，突破遗产单体研究视角，维护区域发展的公平性。国外研究将更多关注与国际接轨的中国城市香港、澳门、广州、上海、北京等的历史文化名城，甚至细微到很多遗产建筑、遗产树种的保护，遗产片区气候、环境、碳排放量等成为专家学者研究的重点。由“点—线—面”的遗产保护思路在国外研究中已经着手于实践；国内遗产旅游开发与管理的研究重头仍属单体遗产旅游地。面对中国旅游资源遗产化的趋向，国内研究视角仍然忽略有潜在价值急需保护的非名录遗产地。研究对象应该避免围绕世界遗产名录而转圈，导致研究的功利性。全面、协调研究遗产资源，既要重视文化遗产资源，也要重视自然遗产资源；既要重视东部地区遗产的保护与利用，也要重视中、西部地区遗产保护与利用；既要重视城市地区的遗产保护与利用；也要重视广大农村地区的遗产保护与利用。当务之急是要聚集自然科学领域的专家和一部分社会科学领域的专家，加强对我国自然遗产的普查、登记、遗产价值研究，特别要加强对我国西部地区名山、大川、典型地质构造、化石遗迹的遗产价值研究。这是抢救中华文化的关键一步。此外，结合社会主义新农村建设，积极整理、保护和利用广大农村的遗产资源（机构研究，2014）。

（2）研究方法上，数字化技术与遗产景区联姻，实现遗产景区永续发展。国外的研究是实践指导型的定性与定量的结合，特别是数字化保护技术的运用。由上文可以看出，交互式展示技术可以模拟濒危文物，用虚拟成像的先进技术来满足游客的求知需求，同时最大化避免了对遗产本身的破坏。信息空间管理技术则应用于文物挖掘定位，游客拥挤分流技术等多种方面，这对遗产的发现和保护是有非常大的现实意义。目前，全球已经进步信息国际化时代，2014 年我国“智慧旅游年”的口号已经深入人心，如何打造智慧景区，特别对我国世界文化遗产景区的可持续发展有着深远的意义。云技术联姻世界遗产，青城山凸显智慧魅力。还有许多景区相继打造自己的“智慧”系统，从购票网络预定、到自动讲解扫二维码以及最后人数统计信息化都在提高游客旅游体验的同时，方便了景区的监控与管理。所以，旅游信息化技术成为全新的视角应该被高度重视，用计算机遥感（Rs）、全球定位系统（GPS）、地理信息系统（GIS）可以实时监控生态环境比较脆弱地带的自然与文化遗产地的动态变化；利用计算机虚拟显示技术和仿真技术可以模拟遗产资源在各种外力的胁迫下产生的变化，并制定合理的规划、调控方案；利用网络技术和三维显示技术还可以实现遗产虚拟旅游，使大多数遗产地既能够为全人类所享用，又能保护遗产本身。只有与时代先进技术相结合，我们的世界文化遗产旅游才会永续发展。

（3）研究内容上，多学科交叉实现联动发展，打造中国特色遗产旅游体系。在制度上，国内遗产旅游的研究应该显示其预见性，在借鉴国外先进理论的同时，结合自身的优势，制订出一套符合我国世界遗产开发与保护的管理方法。在实践中，应该加大学科交融的优势，利用信息、数学、物理、化学、心理学等相关科学提供的专业方法运用在遗产旅游的挖掘、保护和游客高体验的研究中。在优秀遗产景区的个案发展模式中，寻找出一套让我国全部世界遗产的联动发展的全新模式，打造出中国特色的世界文化遗产旅游体系。2015 年 10 月 9 日，“中国世界遗产旅游推广联盟” 在北京颐和园正式宣告成立，这标志着我国已经意识到世界遗产集群发展，联合运作的重要性。将优秀旅游资源整合，联合促销，形成中国旅游品牌将发挥 1 + 1 > 2 的功效，所以相关学术研究在内容上应该拓宽思路，为区域联动整合贡献力量（姚宏，2016）。

2.5 对遗产旅游及其管理的游客感知研究进展

“感知” 一词来源于心理学，国外市场营销学最早将其引入形成 “顾客感知” 一词，随后引进旅游管理学中就形成了 “旅游感知” “游客感知” 和 “居民感知”。目前学术界对于 “旅游感知” 一词没有准确的定义，而且使用较为混乱。有些学者直接将 “旅游感知” 当作 “旅游者感知” 使用，比如白凯、马耀峰等学者在从旅游者行为角度对旅游感知研究的时候，提出不同于心理学感知，应从旅游活动的评价结果出发定义旅游者感知的概念（白凯，2008）。也有学者在进行相关研究时不对游客感知、居民感知以及其他相关者感知进行区分，统一用 “旅游感知” 代替。比如王平在研究了游客、当地居民和地方政府对农业旅游活动的感知诉求时，文中一直使用 “旅游感知” 代表三者的感知（白凯，2008）。

旅游感知研究的主体包括游客、社区居民、旅行社人员、政府机构、景区服务人员等与旅游业相关者，研究的客体主要有遗产地文化、旅游服务、基础设施、景区管理、社区经济、政府制度、遗产地社会、自然风光、生态环境、旅游影响和效应等。本书对感知的研究从旅游者和居民着手，探讨旅游活动最直接的两大主体对景区各项要素的感知情况和差异。

李永乐、黎洁、赵西萍等学者认为旅游感知是人们主观上获得旅游对象、旅游服务、旅游环境、旅游条件等信息的心理过程（黎洁，2000）。此外，李永乐还指出旅游感知是影响旅游行为的重要心理因素（李永乐，2007）。因此，旅游感知可以理解为感知主体在旅游活动的整个过程中，对旅游目的地吃、住、行、游、购、娱六个基本旅游要素的主观评价，小到旅游者个人属性大到遗产地大环境都会影响到该种评价。“旅游感知” 又与 “满意度” 息息相关，大部分学者都认为丰富旅游感知对提高旅游满意度有积极影响。Lee 就认为现场导游解说服务的提高、宣传营销渠道的扩大都能够增进游客感知价值，进一步影响到游客满意和游客忠诚。

2.5.1 国外研究进展

钟栎娜，吴必虎等学者梳理出了国外旅游感知研究的四个阶段：20 世纪 70 年代的表象介入期、20 世纪 80 年代的介入深化期、20 世纪 90 年代的框架建构期和至今的体系初熟期（钟栎娜，2013）。皮尔斯（Pearce，1991）的研究指出心理学与旅游研究的融合始于 19 世纪末 20 世纪初，为后期游客行为与游客感知的研究奠定了基础。在概念界定方面，国外学者最初借助心理学相关概念来定义旅游感知。梅奥（Mayo，1981）在对游客感知概念的界定中就揭示了旅游心理与旅游行为的逻辑关系。莱农（Lennon，2001）认为感知是主观心理选择各种外界刺激因素然后转化为具有内在联系的评价过程。

研究方法从最初的抽象描述、归纳演绎等模糊定性类分析逐步转向定量类、最终形成定性与定量相结合的趋势。格诺特（Gnoth，1997）、科雷亚（Correia，2007）等学者将推拉模型引入游客感知研究，细致分析了具体的影响因素与内在的作用机理。菲斯宾（Fishbein，1974）、巴戈齐（Bagozzi，1979、1985）、巴洛格鲁（Baloglu，1998）分别就"一维态度模型"和"二维态度模型"在游客感知研究方面的可靠性进行了探讨。古德里奇（Goodrich，1978）最先将量表引入感知定量评价中。之后相对复杂的定量分析渐渐涌现，比如 IPA 分析法、SEM 结构方程模型等多维分析工具。现阶段运用较多的是一些复杂的定性方法或者定量与定性结合的方法去研究感知活动，比如里安（Ryan，2006）用感知地图分析法分析目的地游客感知，马泽尼克（Mazanec，2007）等基于感知复杂性、抽象性等特点提出 PBA 感基分析法。

从研究内容来看，国外对游客感知的研究大多集中在旅游地形象感知、感知价值研究、服务质量感知、危机感知、安全感知以及影响因素等。随着研究的深入，影响因素逐渐增多，仔细分析发现，常见的感知影响因素大体可以分为旅游者自身社会学特征、旅游地资源条件、居民好客度、服务质量等非心理因素和满意度、情感、动机、经验、期望等心理因素两类（冈恩 Gunn C A，2002；加特纳 Gartner W C，1992）。

2.5.2　国内研究进展

国内旅游感知的研究起步较晚，截至 2015 年，在中文期刊全文数据库中以游客感知为主题词进行检索，共检索到核心期刊 134 篇。结合文章的发表年限可知，国内对游客感知的研究始于 21 世纪初期，利用游客感知研究满意度以及旅游形象的研究较多。比如李国平和叶文（2002）研究了游客对旅游形象的感知，朱竑、李鹏等（2005）人认为世界遗产地名誉是影响游客感知一个重要因素，但绝非唯一因素，白凯、马耀峰（2005）根据北京入境游客的旅游感知评价提出了针对北京入境游客市场的对策，陈玉英（2006）根据游客感知度对目的地游客满意度进行了综合模糊评价。

经过 10 多年的时间，论文发表数量成倍增长，游客感知的相关研究受到了广泛的关注。研究方向更加多元化，除了以前的满意度、旅游形象外，增加了很多案例的实证研究，也有不少学者尝试建立研究模型。大多是关于旅游态度的以及游客满意度的研究，如李文兵（2011）就认为建立良好的游客感知体验环境，创造和传递游客感知价值，可以培育游客对古村落的忠诚。另外，游客感知也常常作为旅游资源评价、旅游地竞争力分析的一个有效工具，吴晶、马耀峰、程乾等（2012）学者就在此方面做了一些有益的探索。也有不少学者从游客感知视角出发，构建了一系列的相关模型，如史春云（2008）构建了旅游地竞争力模型，并将九寨沟和庐山进行了对比。基于游客满意度结构方程模型，何琼峰（2011）分析了旅游形象、游客预期、游客感知质量、游客感知价值、游客满意度和游客忠诚的内在机理，发现游客感知质量对游客满意度与未来忠诚度的作用效果较大。2010年，高军、马耀峰、吴必虎等学者从游前感知、游后感知以及前后感知差异三方面对11个外国游客来华热点城市的游客感知做了横向和纵向的对比分析。

近些年，随着遗产旅游的升温，相关学者开始对遗产型旅游目的地的游客感知进行研究。李永乐、陈远生等（2007）以平遥古城为例，从游客感知与偏好角度研究遗产型旅游目的地的可持续发展问题。李玺、毛蕾（2009）研究了访澳游客对文化遗产旅游的感知，并在此基础上提出了澳门世界文化遗产旅游的创新性开发策略。游客感知得到了多方面的积极应用。

从以上的分析可知，目前关注到世界文化遗产地游客感知差异，从微观层面对大尺度、跨区域的多个世界文化遗产地的游客感知进行的对比分析比较少见。

2.5.3 对遗产管理的感知研究

遗产地管理对旅游感知的影响最为直接，也最为强烈。景区开发、旅游规划、经营管理政府管理等相关的管理层面的因素。本书所指的管理因素既包括景区层面对游客活动、旅游从业者活动的管理，也包括区域层面交通、住宿的管理以及法律法规的颁布。

通过对相关研究文献的梳理，发现针对遗产地管理感知的研究较少，仅部分学者研究游客感知的影响因素和居民旅游感知影响因素时对管理因素有所涉及。比如熊剑平、刘承良等（2008）人认为除年龄外，居民对乡村旅游的感知受性别、居住年限、受教育水平、收入来源等个人属性的影响不显著，而景区的经营管理水平对居民感知具有决定性意义。隋丽娜、程圩（2014）从感知质量包括景观、餐饮、交通、游览、住宿、休闲娱乐、管理七个感知维探讨了景区开放程度对游客感知的影响。居民旅游感知的相关研究中，学者多考虑居民参与当地旅游发展的程度对居民旅游影响感知的作用，不关注具体的管理项目和因素。比如陈乾（2012）指出居民参与旅游发展经营管理水平影响居民感知。Lynge（1987）揭示了旅游发展目标和政府政策制定对居民旅游感知态度的作用机制。

通过上述的分析，发现目前学术界对游客感知的研究侧重于游客自身的社会属性特征（比如年龄、职业、受教育程度、收入等）、风俗文化、旅游环境、资源禀赋、旅游吸引力、遗产地形象、餐饮特色、居民友善度等。对居民感知的研究侧重于居民个人因素（包括居住年限、与旅游地距离、收入与旅游的关系以及社会学基本特征等）、旅游参与度、旅游地发展周期、经济依赖性、资源利用情况等对居民旅游影响的感知。或聚焦于研究对象的自身特征，或聚焦于遗产地社会层面、经济层面和服务层面，从管理角度研究旅游感知的文章还较少、内容较为薄弱。

2.6　国内应用战略地图（SM）研究进展

在中国平衡计分卡的应用范围还不十分的广泛。一些企业应用取得了成功，如中外运一敦豪、光明乳业、海信通信、报喜鸟集团等，但更多的企业还处于探索的阶段（王丹，2012）。2003 年，平衡计分卡作为战略管理工具的理念和方法真正开始在中国应用。根据博意门咨询公司的测算，我国内地现在有数百家公司和组织使用平衡计分卡理论作为他们的管理工具（毛乃才，2009）。

查阅 CNKI 数据库就可以发现在战略地图理论引入中国的前几年，主要是关于其理论介绍的文章。经过初期的发展，关于平衡计分卡与战略地图的论文，尤其是硕士、博士论文量急剧增长，不论是应用领域或是实践研究，都受到了高度关注。反映了战略地图理论在中国的逐渐成长与成熟。

2.6.1　国内引入理论与应用发展

中国内地推广和应用平衡计分卡较晚，首次引进是在 1998 年以王丙飞等翻译的卡普兰和诺顿的《综合计分卡：一种革命性的评估和管理工具》一书，1999 年，李焰等将卡普兰和诺顿发表在《哈佛商业评论》上的三篇文章归纳和总结为《公共绩效测评》一书出版；此后，我国介绍和应用平衡计分卡的文章和实践层出不穷。比如，吴大军（2001）就清晰准确地介绍了什么是平衡计分卡及其发展背景以及如何实施平衡计分卡。2003 年林俊杰博士的《平衡计分卡战略导向管理》，其在书中提出了一个完整的、以平衡计分卡导向的战略管理流程，该书被认为是中国的平衡计分卡领域“最有价值和创新”的一本书，林俊杰也撰文发表描述平衡计分卡的应用。2003 年 3 月随着平衡计分卡的创始人，哈佛商学院领导人卡普兰在华演讲，平衡计分卡在华掀起了新的一轮的管理工具热潮，平衡计分卡作为战略管理工具的理念和方法真正开始在中国受到重视和运用。毕意文与孙永玲（2003）合著了《平衡计分卡中国战略实践》，阐述了平衡计分卡作为有效战略管理工具的应用，着重描述了他们就此理论在中国的具体实践，孙伟、张大卫（2004）论述了战略地图在无形资产管理方面的巨大潜力，王翔、李东（2006）基于期望理论对战略地图进行价值评估，在中国环境下从应用价值评价角度对战略地图工具的应用深化策略进行探讨提出基于战略地图的企业战略交互控制系统，王翔等（2007）融合了基于平衡记分卡的企业战略诊断控制系统与基于战略地图的企业战略交互控制系统组成一个企业整合型战略控制系统，为快速、高效地实施战略提供最全面的保障，刘俊勇、孟焰等（2011）详细介绍了卡普兰和诺顿的战略地图，平衡计分卡的使用。

2.6.2 SM和BSC在营利性组织的应用

这一类应用较为广泛，包括银行业等各类企业战略与绩效管理中的案例研究与实践。

如厦门大学彭绯（2009）以H银行为例，任芳（2012）以中国银行×支行为例，王松（2013）以中国银行S支行为例，分别对各自当前的管理及绩效考核体系进行详细分析，结合各自银行的发展特点和战略目标，运用平衡计分卡构建出了绩效考核指标体系，对确定的绩效考核指标体系进行阐述。

刘俊勇（2012）论述了长寿药业通过制订公司级战略地图和平衡计分卡逐步实现战略运营人员一体化系统，陈海烽（2012）分析了中小企业适合的ERP实施模式，并将战略地图分析工具引入中小企业实施模型，杨晶晶（2012）从企业绩效评价指标体系的发展变化以及我国石油企业的具体经济特征入手，分析了我国石油企业的战略发展方向和行业的特殊性，杨辉（2012）打破平衡计分卡理论进入石油企业业绩评价体系的壁垒，构建石了油企业特有的以安全和环境层面为重点平衡计分卡框架体系；并结合战略地图理论，将静态的平衡计分卡转变为动态的平衡计分卡。郝敏（2009）结合经典的平衡计分卡理论提出了国有煤炭企业专属的平衡计分卡框架和战略地图模板，代碧波（2010）运用战略地图对我国中小食品企业营销战略进行分析，郝敏、李鹏、马俊云（2011）认为利用战略地图构建煤炭企业的业绩评价指标体系，周熙（2010）就平衡计分卡在物流企业战略管理中的应用进行了全面和深入的分析，徐春福（2012）构建出跨国物流公司子公司通用的战略地图。黄伟（2005）通过战略地图描述了×航空公司的战略并构建了×航空公司的战略性绩效管理体系。

2.6.3 SM和BSC在非营利组织及公共部门的应用

在非营利组织及公共部门，也不乏运用平衡计分卡获得成功的案例，如美国的北卡罗来纳州夏洛特市政府、美国陆军、加拿大皇家骑警、英国商业部等。关于这些成功的案例，卡普兰和诺顿在其主要著作中都进行了介绍和总结。《财富》500强企业中，有50%的企业不同程度地应用了平衡计分卡，《哈佛商业评论》也将平衡计分卡理论评为“过去75年来最具影响力的管理学说”和“过去80年来最具影响力的十大管理思想之一”。

从总的研究和应用来看，平衡计分卡在我国无论是企业界还是政府公共部门，都尚处于起步阶段，主要应用于公立医院、高校、政府等公共管理部门绩效管理，要想使这一先进的管理工具真正发挥作用，还需更加深入的研究和实践（王建，2010）。

邓自华（2006）在转型期医院战略中，何雪松、曹建文（2007）等以上海市某区级中心医院为例，王靖旭（2010）具体到在某一公立医院急诊科室绩效考核机制中，甘政鑫（2009）研究医院发展的战略目标解决医院资源利用率不足、缺乏有效的激励机制、管理缺乏整体性目标等问题，张大同（2011）在新医改背景下，以KF市人民医院为例，王琳

(2013) 以石家庄市第一医院为例等，均将战略地图引入医疗机构的战略管理，构建医院的战略地图，帮助医院将战略转化为具体的行动。

政府绩效方面的专家彭国甫，对平衡计分卡在政府的运用作了较为全面的阐述，葛露(2005) 阐述了平衡计分卡引入政府部门的可行性，罗海波 (2006) 就平衡计分卡和政府绩效管理在价值取向、评估机制、技术要求等方面的契合阐述了平衡计分卡引入政府绩效管理的可行性，吴英力 (2009) 以 H 残疾人联合会为例引入平衡计分卡作为绩效管理工具，李宁 (2010) 提出了政府门户网站的平衡计分卡设计思想等。从实际应用来看，青岛市政府开展了平衡计分卡应用于我国公共部门绩效管理的先河，青岛市政府通过施行目标绩效管理、创建高绩效机关、引入平衡计分卡管理等工作，加强机关建设，取得了显著的成效，被中央办公厅总结为“青岛模式”，青岛市也被称为中国的“夏洛特”。

肖蕾、杨斌 (2008) 等将战略地图用于高校知识资本开发与运用研究，柴旭东(2008) 介绍了战略地图这种较新的战略发展工具在英国利兹大学大学发展战略制订和实施中的作用，易柱勤 (2009) 以 H 大学为例设计了一套较为完整的教学研究型大学动态绩效评价指标体系及战略地图，丁阳 (2010) 在高校战略地图的应用中把战略目标逐级落实到各分院系、部门及教师层面，张晗、杜纲 (2011) 将战略地图引入到高校发展战略制定中，张晗 (2012) 提出高校战略地图的三个模型，李晨辉、谷晓红、罗海元 (2012) 将平衡计分卡 (通过绘制战略地图) 运用于高校推进马克思主义大众化这一具体实践成效的评估。

2.6.4 结论与启示

综上所述，自从 1998 年战略地图与平衡积分卡理论首次引入中国，我国在实践方面的应用研究还不成熟，刚开始的几年中关于战略地图与平衡计分卡的理论性研究较多，关注研究战略地图理论体系在中国企业实施的可能性、契合性、适应性。近几年研究数量逐渐增加，研究主题逐渐丰富，研究范围逐渐扩大，研究越来越深入。随着平衡计分卡和战略地图在银行业、石油企业、物流企业等企业组织和医院、高校、政府、科研机构等非企业组织中得到实际的运用，关于战略地图体系的实践应用研究也越来越多，论文数量也急剧增长。但是在引入平衡计分卡及战略地图体系的组织中，没有旅游业。而且国内更多地注重战略地图理论的绩效指标评价体系，很少偏重其作为管理手段的创新来实现组织的愿景和使命。

把战略地图理论引入政府的遗产旅游管理中，构建遗产旅游管理战略地图，是旅游目的地管理方法的创新，不仅开拓了战略地图理论在区域旅游管理领域的实践运用，对全国文化遗产旅游的良性发展也具有重要的实践指导意义。

第 3 章

历史文化型世界文化遗产地旅游成长波动比较

通过对七大遗产地及旅游管理部门进行实地调研、查阅统计资料，获取改革开放以来的旅游经济数据，以旅游本底趋势线与旅游地非线性成长方程，以分段函数方程模拟成长“S”形曲线（姚宏，2016），对旅游地生命周期进行数据模拟，对比七个世界文化遗产地的成长曲线与特征值、入选《世界遗产名录》之后的波动，发现规律与波动特点。本研究选取早期加入世界遗产名录的三大历史文化型遗产地（承德避暑山庄、曲阜三孔和平遥古城）、两大山岳型文化遗产地（泰山和武当山）和两大博物馆遗产地（兵马俑和莫高窟）作为案例研究地。

本章图 3 - 1 至图 3 - 6 为三大历史文化型遗产地本底线图，其中虚线表示旅游统计值，实线表示为旅游本底趋势线。图中线圈标注的是统计值相对模拟值的“凸峰凹谷”，其中平遥古城用 P（P_1、P_2、P_3……）、曲阜三孔用 Q（Q_1、Q_2、Q_3……）、承德避暑山庄用 C（C_1、C_2、C_3……）分别表示统计线上的“凸峰凹谷”点。

3.1 旅游地非线性成长本底线对比分析

平遥古城位于山西晋中市，较为完好地保留着明、清时期县城的基本风貌，堪称中国汉民族地区现存最为完整的古城。是汉民族城市在明清时期的杰出范例，在中国历史的发展中，为人们展示了一幅非同寻常的文化、社会、经济及宗教发展的完整画卷。

3.1.1 平遥古城旅游客流与收入本底线

平遥古城是山西晋中有 2700 多年历史的文化名城。与第二批国家历史文化名城的云南丽江、四川阆中、安徽歙县合称为“保存最为完好的四大古城”，也是我国目前唯一以整座古城申报世界文化遗产获得成功的古县城，1997 年 12 月被列入《世界遗产名录》，2009 年平遥古城荣膺世界纪录协会中国现存最完整古代县城，再获殊荣。

由于平遥古城在 1996 年之前的旅游统计数据完全缺失，因此，选取 1996 年为观察点。1996 ~ 2013 年，平遥古城旅游客流和旅游收入均经历成长周期不同步，但均属于扇贝型成长模式。两条模拟曲线显示，1996 ~ 2014 年，平遥古城经历了 3 个成长周期，分岔点分别为 2006 年、2011 年，如图 3 - 1。而同期平遥古城旅游收入本底线只经历了 2 个周期，2008 年开启第二周期，如图 3 - 2。1996 ~ 2014 年，旅游客流比旅游收入多经历一个周期，且旅游客流在进入“十二五规划”期间，进入第三个周期，几乎呈现直线形增长，而旅游收入相比客流来讲，此时增速较缓，仍停留在第二个周期。平遥古城客流与收入在 2011 年后的异步性，说明传统的旅游产品结构已经不能适应现时游客旅游需求的发展，特别是 2014 年大西高铁的开通，“和谐晋中号”旅游高铁运营，将更加刺激整个客流市场的发展。具体分析：

第一周期中，1997 年平遥古城加入《世界遗产名录》，且同年开始举办平遥古城文化国际旅游文化节，当地旅游飞速发展。加入《世界遗产名录》前的 1996 年旅游人次 2.1 万人次、旅游收入 82 万元，2006 年旅游人次达 92.2 万人次、旅游收入约达 7350 万元，分别增长了 43 倍和 89 倍。1997 ~ 2004 年为快速增长期，2005 年开始增速减缓，期间 1998 年、1999 年的数据增长迅速，形成“凸峰”（P1、P2，因数据相对于 2014 年的最高值而言太小，图中显示不清晰），2003 年出现一个较大的“凹谷”（P3）。

第二周期中，2008 年由于汶川地震、北京奥运会等事件，形成凹谷（P4）。

第三周期刚刚起步。“十二五”规划期间，山西省成为国家资源型经济转型综合配套改革试验区。在点线旅游向全域旅游转型的新背景下，平遥古城作为晋商文化代表，将发挥核心景区的作用，带动乔家大院、王家大院、常家庄园等重点景区发展，形成晋商文化旅游区。在国家政策与地方政府的帮扶下，平遥古城旅游知名度不断提升，客流统计值几乎与模拟值相重合，拟合优度达到 0.96。与此同时，突破旅游收入增长的瓶颈，将娱乐、体育、节庆、会展等及节事活动创新融合发展，将是开启旅游收入新周期的强大引擎。2013 年 5 月 15 日《美丽山西休闲游若干措施》正式实施，平遥古城执行了景区旺季八折、淡季六折和 60 岁以上老人门票全免的优惠政策，客流直线增长。2011 ~ 2013 年旅游客流几乎呈直线发展，而 2013 年旅游收入大幅度下降，两者与作为周期导入点的 2006 年相比分别增长了 5 倍与 2.5 倍，这可能与大同古城、祁县古城等相关景区的开放减少了平遥古城游客在景区的逗留时间相关，同时也受景区门票政策的影响。

平遥古城客流本底趋势线见图 3 - 1，旅游收入本底趋势线见图 3 - 2。图 3 - 1 中 P1 - P5 分别表示 5 个凸峰与凹谷年份点。

平遥古城第一、二周期客流模拟方程：

$$Y_1(t)\frac{100.901}{1-\exp(-0.969t+7.231)}+1.113 \quad t\in(1996,2006) \quad R^2=0.9136 \qquad (2-1)$$

$$Y_2(t)\frac{280.9}{1+\exp(-1.912t+2.232)}+10.535 \quad t\in(2007,2011) \quad R^2=0.8918 \qquad (2-2)$$

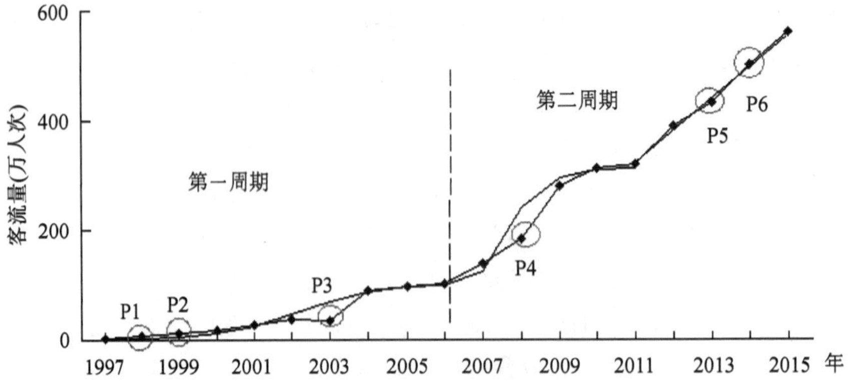

图 3－1　平遥古城旅游客流本底线图

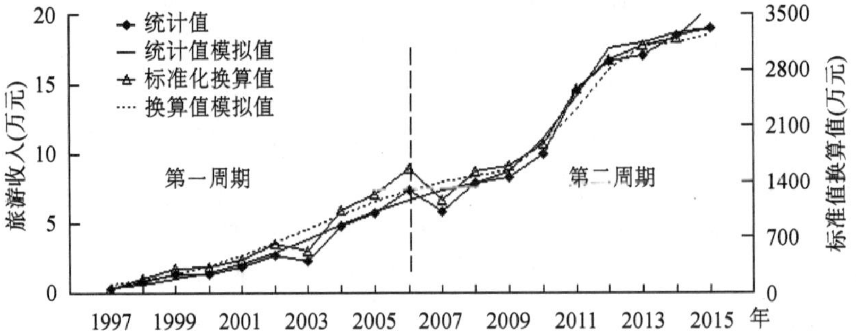

图 3－2　平遥古城旅游收入本底线图

平遥古城第一、二周期收入模拟方程：

$$Y_1(t)\frac{9.021}{1+\exp(-3.919t+0.451)}+0.103 \quad t\in(1996,2007) \quad R^2=0.9336 \qquad (2-3)$$

$$Y_2(t)\frac{30.011}{1+\exp(-1.899t+0.462)}+29 \quad t\in(2008,2014) \quad R^2=0.8988 \qquad (2-4)$$

3.1.2　曲阜三孔旅游客流与收入本底线

山东济宁曲阜的孔府、孔庙、孔林，统称“三孔”，是中国历代推崇儒家文化，纪念孔子的圣地，以丰厚的悠久历史、文化积淀、宏大规模、丰富文物珍藏，以及科学艺术价值而著称。孔庙是祭祀孔子的本庙，历经 2400 多年而从未放弃祭祀，是中国使用时间最长的庙宇，也是中国现存最为著名的古建筑群之一；孔林延续使用 2400 多年，不仅是中国也是世界上沿用时间最长的氏族墓地；孔府是中国现存规模最大、保存最好、最为典型的官衙与宅第合一的建筑群。保存的金、元、明、清古建筑反映了各个时期的建筑、丰富的石刻艺术、历代书法碑刻、墓葬、古树名木以及文书档案。1994 年曲阜孔庙、孔林、孔府被联合国列入《世界遗产名录》，简称曲阜三孔。

曲阜历史统计数据始于 1984 年，以 1984 年为导入点。由图 3－3、图 3－4 可知，

1984 年至今曲阜三孔的旅游客流发展经历 3 个成长周期，分岔点大致分别在 1993 年、1999 年。而从模拟 S 形曲线看到，同期三孔旅游收入发展只经历了 2 个周期，分岔点大致为 1998 年，如图 3－3。

近 30 年的曲阜旅游发展中，旅游客流波动变化比旅游收入多一个周期，即在 1984～1998 年期间，旅游客流在 1992 年左右达到第一个周期的逻辑上界并进入成熟期，之后进入一个新周期，同期旅游收入仍处于第一周期，旅游收入的增长速度相对缓慢。从侧面反映出早期曲阜三孔一方面接待任务较多，部分客流并不带来收入；另一方面，曲阜三孔文化观光旅游占主导地位，依赖门票经济，将儒家文化融入旅游产品的民俗风情旅游产品、科学修学旅游产品等综合型的旅游产品格局（张凌云，2010）亟待形成。

1994 年曲阜三孔加入《世界遗产名录》，成为转折点，TANG 模型中的转折值是逻辑起点到逻辑上界的 50%，模拟值 $Q_{2Z}=47.6$ 万人次，实际当年统计值为 50.2 万人次。此时，旅游收入本底线也处于转折期，统计模拟值 $Q_{1Z}=1116$ 万元。

1999 年之后客流与收入的周期发展速度较为一致。1999 年黄金周制度初步形成，在经历短暂的平稳发展后，拉动三孔旅游客流和收入向新的成长周期发展。旅游客流第三个周期 1999～2013 年的成长幅度是最大的，约达 310 万人次，收入增长 1.4 亿元。主要归因于曲阜开展一些节庆活动提高当地的知名度。2011 年曲阜推出“乘高铁，游曲阜”旅游产品；2013 开始“背《论语》免费游三孔”活动在传承文化中吸引了很多游客。

曲阜三孔旅游客流本底趋势线见图 3－3，旅游收入本底趋势线见图 3－4。图 3－1 中 Q1－Q5 分别表示 5 个凸峰与凹谷年份点。

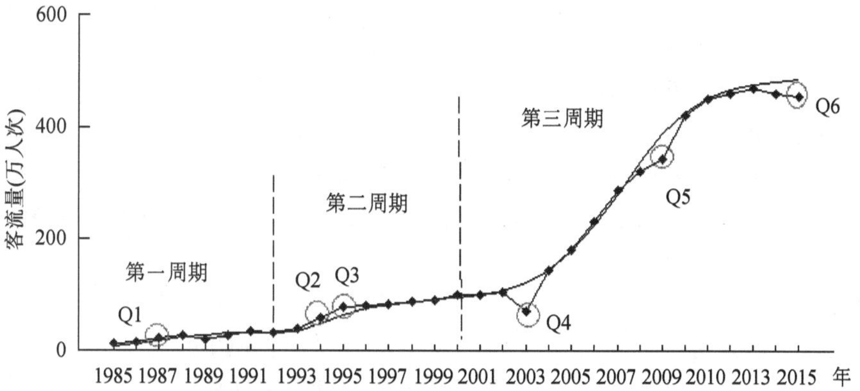

图 3－3　曲阜三孔旅游客流本底线图

曲阜三孔第一、二、三周期客流模拟方程：

$$Y_1(t)\frac{36.123}{1+\exp(-0.789t+3.021)}+2.303 \quad t\in(1984,1992) \quad R^2=0.8942 \quad (2-5)$$

$$Y_2(t)\frac{89.157}{1+\exp(-0.708t+2.232)}+1.1123 \quad t\in(1993,1998) \quad R^2=0.8791 \quad (2-6)$$

$$Y_3(t)\frac{400.001}{1+\exp(-0.599t+5.422)}+89.992 \quad t\in(1999,2014) \quad R^2=0.9371 \quad (2-7)$$

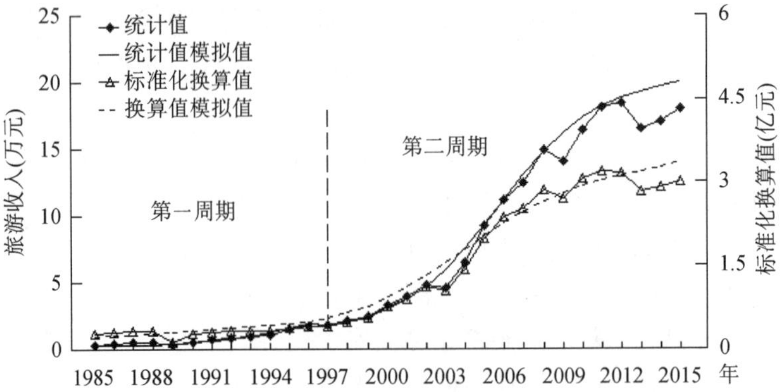

图 3-4 曲阜三孔旅游收入本底线图

曲阜三孔第一、二周期旅游收入模拟方程：

$$Y_1(t)\frac{2.606}{1+\exp(-2.85t+0.484)}+0.31 \quad t\in(1996,1997) \qquad R^2=0.9034 \qquad (2-7)$$

$$Y_2(t)\frac{18.9}{1+\exp(-3.91t+0.399)}+1.289 \quad t\in(1998,2014) \qquad R^2=0.9312 \qquad (2-8)$$

3.1.3 承德避暑山庄旅游客流与收入本底线

承德避暑山庄是清王朝的夏季行宫，又称“热河行宫”，位于河北省承德市中心以北，由众多的宫殿以及其他处理政务、举行仪式的建筑构成一个庞大的建筑群。建筑风格各异的庙宇和皇家园林同周围的湖泊、牧场和森林巧妙地融为一体，不仅具有极高的美学研究价值，而且还保留着中国封建社会发展末期的罕见的历史遗迹，是中国现存面积最大的皇家园林。历经清康熙、雍正、乾隆三朝，耗时 89 年建成。与全国重点文物保护单位拙政园、颐和园、留园并称为中国四大名园。1994 年 12 月，避暑山庄及周围寺庙（热河行宫）被列入世界文化遗产名录。2007 年 5 月 8 日，承德避暑山庄及周围寺庙景区经国家旅游局正式批准为国家 5A 级旅游景区。

避暑山庄的旅游地生命周期以 1984 年作为观察点，旅游收入与旅游客流均经历了 2 个周期，其分岔点分别为 2000 年和 2006 年左右，其发展表现出一定的差异，旅游客流发展较为缓慢，进入第二周期的时间较旅游收入有滞后性。早期旅游产品开发较为单一，以遗产风光作为主要吸引物，受气候的影响，避暑山庄旅游发展仅有 7 ~ 9 月 3 个月的旺季。

第二周期中，为突破旅游发展受气候制约的瓶颈，承德避暑山庄及周围寺庙景区管委会设计并推出“四时花卉节”、冰上赛事等主题节事活动，目的在于让游客领略“一年四季总相宜”的避暑山庄，形成系列文化产品，促观光旅游产品转型发展休闲旅游产品。产品创新、娱乐赛事的增加成为旅游收入提前旅游客流进入新周期的重要原因。另外，景区管委会为了避免本市办年卡的居民多次进入景区而对实际统计值造成重复，使用“旅游人数”而非“旅游人次”作为统计口径，这样统计值远远小于实际进入景区的人数，也是旅游客流周期延后的另一个重要原因。1989 年、2003 年、2008 年受“政治风波”“非典”、奥运会的交通管制影响旅游客流与收入均呈现“凹谷”。

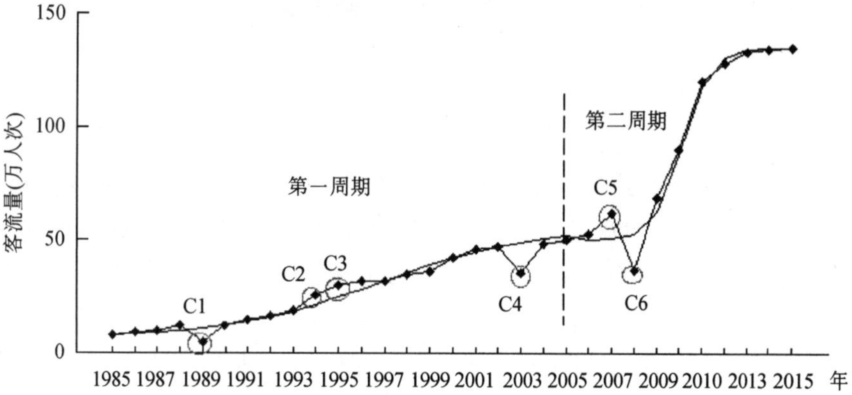

图 3－5　承德避暑山庄客流本底线图

承德避暑山庄第一、二周期旅游客流模拟方程：

$$Y_1(t)\frac{50.024}{1+\exp(-0.299t+4.131)}+6.113 \quad t\in(1984,2005) \quad R^2=0.9136 \quad (2-9)$$

$$Y_2(t)\frac{85.009}{1+\exp(-1.567t+8.145)}+50.221 \quad t\in(2006,2014) \quad R^2=0.9671 \quad (2-10)$$

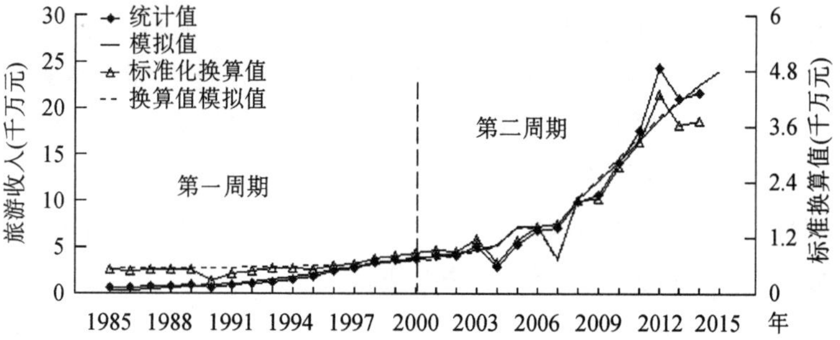

图 3－6　承德避暑山庄旅游收入本底线图

承德避暑山庄第一、二周期旅游收入模拟方程：

$$Y_1(t)\frac{4.590}{1+\exp(-3.444t+0.293)}+1.000 \quad t\in(1984,2000) \quad R^2=0.8902 \quad (2-11)$$

$$Y_2(t)\frac{24.509}{1+\exp(-3.899t+0.378)}+3.309 \quad t\in(2001,2014) \quad R^2=0.9018 \quad (2-12)$$

3.2　三大遗产地旅游客流多周期对比分析

本章对平遥古城、曲阜三孔、承德避暑山庄三个历史文化型遗产地进行了旅游客流及收入的模拟，对比实际统计值，对模拟曲线的导入点、逻辑上界与成长幅度三项指标进行分析，从而对比三大遗产地周期性差异和发展波动速度等异同。

3.2.1 导入点与分岔点分析

曲阜三孔和承德避暑山庄分别以 1984 年与 1987 年为导入点，平遥古城受统计数据缺失，以 1996 年为观察点，1997 年为导入点。对比分析中发现：曲阜三孔有着深厚的文化根基，旅游发展历史悠久，早期响应国家将旅游业纳入“七五”计划的号召（1985 年），导入点早。第二个周期的导入点即为分岔点，平遥古城、曲阜三孔、承德避暑山庄的分岔点分别为 2006 年、1993 年、2006 年。平遥古城在申遗成功近 10 年开启了第二个周期，此时成长速度达到 42 万人次/年，景点在知名度提升后加大特色旅游产品的创新如“平遥中国年”举办、开展国际摄影节等节庆活动等的因素的促进下进入新的成长周期；曲阜三孔则较早进入分岔点，这与 1993 年国家发布《关于发展国内旅游意见》相关，1994 年加入“世界遗产名录”，在国家大政策的引导下，曲阜三孔当地政府加大投资力度，在经营管理方面、产品营销创新方面均突破上个周期的束缚，成长幅度提升了 48 万人次；承德避暑山庄则是三个景区中成长速度较慢的一个。虽然 1994 年加入“世界遗产名录”，旅游形象大大改善，但是受限与旅游资源的季节性因素影响，全年只有 7 ~ 9 月为旅游旺季，其余时段为旅游淡季，客流几乎很少。所以旅游成长经历了 2002 ~ 2005 年较长的停滞期。2006 年承德避暑山庄开展四时花卉节、国际管乐艺术节以及速度滑冰赛等节庆活动，突破旅游资源的季节性局限，消除季节交替的客流损失，达到在新成长周期中的系统创新。1984 ~ 2013 年，曲阜三孔经历了 3 个周期。这表明曲阜三孔景区的 2000 年曲阜三孔迎来了第三个成长周期，伴随 1999 年国家出台“黄金周”制度、2004 年祭孔大典改为国家公祭，曲阜三孔旅游在品牌提升、文化传承中突飞发展。

3.2.2 逻辑上界与成长幅度分析

景区在成长周期内的旅游客流量达到的极值点。旅游成长幅度与旅游吸引力成正相关，但受区位的影响。可以由表 3 - 1 看出，曲阜三孔的增幅达 287.77 万人次，特别是国务院 2014 年出台的《关于促进旅游业改革发展的若干意见》31 号文件将修学旅游提上日程，为孔子修学旅游节的营销畅通了道路，加大了宣传力度，曲阜三孔的逻辑上界达 287.77 万人次，成为三个景区最高的。承德避暑山庄的成长速度在初期与曲阜三孔相差无几，但是一直平缓发展，成长幅度不及曲阜三孔的三分之一，受限于旅游区位，交通不便，其逻辑上界远远低于其他两个景区。平遥古城是增长最迅速的，在第二周期增幅达 210 万人次，且 2011 ~ 2013 年在“十二五”规划指导下平遥古城旅游进入全新的阶段，发展势头强劲。但由于时间序列只有两年，无法进行数据模拟。2013 年大型情境体验剧《又见平遥》在山西平遥正式公映，2014 年大西高铁的开通运营等将预示平遥旅游市场持续火爆。

表 3-1　　三大历史型遗产地旅游客流本底线多周期对比

景区	平遥古城		曲阜三孔			承德避暑山庄	
周期	1	2	1	2	3	1	2
分岔点（年）	2005		1992		1998	2005	
导入点（年）	1997	2006	1984	1993	2000	1987	2006
转折点（年）	2001	2008	1986	1994	2004	1994	2010
成熟点（年）	2004	2010	1990	1998	2011	2002	2013
成长幅度（万人次）	64.8	210	15.85	63.67	287.77	37.05	80.36
成长速度（万人次/年）	9.26	42	2.64	7.96	31.97	2.47	11.48
逻辑上界（万人次）	100.9	—	36.12	89.16	480	50.02	145.01

3.3　三大遗产地旅游收入多周期对比分析

图 3-2、图 3-4、图 3-6 分别为三大遗产地旅游收入的本底线图。考虑到通货膨胀等价格因素的影响，本书的旅游收入统计数据以 1978 年为基准进行了标准化模拟，同时给出了标准值的模拟值趋势。可以看出，三大遗产地的旅游收入统计值趋势与模拟值趋势几乎没有区别，而且均受 1989 年“政治风波”、2003 年 SARS 危机、2008 年金融危机和奥运会影响而呈现 3 个“凹谷”（平遥 1989 年数据缺失）。同时，三个遗产地统计值与标准值的模拟方程初始参数 B_i 和成长参数 C_i 差异很细微，“S”形曲线也表现出一致的趋势，表示以不同数值计算的生命周期的增长幅度与速度是一致的，说明了三大遗产地的旅游收入生命周期受通货膨胀物价指数影响较小。表 3-2 以收入统计值的模拟方程为准对三个遗产地的本底线多周期现象进行对比分析。

3.3.1　模拟方程的特征值变化

从逻辑下界来看，第一周期平遥古城为三大景区中起点低。第二周期平遥的逻辑下界已经超越曲阜三孔，跃居第二。这说明平遥古城在第一周期的成长速度是相当快的，这与其成长参数 3.919 万/年为最大值，即增长速度为最大相吻合。推测加入世界遗产名录对平遥古城的经济推动作用相比其他两个景区是最大的（文中以下有这一推测的定量分析）。从第二周期逻辑上界可以预测出未来这三个景区的旅游收入发展潜力：平遥古城 > 承德避暑山庄 > 曲阜三孔。

3.3.2 模拟方程的周期变化

三大遗产地旅游收入均经历了2个生命周期。平遥古城在2007年申遗“十周年”进入新的成长周期，曲阜三孔和承德避暑山庄均在1997年、2000年相继开启新的周期。结合曲线发展趋势，曲阜三孔的旅游收入的生命周期即将达到成熟期，平遥古城和承德避暑山庄的生命周期正处于增长速度较快的成长期。如何拉动三孔旅游收入的发展，步入新的周期还需要政府政策的扶持与景区产品创新的支撑；而延长平遥古城和承德避暑山庄的成长期则是这两个景区目前需要思考的方向。由表3－2可以看出曲阜三孔的第二周期在2007年就已经进入转折期。

表3－2　三大历史型遗产地旅游收入统计本底线多周期对比

景区	平遥古城		曲阜三孔		承德避暑山庄	
周期	1	2	1	2	1	2
分岔点（年）	2007		1997		2000	
导入点（年）	1997	2009	1987	1998	1987	2004
转折点（年）	2004	2010	1994	2007	1994	2010
成熟点（年）	2006	—	1996	—	2002	—
逻辑上界（万）A_i	9020	30011	2606	18918	4590	24509
初始参数 B_i	0.451	0.462	0.484	0.399	0.293	0.378
成长参数（万/年）C_i	3.919	1.899	2.85	3.91	3.444	3.899
逻辑下界（万）Q_{i0}	10	2900	310	1289	100	3309

3.4 本章小结

历史文化型遗产景区依托深厚的文化内涵，在旅游成长中表现出不同的成长轨迹。平遥古城1997年加入世界遗产名录，曲阜三孔和承德避暑山庄1994年加入世界遗产名录。不同的入遗时间，加之不同的旅游资源禀赋造就了多样的“峰谷”变化和“多周期”递进。可得出如下结果：

（1）加入世界遗产名录较晚的平遥古城入遗效应最明显。曲阜三孔的成长轨迹与全国旅游业的发展相吻合。三大历史文化型遗产景区的旅游收入发展潜力：平遥古城〉承德避暑山庄〉曲阜三孔。

（2）平遥古城和曲阜三孔的旅游成长经历3个周期，承德避暑山庄经历2个周期。他们的成长均属于扇贝型成长模式。进入分岔点后及时创新，在上个周期的逻辑上界的基础上进行新的成长周期的开拓。

（3）在面对共有的危机、庆典事件，三大景区的恢复反应能力不同。

（4）景区的营销创新方式各有特色。曲阜三孔结合自身文化，提出“背论语，免费游三孔”的公益活动，不仅得到游客的积极热情，更宣扬了自身的文化特质；承德避暑山庄受季节因子的影响，开展四时花卉，淡季时举办各种体育赛事，破除淡季制约发展的瓶颈；平遥古城依托古城的魅力，积极开展“国际摄影节”“平遥中国年”等以文化为载体的旅游活动，大力推动景区的发展（郭雪梅，2015）。

第 4 章

山岳型世界文化遗产地旅游成长波动比较

选取泰山和武当山两大具有典型代表的山岳型遗产景区作为案例研究地。本章图 4 – 1 至图 4 – 4 为本底线图，其中带虚线的为旅游统计值，实线为旅游本底趋势线。图中红色标注的是统计值相对模拟值的“凸峰凹谷”，其中泰山用 T（T_1、T_2、T_3……）、武当山用 W（W_1、W_2、W_3……）分别表示统计线上的“凸峰凹谷”点。

4.1 山岳型世界文化遗产地旅游非线性成长本底线对比分析

4.1.1 泰山旅游客流与收入本底线

泰山位于山东省中部的泰安市之北，海拔 1532.7 米，气势雄伟磅礴，享有“五岳之首”“天下第一山”的称号。2000 多年来一直是帝王朝拜的对象，其山体上的 20 多处古建筑群和 2200 余处碑碣石刻与自然景观完美和谐地融合在一起，成为古代中国文明和信仰的象征。泰山也是我国首个自然与文化双重遗产地，丰富的地壳运动遗迹具有世界意义的地质科学研究价值，丰富的植被景观为生物资源的多样性研究提供了有力的论证。

如图 4 – 1、图 4 – 2，1978 ~ 2013 年泰山旅游客流和旅游收入均经历两个成长周期，属于“成长——衰退——再成长”模式。1981 年与 1987 年为导入点，第一、二周期的分岔点分别为 1995 年和 2005 年，周期表现出一致性。旅游收入标准化换算后模拟值与统计值的趋势表现基本一致，说明泰山旅游收入生命周期受通货膨胀物价指数的影响并不大。1987 年 12 月泰山被评为文化与自然双重遗产。1988 年当地旅游飞速发展。“申遗”前 1986 年旅游人次 95 万人次，旅游收入 0.38 亿元；1988 年旅游人次达 165 万人次，旅游收入约达 1.3 亿元。分别增长了 0.7 倍、2.4 倍。这种旅游收入增幅大于旅游客流的现象，主要得因于泰山风景文化区不断更新创造新的旅游产品，特别是 1995 年以来，泰山东岳庙会已经壮大形成规模。所以在 1995 年同年开启了第二个周期，旅游客流与收入均进入第二个成长阶段。在 2008 年，泰安市泰山封禅大典文化发展有限公司成立，打造大型的山水实景演出《中华泰山 封禅大典》，将中华文化与遗产旅游完美结合，吸引众多游客，即使在全国奥运管制严格的情况下，仍呈现旅游客流与旅游收入的双凸峰。2009 年开始举办的“泰山冠军”登山系列大赛已经持续了三个赛季，吸引了 21 个省市近 1 万名群众参与，在社会形成较大的反响。这与 2006～2013 年统计曲线直线增长相匹配。

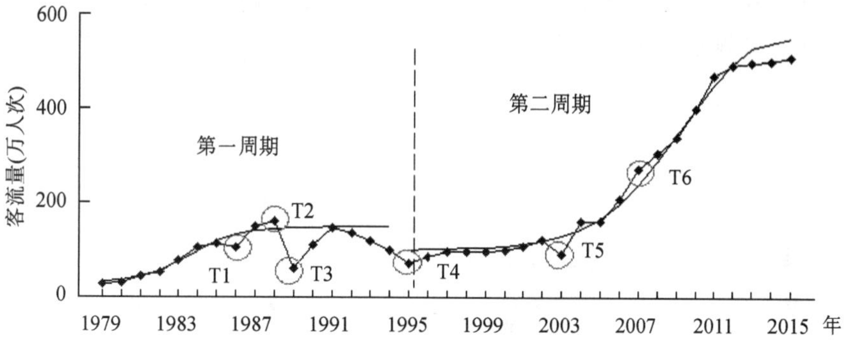

图 4－1　泰山旅游客流本底线图

泰山第一、二周期旅游客流模拟方程：

$$Y_1(t)\frac{120}{1+\exp(-0.7685t+5.1)}+28.99 \quad t\in(1978,1994) \quad R^2=0.9653 \qquad (4-1)$$

$$Y_2(t)\frac{499.064}{1+\exp(-0.3549t+6.8893)}+99 \quad t\in(1995,2014) \quad R^2=0.9223 \qquad (4-2)$$

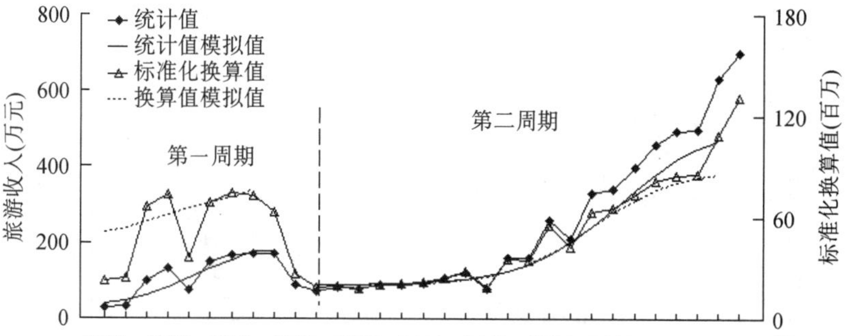

图 4－2　泰山旅游收入本底线图

泰山第一、二周期旅游收入模拟方程：

$$Y_1(t)\frac{150}{1+\exp(-t+4.8893)}+30 \quad t\in(1984,1994) \quad R^2=0.8921 \qquad (4-3)$$

$$Y_2(t)\frac{600}{1+\exp(-0.5899t+6.9993)}+90 \quad t\in(1995,2014) \quad R^2=0.9103 \qquad (4-4)$$

4.1.2　武当山旅游客流与收入本底线

武当山是中国国家重点风景名胜区、国家 AAAAA 级风景区。

武当山属自然景观和人文景观完美结合的山岳型风景名胜区，以其绚丽多姿的自然景观、规模宏大的古建筑群、源远流长的道教文化、博大精深的武当武术著称于世，被称为“亘古无双胜境，天下第一仙山”。2005 年“治世玄武”石牌坊竣工，30 集《武当山》封镜仪式在紫霄宫举行。通过景区建筑标牌和电视传媒的联合营销，整个武当山景区的品牌效应瞬时凸显，在 2005 年顺利进入第二个成长阶段。对比图 4-3 和图 4-4，武当山的客流与收入变化趋势线基本保持一致。

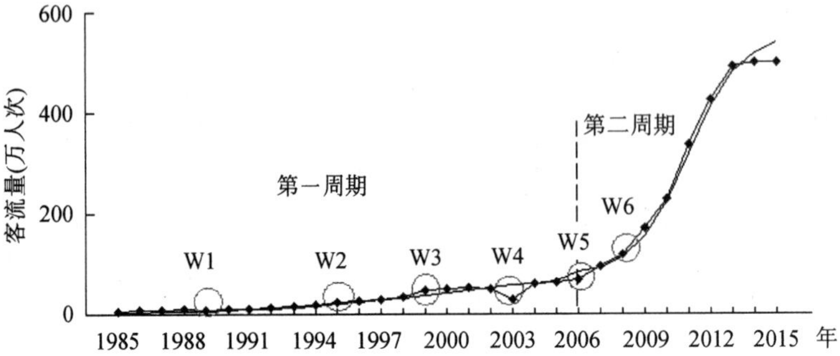

图 4-3 武当山旅游客流本地底线图

武当山第一、二周期旅游客流模拟方程：

$$Y_1(t)\frac{96}{1+\exp(-0.21t+3.8)}+0.4 \quad t\in(1984,2005) \quad R^2=0.89222 \tag{4-5}$$

$$Y_2(t)\frac{475}{1+\exp(-0.84t+5)}+77 \quad t\in(2006,2014) \quad R^2=0.93089 \tag{4-6}$$

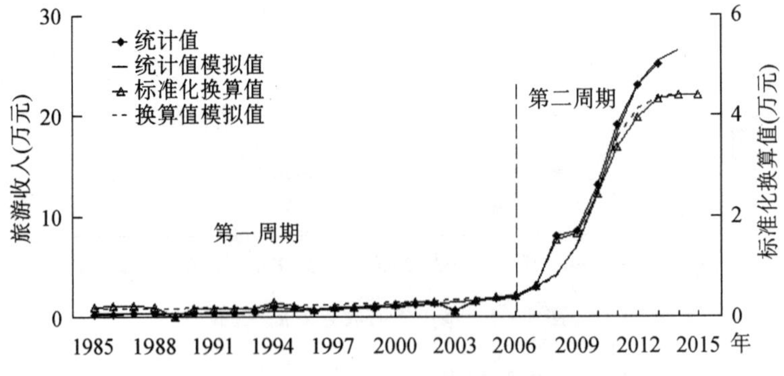

图 4-4 武当山旅游收入本地底线图

武当山第一、二周期旅游收入模拟方程：

$$Y_1(t)\frac{3}{1+\exp(-0.21t+4.5)}+0.3 \quad t\in(1984,2005) \quad R^2=0.87282 \tag{4-7}$$

$$Y_2(t)\frac{25}{1+\exp(-t+4.4)}+2.1 \quad t\in(2006,2014) \quad R^2=0.89909 \tag{4-8}$$

4.2　山岳型遗产地旅游客流多周期分析

泰山和武当山的旅游成长增幅相差无几，但是武当山初始旅游的基数较小，说明武当山旅游增速较快，客流发展仍处于快速增长期。武当山的旅游收入的生命周期正处于增长速度较快的成长期，泰山旅游收入的生命周期则将进入发展成熟期。

4.2.1　导入点分析

对比客流模拟曲线，从导入点、逻辑上界与成长幅度分析对比两大遗产地异同。

泰山和武当山分别在 1981 年与 1987 年为导入点。比较分析：泰山有着深厚的历史文化底蕴—五岳之尊，名气高，导入点早。武当山和泰山的分岔点分别为 2005 年和 1995 年。在 1984 年，泰山加入世界遗产名录，成为第一批“申遗”成功的旅游景区。品牌地位的提升加快泰山景区的转型发展（陈春晓，2005），1985 年泰山旅游人次达到 119.74 万人次，是导入初期的 4 倍。武当山在初期发展较缓，管理混乱，导入点略晚于泰山。1994 年加入“世界遗产名录”，“问道武当山，养生太极湖”的旅游宣传口号将武当山的旅游形象刻画入人心，1997 年成立武当山经济特区，在经营管理方面、产品营销创新方面均有所突破。泰山因为其历史地位较高，导入早于武当山，但是武当山因后期的影视传媒营销力度较大，在第二周期，仅用一年时间就从分岔点进入导入点，而泰山则经过 4 年才进入新的周期。

4.2.2　逻辑上界与成长幅度分析

景区在成长周期内的旅游客流量达到的极值点。旅游成长幅度与旅游吸引力成正相关，但受区位、资源等情况的影响。可以由表 4－1 看出，泰山和武当山的旅游成长增幅相差无几，但是武当山初始旅游的基数较小，说明武当山旅游增速较快。由表可得第一阶段平均每年高于泰山每年 18 万人次。观察二者的旅游上界，在第一阶段泰山高于武当山，到第二阶段两个景区的逻辑上界基本持平，再次从量化的角度证明武当山旅游发展后劲十足。武当山的擅长媒介营销，在 2015 年拍摄人文纪录片《问道武当》，将武当山的口号通过媒体进行全新的阐释，继续巩固它打造的道教养生地形象，在第二周期的逻辑预测值 475 万人次，成长速度 411 万人次/年。未来的发展前景非常好。

表 4 -1 山岳型遗产地旅游客流本底线多周期对比

景区	泰山		武当山	
周期	1	2	1	2
分岔点（年）	1994		2005	
导入点（年）	1981	1999	1987	2006
转折点（年）	1984	2008	1998	2012
成熟点（年）	1993	—	2001	—
成长幅度（万人次）	69	409	88	411
成长速度（万人次/年）	5. 66	—	6. 4	—
逻辑上界（万人次）	120	499	96	475

4.3 山岳型遗产地旅游收入多周期分析

图 4 -2、图 4 -4 分别为泰山与武当山旅游收入的本底线图。考虑到通货膨胀等价格因素的影响，旅游收入统计数据以 1978 年为基准进行了标准化模拟，同时画出了标准值的模拟值趋势。可以看出，两大遗产地的旅游收入统计值趋势与模拟值趋势几乎没有区别，遗产地统计值与标准值的模拟方程初始参数 B_i 和成长参数 C_i 差异很细微，“S”形曲线也表现出一致的趋势，表示以不同数值计算的生命周期的增长幅度与速度是一致的，说明了两大遗产地的旅游收入生命周期受通货膨胀物价指数影响较小。表 4 -2 以收入统计值的模拟方程为两个遗产地的本底线多周期现象进行对比分析。

4. 3. 1 模拟方程的特征值变化

从逻辑下界来看，第一周期泰山与武当山的旅游收入相同，第二周期武当山的逻辑下界超越泰山，这说明武当山在第一周期的成长速度是相当快的，这与其成长参数 5. 979 万/年。1998 年中国武当拳国际交流大会与 1999 年武当国际旅游节为武当山享誉天下争得名声，更是对 1994 年加入世界遗产的补充，旅游发展非常快。从第二周期逻辑上界可以看出未来武当山景区的旅游收入发展潜力最大。

4. 3. 2 模拟方程的周期变化

武当山和泰山旅游收入均经历了两个生命周期。泰山在 1994 年进入新的成长周期，武当山在 2005 年开启新的周期。结合曲线发展趋势，武当山的旅游收入的生命周期正处于增长速度较快的成长期，泰山旅游收入的生命周期则将进入发展成熟期。泰山的体育系列旅游产品以及封禅大典带来的巨大收益已经发展到瓶颈，步入新的周期需要加大营销力度，创新旅游产品。由表 4－2 可以看出泰山的第二周期在 2007 年就已经进入转折期。

表 4－2　　山岳型遗产地旅游收入本底线多周期对比

景区	泰山		武当山	
周期	1	2	1	2
分岔点（年）	1994		2005	
逻辑上界（百万）A_i	150	1999	300	2500
初始参数 B_i	4.88	6.92	4.5	4.4
成长参数（百万/年）	－1	－0.59	－0.2	－1
逻辑下界（万）Q_{i0}	30	90	30	210
导入点（年）	1986	1999	1985	2004
转折点（年）	1990	2007	1996	2011
成熟点（年）	1993	—	2002	—

4.4　本章小结

山岳型世界文化遗产地受外界影响因素较大。泰山 1987 年加入世界文化遗产名录，武当山 1994 年加入世界文化遗产名录。入遗时间的不同也影响两大遗产地的成长轨迹。研究结果如下：

（1）泰山的旅游成长属于“成长—衰退—再成长”模式，武当山的旅游成长模式属于“扇贝型”成长模式。武当山景区的旅游产品更新创新能力较强。在旅游成长曲线达到成熟期，很好地结合实际进行营销，以大型电视电影为媒介，进行广泛宣传。同时，根据本身承载的文化内涵，挖掘出武术表演等系列国际赛事活动，成功将资源特性进行外延的拓展，丰富了产品的形式与内容，迎来新的无间断的成长周期。

（2）面对突发危机事件，两个遗产地表现出不同的修复能力。

（3）在未来的发展趋势中，武当山的潜力大于泰山。泰山早期入遗，作为双遗产，早期的优势无可比拟，但是随着年际的变化，在发展瓶颈期出现衰落。虽然通过封禅大典等实景演出创新了产品，但是在一定程度中凸显出泰山旅游成长的急切转型；武当山入遗时间较晚，其资源禀赋表现出的外在吸引力还没有枯竭，当地政府的政策支持与产品的创新将会使其推入新的周期。

第 5 章

博物馆型世界文化遗产地旅游成长波动比较

选取莫高窟和兵马俑两大具有典型代表的博物馆型遗产景区作为案例研究地。本章图5－1至图5－4为本底线图，其中带虚线的为旅游统计值，实线为旅游本底趋势线。图中红色标注的是统计值相对模拟值的“凸峰凹谷”，其中莫高窟用 M（M_1、M_2、M_3……）、兵马俑用 B（B_1、B_2、B_3……）分别表示统计线上的“凸峰凹谷”点。

5.1 博物馆型世界文化遗产地旅游非线性成长本底线对比分析

5.1.1 莫高窟旅游客流与收入本底线

1961 年 3 月，莫窟被列为第一批全国重点文物保护单位。1987 年 11 月，列入世界遗产名录。1979 年正式对外开放后，也正是世界范围内旅游兴起的时候，每年慕名而来的游客数量不断增多。莫高窟三个主要的展陈区域：数字展示区、路途观景区、莫高窟景区。统计数据选取 1979 年为观察点。如图 5－1 和图 5－2，1978～2014 年莫高窟游客流和旅游收入均经历两个成长周期，属于典型的扇贝型成长模式。

莫高窟旅游客流与收入的分岔点均在 1999～2000 年，2014 年莫高窟旅游客流已进入成熟期，此时旅游收入正处于成长期。旅游收入的成长速度稍缓于旅游客流。这是景区内延提升与文化挖掘展示工作较为突出的缘故。1986 年起“七五计划”，莫高窟集宗教、美术、政治、文化、旅游为一体的佛窟在旅游市场大门打开之年呈现高速发展。1987 年莫高窟加入《世界遗产名录》，促进当地旅游飞速发展。1988 年敦煌设为县级市，地域知名度提升，国家资金扶持，借力入遗的品牌效应，莫高窟旅游人次达到 39 万人次，旅游收入达 19 万元。第二周期旅游客流逻辑上界 Q2 约为 388 万人次，几乎达到 1988 年旅游人次的 10 倍。1989 年、2003 年和 2008 年因政治风波、非典和金融危机的冲击，造成客流收入的急剧下降。

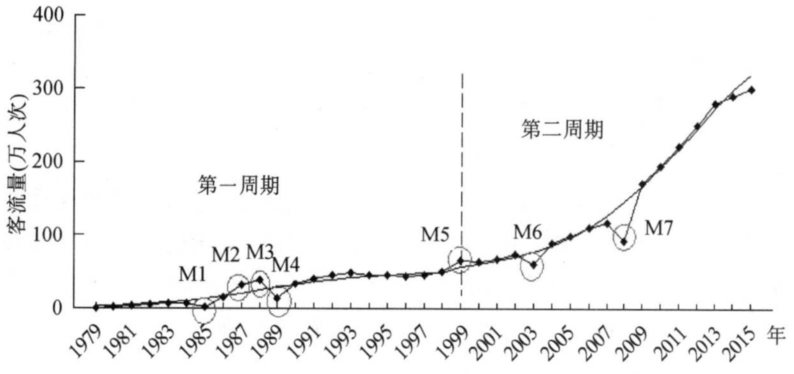

图 5－1　莫高窟旅游客流本底线图

莫高窟第一、二周期旅游客流模拟方程：

$$Y_1(t) = \frac{52}{1 + \exp(-0.31t + 3.51)} + 0.1 \quad t \in (1978, 1998) \quad R^2 = 0.91214 \tag{5-1}$$

$$Y_2(t) = \frac{388}{1 + \exp(-0.28t + 3.874)} + 47 \quad t \in (1999, 2014) \quad R^2 = 0.87923 \tag{5-2}$$

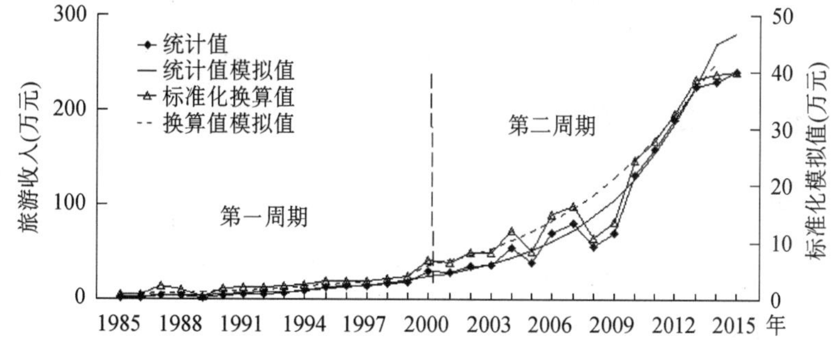

图 5－2　莫高窟旅游收入本底线图

莫高窟第一、二周期旅游收入模拟方程：

$$Y_1(t) = \frac{25}{1 + \exp(-t + 0.61)} + 0.8 \quad t \in (1984, 2000) \quad R^2 = 0.90233 \tag{5-3}$$

$$Y_2(t) = \frac{320}{1 + \exp(-0.59t + 0.21)} + 9 \quad t \in (2001, 2014) \quad R^2 = 0.89501 \tag{5-4}$$

5.1.2　兵马俑旅游客流与收入本底线

秦始皇陵兵马俑博物馆 1979 正式对外开放，1987 年成为中国首批世界文化遗产之一。1987 年 12 月，联合国教科文组织已将秦始皇陵（包括兵马俑坑）列入“世界文化遗产名录”。兵马俑客流量从 1979 年的 32.8 万人次增长到 2014 年的 591 万人次，年均增长率为 15.95%。图 5－3 显示了 35 年来兵马俑博物馆客流成长的“成长——衰退——再成长”模式，经历了两个生命周期，目前处于第二个周期的成熟期；图 5－4 兵马俑博物馆旅游收入成长则是“扇贝型”波浪式增长，经过了“成长－衰退－再成长”的过程，目前处于第二个生命周期的成熟期。

兵马俑客流与收入成长的一致性说明景区的发展较为平稳，提升内涵、挖掘深度的旅游产品是将要发展的方向。1986～1988 年兵马俑旅游客流统计值几乎与模拟曲线吻合，1987 年入遗带来的效应几乎微乎其微，这与兵马俑遗址的高价值、早发现及名人效应等因素相关，入遗是景区自然发展的顺承。1998 年陕西省政府直属的国有独资大型企业陕西旅游集团公司挂牌成立，短暂的管理体制的变更，带来兵马俑旅游的暂时回落。1989 年、2003 年、2008 年因“政治风波”“、非典”和金融危机呈现凹谷。

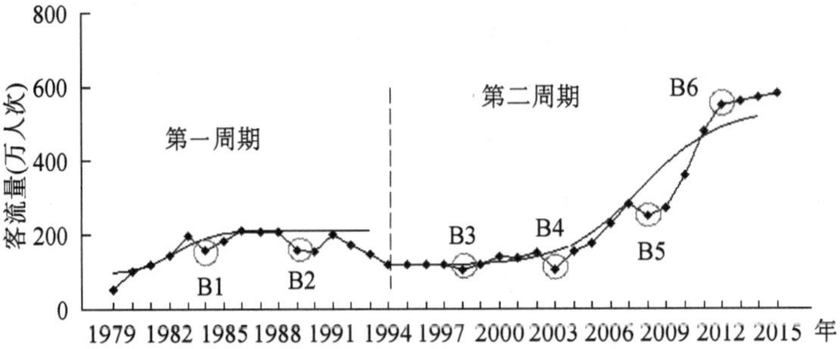

图 5－3 兵马俑旅游客流本地底线图

兵马俑第一、二周期旅游客流模拟方程：

$$Y_1(t)=\frac{119.8}{1+\exp(-0.92t+3.93)}+91.92 \quad t\in(1979,1993) \qquad R^2=0.90282 \qquad (5-5)$$

$$Y_2(t)=\frac{420}{1+\exp(-0.49t+87.41)}+115.25 \quad t\in(1994,2014) \qquad R^2=0.9617 \qquad (5-6)$$

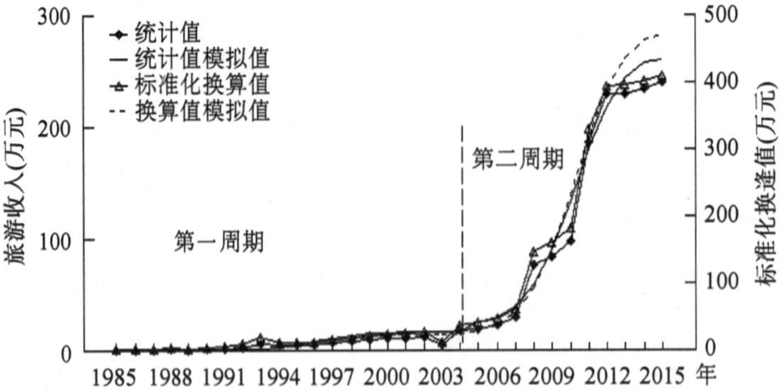

图 5－4 兵马俑旅游收入本地底线图

兵马俑第一、二周期旅游收入模拟方程：

$$Y_1(t)=\frac{1.6}{1+\exp(-0.2t+0.825)}+0.062 \quad t\in(1984,2004) \qquad R^2=0.88331 \qquad (5-7)$$

$$Y_2(t)=\frac{252.5}{1+\exp(-t+0.75)}+1.93 \quad t\in(2005,2014) \qquad R^2=0.91211 \qquad (5-8)$$

5.2　博物馆型遗产地旅游客流多周期分析

莫高窟和兵马俑的旅游成长增幅相差无几，但是莫高窟的导入点晚一些。对比客流模拟曲线，从导入点、逻辑上界与成长幅度分析对比两大博物馆遗产地异同。

5.2.1　导入点分析

莫高窟的导入点为 1981 年，兵马俑博物馆的导入点是 1979 年。莫高窟导入时间略晚于兵马俑博物馆。兵马俑的发现被为"世界第八大奇迹"，它的发现在世界引起轩然大波，自 1979 年博物馆成立后，就得到全世界人民的关注旅游。相比而言，莫高窟作为佛教石窟，代表中国古代艺术的杰作，但因其资源禀赋的宗教性质，使游客的身份有所限制，在旅游客流的导入点较晚。1994 年，兵马俑博物馆二号坑挖掘现场正式对外开放。兵马俑博物馆开放深层次的陈列展示是旅游产品内涵的提升，这开启了旅游客流成长的第二周期。莫高窟则在 1999 年"黄金周"制度实施后打开市场，进入了新的成长周期。

5.2.2　逻辑上界与成长幅度分析

博物馆型遗产景区在成长周期内的旅游客流量达到的极值点。遗址博物馆旅游成长幅度与旅游吸引力成正相关，同时与所处城市发达情况及周围知名景点辐射效应相关。可以由表 5 - 1 看出，在第一周期莫高窟和兵马俑博物馆的旅游成长幅度相差较小。但是莫高窟初始旅游的基数较小，说明莫高窟旅游增速较快。观察二者的旅游上界，从第一周期到第二周期，莫高窟客流逻辑上界与兵马俑客流逻辑上界相差越来越小。这与两个景区所在的地域经济发展、交通便捷等特性相关。

在旅游成长初期，兵马俑地处西安，省会城市经济实力雄厚，再加上便捷的交通，辐射众多客流，为城市旅游、博物馆旅游带来很大的机遇。莫高窟在初期发展受限于地域交通的通达性，再加之其资源禀赋的特殊性，在吸引力方面相对兵马俑较弱。

在旅游成长后期，莫高窟在 1999 年黄金周制度颁布后，人们有大量闲暇时间可以进行长距离旅游，同时，壁窟雕塑、画像在初期的旅游开发工作中未考虑保护，使得大多宝贵的艺术瑰宝遭遇自然的、人为的破坏，特别是游客数字信息中心的建立，使得游客意识到馆藏濒危的倾向，急需尽早去敦煌一睹真面目，所以客流在第二周期飞速发展，几乎达到兵马俑的发展水平。

表 5-1　　博物馆型遗产地旅游客流本底线多周期对比

景区	莫高窟		兵马俑	
周期	1	2	1	2
分岔点（年）	1999		1994	
导入点（年）	1981	2000	1979	2002
转折点（年）	1995	2007	1998	2009
成熟点（年）	1994	—	2001	2013—
成长幅度（万人次）	48	336	29.8	411
成长速度（万人次/年）	2.4	—	1.99	20.5
逻辑上界（万人次）	52	388	119.8	420

5.3 博物馆型遗产地旅游收入多周期分析

图 5-2、图 5-4 分别为莫高窟与兵马俑旅游收入的本底线图。考虑到通货膨胀等价格因素的影响，旅游收入统计数据以 1978 年为基准进行了标准化模拟，同时画出了标准值的模拟值趋势。可以看出，两大遗产地的旅游收入统计值趋势与模拟值趋势几乎没有区别，遗产地统计值与标准值的模拟方程初始参数 B_i 和成长参数 C_i 差异很细微，S 形曲线也表现出一致的趋势，表示以不同数值计算的生命周期的增长幅度与速度是一致的，说明了两大遗产地的旅游收入生命周期受通货膨胀物价指数影响较小。表 5-2 以收入统计值的模拟方程为两个遗产地的本底线多周期现象进行对比分析。

5.3.1 模拟方程的特征值变化

旅游开发的时间不同造成旅游收入起步发展的基数不同。在旅游收入发展初期，兵马俑博物馆的收入基数较小，逻辑上界来看，莫高窟的旅游收入成长优于兵马俑。莫高窟旅游收入成长参数约是兵马俑博物馆的 20 倍。这是因为莫高窟在 1961 年被评为“第一批全国重点文物保护单位”，旅游在早期形成较大的品牌名声，在当时有较高的多学科科研价值；兵马俑则是在 1974 年被发现，1979 年正式开放，旅游开发时间相比而言较晚。在旅游收入发展的第二阶段，旅游收入的速增与景区建设和文化内涵挖掘相关。第二周期的兵马俑旅游收入的逻辑上界已经基本与莫高窟持平，飞速的发展得益于兵马俑发掘现场的逐步壮大，以及将工作人员修复现场展示在游客眼前这一创造性的陈列模式。“动静结合”的藏品展示、国家元首的参观访问等成为兵马俑后期迅猛增长的主要动因。此外，区位优势也是旅游收入增长较快的原因之一。西安相对于敦煌在经济上可以提供强大的技术支撑、市场化运作机制完善以及具有强大的外部客流等这些都为兵马俑的旅游发展做出了贡献。

5.3.2　模拟方程的周期变化

莫高窟与兵马俑博物馆旅游收入均经历了两个生命周期。两者均在 1987 年加入首批世界文化遗产名录。这是对二者的资源禀赋的肯定，充分说明了在旅游界的所处的地位。莫高窟在 2000 年先进入新的周期，这与前面分析相吻合，早期旅游发展的优势较明显。兵马俑在 2005 年进入第二周期 ，结合曲线发展趋势，莫高窟的旅游收入的生命周期正处于增长速度较快的成长期，兵马俑博物馆的旅游收入的生命周期则将进入发展成熟期。兵马俑博物馆的旅游收入发展已经遇到瓶颈，步入新的周期需要加大营销力度，创新旅游产品。由表 5－2 可以看出兵马俑的第二周期在 2010 年就进入快速成长期。

表 5－2　　博物馆型遗产地旅游收入本底线多周期对比

景区	莫高窟		兵马俑	
周期	1	2	1	2
分岔点（年）	2000		2005	
逻辑上界（百万）A_i	25	320	1.6	252.5
初始参数 B_i	0.16	0.21	0.825	0.75
成长参数（百万/年）	－1	－0.59	－0.2	－1
逻辑下界（百万）Q_{i0}	30	90	30	210
导入点（年）	1985	2001	2004	2008
转折点（年）	1990	2007	1996	2011
成熟点（年）	1997	—	2002	—

5.4　本章小结

博物馆遗产地旅游成长均表现出多周期性特征，旅游发展历史越久，周期数量越多，发展越稳定。兵马俑和莫高窟均为 1987 年第一批加入世界遗产名录，但是旅游成长表现出不同轨迹：

（1）波动剧烈程度由强及弱分别为：莫高窟和兵马俑。两大博物馆遗产地的凹谷数量与变化表现出一致性，而凸峰数量与变化表现出个体差异性。

（2）兵马俑旅游成长呈“成长——衰退——再成长”模式；莫高窟的则是典型的扇贝模式。虽然同期入遗，但是在入遗前的成长基数不同，兵马俑的导入点比莫高窟的早。莫高窟独特的宗教禀赋有很强的定向吸引力，对游客的数量有所制约，成长缓慢。

（3）博物馆型遗产地静态的陈列对长期的发展不利，两个博物馆都寻找到“动静结合”的创新模式。兵马俑在旅游产品的更迭中创新度较高。名人效应、电视直播俑的修复工程等加速旅游成长周期的更新；莫高窟更是在保护第一的前提下，修建大型的数字博物馆，增加游客体验，拉近游客与文物的距离，创新的陈列与保护产品。

第 6 章

世界文化遗产地旅游成长波动的管理动因

研究对比世界文化遗产地的成长曲线与特征值的波动，旅游开发管理过程，剖析成长曲线波动产生的原因，对改革开放来的旅游客流、旅游收入成长生命周期变化进行对比分析，得出五大世界文化遗产景区模拟曲线波动共有两大特征：凸峰凹谷性和多周期性。据此对两大特征的管理动因进行了探究，认为大型事件是凸峰凹谷形成的主要原因；政策法规驱动是多个周期形成的关键动因。

6.1　遗产地旅游本底趋势线凸峰凹谷波动与因素分析

6.1.1　遗产地旅游本底趋势线凸峰凹谷的动因分析

第 3 章图 3 - 1、图 3 - 3、图 3 - 5，第 4 章图 4 - 1、图 4 - 3 和第 5 章图 5 - 1、图 5 - 3 中用红色线圈标注的凹凸点共有 44 个：平遥古城的 P_1、P_2、P_3、P_4、P_5、P_6，曲阜三孔的 Q_1、Q_2、Q_3、Q_4、Q_5、Q_6，承德避暑山庄的 C_1、C_2、C_3、C_4、C_5、C_6、C_7，莫高窟 M_1、M_2、M_3、M_4、M_5、M_6、M_7，兵马俑 B_1、B_2、B_3、B_4、B_5、B_6，泰山的 T_1、T_2、T_3、T_4、T_5，以及武当山的 W_1、W_2、W_3、W_4、W_5，通过查阅各遗产地所在区域的政策与制度发布历史资料，发现多数凹凸点对应的年份，有重要的制度或事件出现，如表 6 - 1 所示。

表 6 - 1　　七大遗产地旅游成长凸峰凹谷对应的政策、制度与事件动因

类型	景区	凹凸点	年份	动因
历史文化型遗产地	平遥古城	P_1	1998	1997 年加入《世界遗产名录》，1998 年通过《平遥古城保护条例》
		P_2	1999	1999 年国家出台“黄金周”制度与 1998 年平遥古城条例叠加，形成凸峰
		P_3	2003	2003 年全国突发非典危机，对平遥古城旅游业形成冲击，出现凹谷
		P_4	2008	2008 年奥运会、金融危机的发生对平遥古城的综合效应形成客流凹谷
		P_5	2012	2012 年“晋善晋美”成为新的旅游口号，“2012 山西旅游季”吸引游客
		P_6	2013	《关于推动“美丽山西休闲游”若干措施》颁布，促进平遥旅游发展

续表

类型	景区	凹凸点	年份	动因
历史文化型遗产地	曲阜三孔	Q_1	1989	1989 年发生政治风波，直接使曲阜三孔旅游业受损，形成低谷
		Q_2	1994	1994 年曲阜三孔加入《世界遗产名录》，申遗效应旅游客流凸峰
		Q_3	1995	1995 年颁布《曲阜市文物保护管理办法》与 1994 效应叠加，形成凸峰
		Q_4	2003	2003 年在非典的影响下，三孔旅游业受损，形成凹谷
		Q_5	2008	2008 年奥运会、金融危机综合影响下，三孔旅游客流出现凹谷
		Q_6	2013	2013 年，全市旅游的复苏，对三孔的旅游发展带来危机，出现凹谷
	避暑山庄	C_1	1989	1989 年发生政治风波，直接使避暑山庄旅游业受损，形成低谷
		C_2	1994	1994 年山庄加入《世界遗产名录》，直接提升知名度，旅游客流凸峰
		C_3	1995	1995 年山庄施行套票制度，优惠游客的同时刺激游客旅游需求
		C_4	2003	2003 年在非典的影响下，山庄的旅游业受损，形成凹谷
		C_5	2007	2007 年避暑山庄被国家旅游局列入 AAAAA 景区
		C_6	2008	2008 年奥运会、金融危机综合影响下，山庄旅游客流出现凹谷
		C_7	2012	受周围景区发展壮大分流作用，呈现凹谷
山岳岳型遗产地	泰山	T_1	1986	旅游起步期，泰山固有的历史地位使旅游呈现凸峰
		T_2	1988	1987 年泰山加入《世界遗产名录》，形成凸峰
		T_3	1989	1989 年发生政治风波，直接使泰山旅游业受损，形成低谷
		T_4	1995	泰山庙会的组织壮大，引起海外关注
		T_5	2003	2003 年在非典的影响下，泰山的旅游业受损，形成凹谷
		T_6	2008	奥运会影响，略微波动
	武当山	W_1	1989	1989 年发生政治风波，直接使武当山旅游业受损，形成低谷
		W_2	1995	1994 年 12 月“武当山古建筑群”被联合国列入《世界遗产名录》
		W_3	1999	国家出台“黄金周”制度叠加，形成凸峰
		W_4	2003	2003 年在非典的影响下，武当山的旅游业受损，形成凹谷
		W_5	2006	中国武当拳国际交流大会的影响壮大
		W_6	2008	2008 年奥运会、金融危机综合影响下，旅游客流略微波动
博岳物馆型型遗产地	莫高窟	M_1	1985	“七五”计划实施初期行业发展瓶颈引起的谷底
		M_2	1987	1987 年加入《世界遗产名录》，形成凸峰
		M_3	1988	1988 年敦煌设立县级市
		M_4	1989	1989 年发生政治风波，直接使旅游业受损，形成低谷
		M_5	1999	1999 年国家出台“黄金周”制度，形成凸峰
		M_6	2003	2003 年在非典的影响下，莫高窟的旅游业受损，形成凹谷
		M_7	2008	2008 年奥运会、金融危机综合影响下，旅游客流略微波动
	兵马俑	B_1	1984	“七五”计划实施前，行业发展的瓶颈，形成短暂的低谷
		B_2	1989	1989 年发生政治风波，直接使旅游业受损，形成低谷
		B_3	1998	1998 年陕西省政府直属国有独资大型企业陕西旅游集团公司挂牌成立
		B_4	2003	2003 年在非典的影响下，兵马俑的旅游业受损，形成凹谷
		B_5	2008	2008 年奥运会、金融危机综合影响下，旅游客流发生波动
		B_6	2012	十三五规划，开启新的旅游周期

由表 6－1 可以看出，七大世界文化遗产地的凸峰凹谷现象的动因与以下因素密切相关：凸峰的形成与宏观因素密切相关，如相关旅游政策的颁布实行，包括国家层面制度如“黄金周制度”和地方层面的旅游法规（纪素娇，2014），如景区保护条例、保护办法等；其次是微观因素，如景区产品开发与营销系列创新（新旅游宣传口号营销、线上旅游网站建成、景点门票制度改革）等；凹谷的形成往往与国家的突发危机和大型庆典事件有关。经对比，七大景区的凹谷均发生在 1989 年、2003 年和 2008 年，这三年分别发生了全国性的政治波动、SARS 危机以及金融危机。

6.1.2　遗产地凸峰凹谷的波动幅度比较

对遗产地旅游发展的波动幅度比较分析更容易探究出影响世界遗产地发展的主要动因。采用刑侦学方法，基于本底趋势线理论的旅游危机“凹谷”分析。利用直线内插方法订正危机期间客流量统计数据，建立旅游本底趋势线方程；然后，以本底趋势线方程预测危机事件期间的本底值，以旅游本底趋势线为参照系，分析旅游统计线与本底线的差异，计算“凹谷”所代表的旅游损失。对本底线的客流“凸峰”评估，采用旅游统计的波峰值与本底值的差异，计算“凸峰”所代表的旅游增量。主要指标：

（1）增加量：“凸峰”期间的统计值与本底值偏差。即统计值－本底值＝增加量（“凹谷”期间的损失量用增加量的负值表示）。

（2）增长率：“凸峰”期间的统计增加量/本底值（“凹谷”期间的损失率用增长率的负值表示）。

对七大遗产地的各个凸峰凹谷点的波动幅度进行对比如图 6－1 所示。由图 6－1 可以看出，从波动的剧烈程度排序依次是平遥古城（1997 年入遗）> 承德避暑山庄（1994 年入遗）> 武当山（1994 年入遗）> 曲阜（1994 年入遗）> 莫高窟（1987 年入遗）> 泰山（1987 年入遗）> 兵马俑（1987 年入遗）。即波动幅度依次是第三批入遗景区 > 第二批遗产 > 第一批遗产。平遥古城的波动幅度在 40% 以上，受外界影响较大；承德的振动幅度在 30% 内；武当山出现 20% 左右的波动；曲阜在 18% ～25%；莫高窟和泰山平均振幅分别为 15% 和 10%；兵马俑除三次全国范围内的福祥振动外，几乎没有偏离本底线。

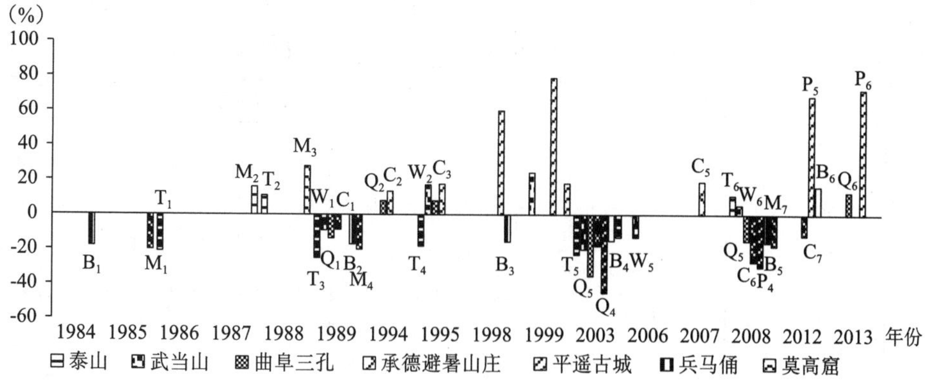

图 6－1　七大遗产地凸峰凹谷点的波动百分比对比

6.1.2.1 共同波动发生的年份比较

七大遗产地共同发生波动的年份集中在1989年（Q_1、C_1、T_1、W_1、B_2、M_4），2003年（P_3、Q_4、T_4、W_4、C_4、B_4、M_1）和2008年（P_4、Q_5、T_5、W_5、C_6、B_4、M_7）。对比表6-1成因，可以得出1989年、2003年、2008年在全国大环境下发生的突发公共危机事件政治风波、非典和奥运会有关。2003年，“非典”对平遥古城造成损失最大，损失率高达50%。2008年金融危机、奥运会综合对山岳型遗产地客流略微浮动，其他世界遗产地客流均有削弱作用。

6.1.2.2 加入《世界遗产名录》前后波动变化

结合图6-1，入遗效应对各个批次的景区的旅游发展有不同的影响。

第一批加入世界遗产的泰山、莫高窟和兵马俑景区作对比，在1987年、1988年波动幅度由莫高窟、泰山和兵马俑依次递减。在第一批次中，入遗效应对莫高窟的影响最大。在旅游成长方面，第一批次遗产在全国占据无可替代的地位，在世界上也是中国标志性的旅游地，入遗反而是对其早期发展的肯定，起到巩固作用。虽然旅游起步早，但是在旅游成长过程中一直注入新的文化韵味，发展势头好。

第二批次曲阜三孔、承德避暑山庄和武当山均为1994年加入世界遗产名录，对比波动程度，1995年承德避暑山庄增长率15.9%，武当山的增幅为14%，曲阜三孔的增幅不足1%。在旅游成长方面，旅游发展受入遗影响较小，先天禀赋与后天旅游创新对旅游成长影响较大，旅游发展水平参差不齐。

第三批平遥古城为1997年入遗，1998年客流增幅达到60%；平遥古城的发展受入遗影响最大，在品牌名声效应提升后旅游发展才出现跨越发展，入遗是其旅游成长增长的加速剂。在旅游成长方面，平遥导入点最晚，入遗效应突出，实现跨越式发展。

因此，“加入《世界遗产名录》”对七大世界遗产地的客流产生拉动效应不同。对第三批入遗的平遥古城旅游带来巨大的客流量；对二批次的承德避暑山庄、曲阜三孔和武当山表现明显的地方性；对一批的泰山、莫高窟和兵马俑几乎没受影响，这与其加入世界遗产名录前的品牌已经人尽皆知，因此，申遗成功带来的瞬时效应并没凸显出来。

表6-2 七大遗产地入世界遗产名录波动特征对比

批次	入遗时间（年）	景区	旅游成长特征
第一批	1987	泰山	导入点较早，旅游成长速度初期较其他批次较高，在第二周期的速度稍有回落
		莫高窟	
		兵马俑	
第二批	1994	承德避暑山庄	旅游发展受入遗影响较小，先天禀赋与后天旅游创新对旅游成长影响较大，旅游发展水平参差不齐
		曲阜三孔	
		武当山	
第三批	1997	平遥古城	导入点最晚，入遗效应突出，实现跨越式发展

6.2　政策制度对遗产地周期性的影响对比分析

由前述分析可知，遗产地波动与宏观政策与景区创新有关。七大遗产地本底趋势线的多周期可以看作时段较长的波动，下面从宏观层面的国家旅游政策颁布、中观层面地方旅游政策颁布及微观层面的景区干预途径对比分析我国世界遗产成长波动的管理动因。

6.2.1　宏观层面－国家旅游政策的引领规范作用

依据颁布的政策法规，将承德避暑山庄、平遥古城、曲阜三孔、莫高窟、兵马俑、泰山和武当山的国内旅游客流增长率与全国国内旅游客流增长率进行对比分析，如图 6－2 所示。

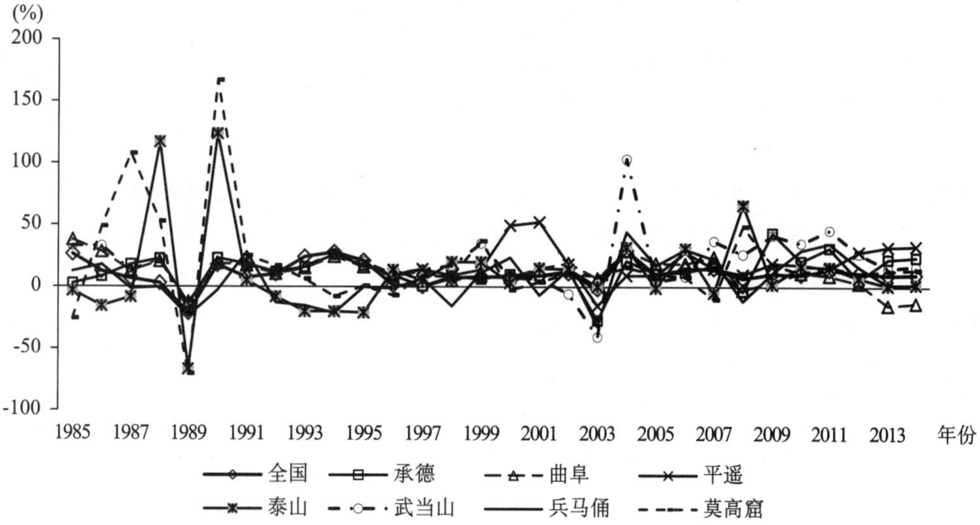

图 6－2　七大遗产地与全国客流增长率比较

6.2.1.1　国家旅游政策颁布对景区成长的正向推动作用

（1）1985 年，国家国务院批准了《全国旅游事业发展规划（1986～2000 年）》，决定把“旅游业作为国家重点支持发展的一项事业”列入国家的“七五”计划（梁学成，2007）。虽然没有采取过多措施，但是产生的间接影响较大。莫高窟在初期发展形成的瓶颈在政策刺激下迅速回升；泰山和曲阜三孔旅游保持两位数的高增长率，较快进入成熟期；承德避暑山庄则呈现增长率逐年递增，处于高速成长期；1989 年，客流量出现大幅跌落。

（2）1993 年，国务院批转国家旅游局《关于发展国内旅游业的意见》，促进旅游市场迅速复苏，到 1995 年增长率已经超过 1989 年前的平均水平；1999 年“黄金周制度”，七大遗产景区均呈现高速发展，兵马俑和平遥增长率最大。在 2001 年平遥增长率达 50%，这是“黄金周制度”与当地旅游政策作用叠加产生的效力。

（3）2008 年全国国内旅游受金融危机、汶川地震、奥运会的综合影响，兵马俑和莫高窟旅游客流负增长，其他各遗产地呈现正向波动。泰山和莫高窟增长率达到最大。2009 年国务院出台了《关于加快发展旅游业的意见》，将旅游业定位为“国民经济的战略性支柱产业”。政策刺激促进旅游蓬勃发展。

6.2.1.2 国家政策发挥的效度与遗产地旅游发展所处生命周期相关

（1）国家出台的政策或制度发挥的效力与历史文化型遗产景区在当年所处的生命周期有关。景区的旅游成长周期与国家的成长周期同步时，政策的激励瞬时性较强。前文所述，曲阜三孔的国内旅游的非线性成长周期、趋势基本与全国保持一致，所以 1985 的“七五”计划、1993 年《关于发展国内旅游意见》以及 1999 年出台的“黄金周制度”都是引导着曲阜三孔旅游的成长，在当年就有很大的成效；景区的成长周期与国家异步调时产生的后发影响较大。承德避暑山庄在早期的成长中，将旅游业纳入“七五”计划并没有促使期当年达到最大的增长速度，引领其成为转折点，而是经过 4 年，在 1988 年达到最大的增长速度；景区的产品创新活动的当年恰好颁布国家出台的相关政策，将会产生很强的叠加效应。如 1999 年颁布“黄金周制度”，2000 年平遥古城推出“平遥中国年”“平遥国际摄影节大赛”使其客流增长率达到 50%。叠加效应明显。

（2）国家关于旅游业宏观政策出台的滞后性。纵观文中列举的旅游产业大政策，颁布时间均是在旅游业受到外部环境干预，产生危机峰谷后。如泰山在 2000 年颁布《泰山风景名胜区管理条例》，在 1987 年泰山已经加入世界文化遗产。虽然在大政策的支持引导下旅游业恢复的较好，但是树立超前的危机意识，增加产业政策的弹性力度是减少突发危机损失值得思考的一个方面。

6.2.2 中观层面—地方旅游制度对比

6.2.2.1 七大遗产地隶属的省份进行地方综合性法规比较

（1）制度名称的变化反映了四省在立法指导思想的变化。6 个省份涉及“旅游条例”“旅游管理条例”“旅游业管理条例”三类，到目前为止均更名为“旅游条例”说明地方政府的职能开始由管理者转变为促进者，从“管理”模式向“引导”模式转变。

（2）六省现行的旅游法律法规体系分别以《山西省旅游条例》（2002 年）、《山东省旅游条例》（2005 年）、《河北省旅游条例》（2003 年）、《湖北省旅游条例》（2005 年）、《甘肃省旅游条例》（2006 年）、《陕西省旅游条例》（2005 年）及其他相关法规政策配套使用。其中，《山东省旅游管理条例》在 1996 年颁布之后，在 1997 年、2002 年分别进行了两次修改。2015 ~ 2016 年，在全域旅游新的行业背景下，河北、湖北和陕西省分别完成了旅游条例的最新修订，山西省时隔 14 年出台修订意见稿。山西省法律及时更新进度较慢。山东省修订次数最多，说明山东省的旅游法律及时规范市场行业，旅游大环境较好。如表 6－3 所示。

表 6－3　　七大遗产地所属四省地方综合性法规比较分析

景区	隶属省份	名称	颁布单位及时间	修正
平遥古城	山西省	《山西省旅游管理条例》	山西省第八届人民代表大会常务委员会第二十九次会议 1997 年 7 月 30 日通过	—
		《山西省旅游条例》	山西省第九届人民代表大会常务委员会第三十一次会议于 2002 年 9 月 28 日通过	2016 年 7 月颁布《山西省旅游条例（修订征求意见稿）》
曲阜三孔	山东省	《山东省旅游管理条例》	1996 年 10 月 14 日山东省第八届人民代表大会常务委员会第二十四次会议通过	1997 年 10 月 15 日山东省第八届人民代表大会常务委员会第一次修正；2002 年 3 月 19 日山东省第九届人民代表大会常务委员第二次修正
泰山		《山东省旅游条例》	2005 年 5 月 27 日山东省第十届人民代表大会常务委员会第十四次会议通过	2010 年 7 月 30 日经山东省第十一届人民代表大会常务委员会第十八次会议修订
承德避暑山庄	河北省	《河北省旅游业管理条例》	1996 年 9 月 11 日河北省第八届人民代表大会常务委员会第二十二会议通过	—
		《河北省旅游条例》	2003 年 11 月 29 日河北省第十届人民代表大会常务委员会第六次会议通过	2016 年 3 月 29 日，河北省第十二届人大第二十次会议审议通过了新修订
武当山	湖北省	《湖北省旅游管理条例》	湖北省第九届人民代表大会常务委员会第 7 次会议于 1999 年 1 月 22 日通过	—
		《湖北省旅游条例》	2005 年 3 月 31 日湖北省第十届人大常委会第十四次会议通过	2015 年 4 月 1 日湖北省第十二届人大常委会第十四次会议修订
莫高窟	甘肃省	《甘肃省旅游管理条例》	2000 年 1 月 14 日甘肃省第九届人民代表大会常务委员会第十四次会议通过	—
		《甘肃省旅游条例》	2006 年 7 月 28 日甘肃省十届人大常委会第二十三次会议通过	2011 年 9 月 29 日甘肃省第十一届人大常委会第二十三次会议修订
兵马俑	陕西省	《陕西省旅游管理条例》	1998 年 8 月 22 日陕西省第九届人民代表大会常务委员会第四次会议通过的	2015 年 11 月 19 日陕西省第十二届人民代表大会常务委员会第二十三次会议修订
		《陕西省旅游条例》	2005 年 9 月 29 日陕西省第十届人民代表大会常务委员会第二十一次会议通过	—

6.2.2.2 从遗产保护立法发展与遗产地旅游生命周期的耦合对比

（1）由表6－4可以看出，省域内文物遗产保护相关法律法规立法目的基本响应国家的号召，为贯彻落实国家新颁布的法律法规，结合本地的情况制定的。如：《山西省文物保护实施办法》（1987）、《山东省文物保护管理条例》（1990）、《山东省文物保护条例》（2010）、《河北省文物保护管理条例》（1993）、《湖北省旅游管理条例》（1999）、《山西省文物保护条例》、《甘肃省文物保护条例》（2005）、《陕西省文物保护条例》（1988）均依据《中华人民共和国文物保护法》制定。

表6－4　文物遗产保护立法与遗产地旅游生命周期阶段耦合对比

景区	旅游地生命周期	法律法规名称	颁布单位及时间	主要立法目的	作用效果
平遥古城	第1周期 1996～2005年	《山西省文物保护实施办法》	1987年1月11日山西省第六届人民代表大会常务委员会第二十二次会议通过，1993年、2006年修正2次	为加强本省的文物保护管理，根据《中华人民共和国文物保护法》制定	—
		《平遥古城保护条例》	1998年11月30日山西省第九届人民代表大会常务委员会第六次会议通过	为全面保存、保护、恢复和展示列入《世界遗产目录》的平遥古城	1997年入遗产后颁布，产生很大的正向拉动作用，形成波峰
		《山西省促进旅游产业发展条例》	2005年5月31日山西省第十届人民代表大会常务委员会第十七次会议通过	促进山西省旅游产业发展	延长第1周期的成长期，正向作用
	第2周期 2006年至今	《山西省风景名胜区条例》	2006年11月30日山西省第十届人民代表大会常务委员会第二十七次会议通过	为加强对风景名胜区的管理，根据国家《风景名胜区条例》制定	开启了新的周期，正向作用
		《关于推动"美丽山西休闲游"若干措施》	2013年5月省政府办公厅、山西省旅游局	依照《中华人民共和国旅游法》和《国民旅游休闲纲要（2013～2020年）》，省政府推出景点门票优惠为主鼓励"美丽山西休闲游"若干措施	2012年、2013年几乎直线发展，产生正向拉动作用
		《"美丽山西休闲游"奖励办法》（试行）	2013年7月省旅游局	为推动"美丽山西休闲游"，促进旅游市场发展	

续表

景区	旅游地生命周期	法律法规名称	颁布单位及时间	主要立法目的	作用效果
曲阜三孔	第 1 周期 1984～1992 年	《山东省文物保护管理条例》	1990 年 10 月 30 日山东省第七届人大常务委员会第十八次会议通过	为了加强文物的保护和管理，继承优秀的历史文化遗产，进行爱国主义和革命传统教育，建设社会主义精神文明	1990 年随即颁布的法规拉动三孔旅游迅速走出凹谷，恢复
	第 2 周期 1993～1998 年	《曲阜市文物保护管理办法》	1995 年市文物旅游局	为了加强文物的保护和管理，继承优秀的历史文化遗产，根据《中华人民共和国文物保护法》等制定	1994 年加入世界，1995 年颁发产生正向效应
		《山东省历史文化名城保护条例》	1997 年 12 月 13 日省八届人大常委会第三十一次会议通过	为加强历史文化名城的保护	延缓成熟期同时开启下个周期
	第 3 周期 1999 年至今	《山东省风景名胜区管理条例》	2001 年 12 月 7 日山东省第九届人民代表大会常务委员会第二十四次会议通过	加强风景名胜区规划、建设和管理，有效保护和合理开发利用风景名胜资源	第 3 周期曲阜三孔如本底客流图，成长幅度达到 287.77 万人次，成为增幅最大的，这个阶段的政策法规促进其增长
		《山东省文物保护条例》	2010 年 9 月 29 日经山东省第十一届人民代表大会常务委员会第十九次会议通过	根据《中华人民共和国文物保护法》制定	
		《济宁市旅游奖励暂行办法》	2011 年 1 月 1 日起施行济宁市人民政府	为迎接高铁旅游时代的到来，促进全市旅游产业科学发展、跨越发展	
承德避暑山庄	第 1 周期 1984～2005 年	《河北省文物保护管理条例》	1993 年 12 月 22 日河北省第八届人民代表大会常务委员会第五次会议通过	根据《中华人民共和国文物保护法》制定	1993～1996 年形成客流小凸峰，起到正向作用
		《河北省风景名胜区管理条例》	1996 年 11 月 3 日河北省第八届人民代表大会常务委员会第二十三次会议通过	为加强风景名胜区的管理	
	第 2 周期 2006 年至今	《承德避暑山庄及周围寺庙保护管理条例》	2003 年 7 月 18 日河北省第十届人民代表大会常务委员会第四次会议通过	根据《中华人民共和国文物保护法》制定	2003 年非典时期颁布，没有改变非典带来的负面影响，但在 2004 年发挥效力迅速恢复

续表

景区	旅游地生命周期	法律法规名称	颁布单位及时间	主要立法目的	作用效果
承德避暑山庄	第 2 周期 2006 年至今	《关于进一步加快旅游业实现跨越式发展的若干意见》	2012 年 4 月河北省人民政府	为深入贯彻落实《国务院关于加快发展旅游业的意见》	拉动第 2 周期旅游客流巨幅成长
		《河北省旅游景区管理若干办法》	2012 年 7 月河北省旅游局	根据河北省人民政府《关于加快发展旅游业的实施意见》制定	
		《河北省旅游局游客招徕奖励办法（试行)》	2013 年 9 月河北省旅游局	依《据关于进一步加快旅游业实现跨越式发展的若干意见》等法律法规，首次设立创新营销成绩突出奖	
泰山	第 2 周期 1995 年至今	《泰山风景名胜区保护管理条例》	2000 年 10 月 26 日经山东省第九届人民代表大会常务委员会第 17 次会议审议通过，自 2000 年 12 月 1 日起施行	为加强泰山风景名胜区管理，有效保护和合理开发利用风景名胜资源	拉动第 2 周期旅游客流巨幅成长
武当山	第 1 周期 1984 ~ 2005 年	《湖北省武当山风景名胜区管理办法》	1998 年 7 月 2 日省人民政府常务会议审议通过	为了加强对武当山风景名胜区的保护和管理，发展旅游事业	鼓励旅游发展的多方参与，稳增长，谋转型
	第 2 周期 2006 年至今	《武当山风景区 2015 年旅游优惠及奖励办法》	2015 年 1 月 1 日起执行	为进一步拓展武当山旅游市场，规范行业管理，稳增长，谋转型	—
莫高窟	第 2 周期 1999 年至今	《甘肃省文物保护条例》	2005 年 9 月 23 日甘肃省人民代表大会常务委员会议通过；2010 年修订	根据《中华人民共和国文物保护法》制定	2002 年、2005 年颁布的法律法规在应对非典危机中起到很重要的恢复旅游市场作用。
		《甘肃敦煌莫高窟保护条例》	甘肃省九届人大常委会于 2002 年 12 月 7 日讨论通过的	为了加强对敦煌莫高窟的保护、管理和利用，弘扬中华民族优秀的历史文化	

续表

景区	旅游地生命周期	法律法规名称	颁布单位及时间	主要立法目的	作用效果
兵马俑	第 1 周期 1984～1993 年	《陕西省文物保护条例》	1988 年 6 月 3 日陕西省第七届人民代表大会第一次会议通过；1995 年、2004 年、2006 和 2012 年进行 4 次修订	为了加强文物保护，继承历史文化遗产，发挥文物资源优势，促进经济、社会、文化协调发展，根据《中华人民共和国文物保护法》制定	1988 年、2005 年颁布的法律法规分别促进 1989 年“政治风波”、2003 年的非典形成的凹谷迅速恢复上升
	第 2 周期 1994 年至今	《陕西省秦始皇陵保护条例》	2005 年 10 月 1 日起施行	为了加强秦始皇陵的保护，保持秦始皇陵的历史风貌和自然环境的真实性、完整性、协调性，根据《中华人民共和国文物保护法》制定	

（2）七大遗产地的文物遗产保护立法变革背景存在差异。1982 年《中华人民共和国文物保护法》通过，1991 年、2007 年、2013 年分别进行了三次修正。陕西省、山西省和山东省紧跟全国的立法步调，分别制定适合自己的法律法规。说明三个省份的文物居多，立法意识较强。山东省则在 1990 年制定了《山东省文物保护管理条例》，2010 年更名为《山东省文物保护条例》，去掉“管理”二字，并进行修正；湖北省进行同样的更正。河北省则在 1984 年颁布《河北省文物保护管理条例》，同年废止。1997 年第一次修正，名称没有发生变化；山西省 1987 年颁布《山西省文物保护实施办法》，1993 年修正，名称未改。相比而言，说明山东省政府的文物遗产立法表达的理念不断市场化，重新定位自身的职能，少行政干预，多配套服务，弱化管理，强化服务的与时俱进理念，这与其旅游业起步早，逐步完成政策性文件向法规性文件的过渡有关；山西省则在立法上提出文物保护实施“办法”，注重操作性。这与山西省是历史文物大省有极大关系，发展中的众多问题亟待解决。立法起点低，影响其作用的发挥和行业领域内的权威性。

（3）七大遗产地的专项保护立法时间滞后于加入世界遗产名录的时间。泰山、莫高窟、兵马俑、平遥古城、曲阜三孔和武当山分别在 1987 年、1987 年、1987 年、1997 年、1994 年、1994 年加入《世界遗产名录》，1998 年山西人大常委会发布《平遥古城条例》、1995 年曲阜市文物旅游局《曲阜市文物保护管理办法》，说明加入世界遗产后才引起当地对遗产地的关注，遗产旅游保护的立法滞后于实践的发展。两部法律均的颁布恰逢景区生命周期的成长期，规范了景区发展环境，加快了成长速度。《承德避暑山庄及周围寺庙保护管理条例》则颁布于 2003 年，促使承德避暑山庄由成长期转入成熟期。《甘肃省文物保护条例》（2005）立法落后与《甘肃敦煌莫高窟条例》（2002），在一定程度上说明了莫高窟的保护与发展引起了全省文物保护的意识，全省文物保护意识淡薄。

（4）七大遗产地均近些年有相应推动其发展的奖励性法规出台。山西省旅游局为促进"美丽山西休闲游"发展，出台了景区门票打折优惠为主的奖励措施；河北省旅游局则出台的招徕游客的奖励办法，首次设立了创新营销成绩突出奖，奖励目标主要是旅行社企业。曲阜则适用于济宁市的《济宁市旅游奖励暂行办法》，目标是应对高铁时代的到来，"快行慢游"新旅游模式的发展。湖北省出台《武当山风景区2015年旅游优惠及奖励办法》。这些表明立法逐步强化地方特色，逐步摆脱形式内容的雷同，更有针对性与操作性。

（5）文物遗产保护立法对遗产地成长的影响均是正面的。相比而言，对经济发达地区、资源禀赋高的世界遗产，整体旅游发展态势较平稳，相关政策法规对其影响干扰较小；比如山东曲阜三孔、泰山，旅游旅游法规较完善，其波峰凹谷的振幅几乎很小。对于经济欠发达，资源禀赋较高的景区，政策制度对其生命成长周期影响很大。如平遥古城的波动起伏巨大。

6.2.3 微观层面—遗产地景区管理政策干预途径比较

在相关法律法规的规范下，各遗产地由于资源优势、区位条件、经济发展水平及政府理念差异，景区管理政策干预在政府"需求干预"和"供给干预"的叠加下形成了各个区域独有的表现，七大遗产地景区管理政策干预途径对比如表6-5所示。表6-5从需求干预与供给干预两个方面来比较七大景区的干预途径。

表6-5 七大遗产地景区旅游发展政策干预途径对比

类型	途径	历史文化遗产景区		
		平遥	曲阜	承德
需求干预	景区通票、旅游消费券	平遥古城门票通票，有效期3天	三孔通票，有效期2天	避暑山庄及外八庙联票，有效期3天
	举办节事等活动	平遥中国年 平遥国际摄影节 又见平遥体验剧	背论语免费游活动 孔子文化节 孔子修学节	冬季冰上系列赛事活动 四时花卉节
	危机事件	《山西省旅游突发事件应急预案》	《山东省旅游突发公共事件应急预案》	—
供给干预	景区财政投入力度	2011年古城签约16个项目，总投资117.3亿元	2010年三孔保护项目计划中中央投资780万元；鲁国故城保护项目计划中中央投资79万元	2010年中央财政投入的6亿元保护工程
	旅游企业经营管理政策法规	《平遥古城旅游交通组织专项治理办法》（2015）《平遥古城民居保护修则》（2010）	《曲阜市文物保护管理办法》（1995） 《关于迎接高铁时代加快旅游业发展的意见》（2011）	《承德避暑山庄及周围寺庙保护管理条例》（2003）

续表

类型	途径	山岳型文化遗产景区	
		泰山	武当山
需求干预	景区通票、旅游消费券	泰山票通票；泰山票“一元秒杀”优惠大放送；省外发行1000万元消费券。	武当山通票（含景区门票、车票和意外保险）；2013年为创新推出了“码上贺年会”活动，通过扫描二维码，派送各大景区门票2000余张。
	节庆	泰山庙会；泰山冠军登山	武当拳国际交流会；武当山国际旅游节系列大赛
供给干预	景区财政投入力度	2015年3178万元财政资金投入公共文化建设	—
类型	途径	博物馆型文化遗产景区	
		莫高窟	兵马俑
需求干预	景区联票	2015年5月起，敦煌莫高窟开启“一票制”参观模式；7月起，莫高窟实体窟和数字展示中心将分别售票，不再实行“一票制”。调整后，莫高窟实体窟旺季200元/人次，淡季100元/人次。数字展示中心60元/人次。	兵马俑博物馆旺季：150元；淡季：120元景区门票
	举办节事活动	国际博物馆日、世界遗产日等系系列活动；系列电影、穹幕电影	国际博物馆日、世界遗产日等列活动；兵马俑石榴节；大型音乐歌舞《秦俑魂》
供给干预	景区财政投入力度	2014年5月1日莫高窟数字中心运营 2015年开展“守护敦煌全国大型募捐活动”	临潼“政府+市场”融资模式显效运营

6.2.3.1　需求干预比较

需求干预的主要有门票优惠、节庆活动开展以及突发危机的应对措施。从门票优惠来看，历史文化遗产地的门票有效期均为 2～3 天，门票收入均采用通票或联票优惠游客。三大文化遗产地景区均对遗产的文化内涵进行了挖掘与创新，以创新的旅游附加值吸引游客逗留时间，从而刺激消费。此外，在发放旅游消费券的途径开始电子化；曲阜三孔扫描二维码和平遥古城的网上“1 元秒杀”发放消费券很好地通过互联网平台促进营销；泰山实现网上预订。从节庆活动看，避暑山庄的节庆活动在文化传承的寓意上略逊于曲阜和平遥。但是值得注意的是，避暑山庄因其名而受季节因子影响较大，承德旅游局大胆创新，“旅游＋体育”等冰上系列比赛使得其呈现淡季不淡的局面。三孔的“背论语免门票”活动注重文化传承，在减少票面成本的同时在社会上赢得了良好的口碑。同时，这一活动也赢得山东省旅游产业创新奖。泰山以泰山庙会悠久历史闻名，武当山以道教圣地，太极文化盛名，每年 10 月初的武当拳国际交流大会与武当山国际旅游节都是人山人海。从突发危机旅游管理这块可以看出，承德避暑山庄欠缺较多，平遥古城和曲阜三孔所在省域都有相关法律条文规范危及管理，但具体到景区的条例办法目前还没有，这使微观层面的制度管理缺失了较为重要的一面，需要引起重视。博物馆型遗产在需求干预方面的途径较少，以门票收入为主。莫高窟与新建成的数字博物馆开展“一票制”，后调整取消。

6.2.3.2 供给干预比较

有财政投入和景区相关旅游企业管理规范两方面。从财政投入来看，中央对承德和曲阜都有资金投入，特别是2010年中央投入6亿元来保护避暑山庄，可见国家对避暑山庄特有资源禀赋的认可与重视。平遥古城虽然没有得到中央政府的资金投入，但是其融资渠道却很独特，借助平遥国际摄影节等平台，招商引资来保护古城的发展。2015年，泰安政府投资3718万元建设泰山公共文化建设。从规范景区相关的饭店、交通等管理来看，七大景区都有自己专有的保护法律，曲阜与时俱进，迎接高铁时代到来完善了相关法规；平遥则对古城休憩和交通方面进行了法律法规完善。将在2016年投入运营的武当山机场引领武当山未来的发展，前景可观。博物馆型遗产景区节事活动较欠缺，除相关节日举办主题展览外，一般采用动静结合的方式，大型音乐歌舞或电影增加人民逗留时间。

6.3 影响遗产地旅游波动的其他管理因素比较

对历史文化型遗产景区、山岳型遗产景区和博物馆型遗产景区的旅游非线性成长分别进行分析，各地因旅游成长的历史条件、交通、资源禀赋以及营销力度的不同，也将导致旅游成长波动表现各异。主要归结为以下几个方面。

6.3.1 入遗效应差异

加入世界遗产名录的不同批次，入遗效应对各个批次的景区的旅游发展有不同的影响。具体差异如表6-6所示。可以看出泰山作为最早批次的遗产旅游景区，是我国第一个双遗产，不仅在全国占据无可替代的地位，在世界上也是中国标志性的旅游地，受自身特有的历史地位和声望影响较大，入遗反而是对其早期发展的肯定，起到巩固作用。虽然旅游起步早，但是在旅游成长过程中一直注入新的文化韵味，对比最后一周期的旅游非线性成长曲线预测上界，泰山仍然是最高的，达499万人次，双遗产发展具有重要优势；第二批次中武当山作为山岳型遗产的代表，在各项旅游特征值中基本高于历史文化型，侧面反应游客对自然景观的偏好较大；第三批平遥古城的发展受入遗影响最大，在品牌名声效应提升后旅游发展才出现跨越发展，入遗是其旅游成长增长的加速剂。

表 6－6　　七大遗产地加入世界遗产名录的先后次序对比波动特征

批次	入遗时间（年）	景区	旅游成长特征
第一批	1987	泰山	导入点较早，旅游成长速度初期较其他批次较高，在第二周期的速度稍有回落
		莫高窟	
		兵马俑	
第二批	1994	承德避暑山庄	旅游发展受入遗影响较小，先天禀赋与后天旅游创新对旅游成长影响较大，旅游发展水平参差不齐
		曲阜三孔	
		武当山	
第三批	1997	平遥古城	导入点最晚，入遗效应突出，实现跨越式发展

6.3.2　资源开发差异

三种类型的世界文化遗产在资源及产品存在差异，使其在旅游发展的起点、营销方式以及目标客源有很大的区别，最终旅游成长趋势也呈现不同。

历史文化型遗产地较容易受到破坏，要求保护与管理水平较高，也要求游客具备较高层次的知识储备向；对大众群体造成压力，而且在游览过程中游客参与度低，体验水平较低，景区逗留时间较短。

山岳型遗产景区以其自然风光见长，拥有独特的“文化奇观”或“自然奇观”，比如泰山的封禅仪式和武当山的太极文化，在游览过程中游客参与度较高。对比山岳型遗产旅游成长过程，发现兼具双遗产特性的泰山发展前景最好，其次是山岳代表武当山。

博物馆型遗产景区在陈列与讲解中需要突破被动接受的模式，旅游发展前景乐观。属于文化旅游，定向吸引力强。与历史文化遗产地有相似性，游客逗留时间短。但是，由于博物馆综合体的发展，收入来源已经突破单一的门票经济。

表 6－7　　不同类型的遗产开发特点对比

类型	景区	遗产性质	资源特点	旅游成长特征
历史文化型遗产地	平遥 曲阜 承德	世界文化遗产	知识门槛较高，与游客互动有距离，展示过于单薄，游览时间少，单一门票经济	相比而言，受季节影响较小，旅游成长第一周期增速较缓，第二周期增幅较大
山岳型遗产地	武当山	文化景观	游客参与度较高，有自身“文化奇观”，景区本身的内涵通过文化表演延伸，具有除门票经济外的索道、演出等旅游收入	受季节的影响较大。体育旅游（陈春晓，2005）、文艺演出经常成为其加大宣传，拉动成长周期的动力。旅游成长的整体水平高于历史文化型景区，未来潜力也很大
	泰山	双遗产		

续表

类型	景区	遗产性质	资源特点	旅游成长特征
博物馆型遗产地	莫高窟	世界文化遗产	属于文化旅游，定向吸引力强。与历史文化遗产地有相似性，游客逗留时间短。但是，由于博物馆综合体的发展，收入来源已经突破单一的门票经济	受外界影响较小，由于吸引力定向性，旅游市场有较大的相似性。创新性陈列，高度参与性将是未来博物馆发展的重点
	兵马俑			

6.3.3 旅游营销差异

在旅游营销方面，不同类型的景区在营销方面的力度与创新点表现不同，营销力度与景区旅游的发展呈现正相关。强势营销的景区其旅游市场较火爆，吸引力较大。具体到不同景区采取不同的策略。如表6-8所示，可以看出旅游宣传口号都反映出景区旅游文化的内核。已经在人们心中留下深刻的印象。

比较分析，在宣传语方面，每个景区都有自己独特的旅游口号，博物馆型遗产地没有平仄起伏，朗朗上口的宣传口号；在营销媒介使用方面，电视电影成宣传的主要工具。承德避暑山庄、武当山和兵马俑均有大型电视剧为载体做营销，莫高窟更擅长以纪录片、宣传片为题材对外营销。平遥古城和泰山通过挖掘自身的历史文化，均以大型实景演出来宣扬景区的内涵，让游客在娱乐的同时，深入读懂景区承载的历史与文化。此外，举办节庆、博览会也是营销途径之一。

表6-8　七大遗产地景区宣传口号及活动对比

类型	景区	典型口号	典型活动
历史文化型遗产景区	平遥古城	平遥中国年	明代知县迎宾，县太爷升堂断案、票号代写汇票、状元祭孔等文化娱乐项目；国际摄影节、平遥文庙大戏堂、《印象平遥》
	曲阜三孔	孔子故里，东方圣城	晨钟开城仪式、暮鼓关城仪式、祭孔展演三大演出；“孔庙祈福”和“新年撞钟”祈福仪式
	避暑山庄	旅游度假胜地 避暑休闲天堂	冰上赛事、四时花卉《鼎盛王朝》实景演出
山岳型遗产景区	泰山	登泰山，保平安	摄影、庙会、攀岩、进香；《封禅大典》
	武当山	问道武当，养生太极	“华中旅游博览会”旅游产品大型功夫秀《梦幻武当》
博物馆型遗产景区	莫高窟	东方艺术宝库	《千年莫高》《梦幻佛宫》球幕电影；数字中心
	兵马俑	—	兵马俑石榴节；大型音乐歌舞《秦俑魂》

6.3.4　交通便捷差异

景区交通是制约景区发展最重要的条件之一。铁路作为目前出行的主要工具之一，它的通达性直接影响到景区旅游成长。在“快行漫游”的时代，高铁旅游市场已经被逐步打通。平遥古城高铁“晋中号”运营，直接引领旅游成长巨幅增长；武当山旅游交通专列北京—十堰旅游专列、山东、重庆的豪华专列之旅。成都最美武当山之旅、东北祈福武当山之旅等相继开通，均给武当山旅游市场注入活力。特别现在修建的武当山飞机场，将武当山与武汉的距离缩短为 40 分钟，与旅游集散中心的联系，直接形成强强联合，故武当山的旅游前景很可观。“国际一流，最美武当”的旅游形象也将被交通的便捷推向更远的客源市场。泰山善用邻近景点力量，与周边景点相联系，形成强强联合。泰山与曲阜三孔的交通通达，直接打造山东省文化旅游的黄金点。泰安的交通非常便捷。京沪、京福高速公路贯穿泰安，并在泰安交汇；京沪铁路途经泰安；104 国道穿越泰安北侧；泰安至莱芜有高速连接；泰安各区县都有便捷的等级公路贯通，可进入性极佳。未来，泰安市与国内一级客源城市或北京、上海及长江三角洲地区和东北地区的交通时间将极大缩小，必将有力促进泰安客源市场的拓展。兵马俑位于西安临潼，西安强大的交通辐射力大大缩短兵马俑旅行的时间。莫高窟地处西北内陆，交通可进入性比之较弱，兰州铁路局开通了敦煌号旅游品牌列车。甚至把牛肉面馆、儿童游乐场、酒吧、KTV、民族毡房引入列车，受到旅客喜爱。

6.4　本章小结

通过对比分析，本章得出结论如下。

（1）从波动的剧烈程度排序依次是平遥古城（1997 年入遗）> 承德避暑山庄（1994 年入遗）> 武当山（1994 年入遗）> 曲阜（1994 年入遗）> 莫高窟（1987 年入遗）> 泰山（1987 年入遗）> 兵马俑（1987 年入遗）。即波动幅度依次是第三批入遗景区 > 第二批遗产 > 第一批遗产。平遥古城的波动幅度在 40% 以上，受外界影响较大；承德的振动幅度在 30% 内；武当山出现 20% 左右的波动；曲阜在 18% ~25%；莫高窟和泰山平均振幅分别为 15% 和 10%；兵马俑除三次全国范围内的略微振动外，几乎没有偏离本底线。

（2）“加入《世界遗产名录》”对七大世界遗产地的拉动效应不同。申遗成功后第二年均有凸峰，显示申遗巨大的正向拉动刺激作用。申遗成功对知名度较低的平遥古城有明显瞬时效应，对知名度已经很高的曲阜三孔、泰山则影响明显偏弱。

（3）凸峰的形成与宏观因素及个体创新密切相关。如相关旅游政策的颁布实行，包括国家层面制度，如“黄金周制度”；地方层面的新政执行，如景区保护条例、保护办法等；

其次是个体因素，如景区升级、产品开发与营销创新（新旅游宣传口号营销、线上旅游网站建成、景点门票制度改革）等。

（4）凹谷的形成往往与国家的突发危机和大型事件有关，大凹谷具有较明显的同步性。经对比，除曲阜三孔2013年凹谷属于区域性因素外，七大遗产地共同发生波动的年份集中在1989年（Q_1、C_1、T_1、W_1、B_2、M_4），2003年（P_3、Q_4、T_4、W_4、C_4、B_4、M_1）和2008年（P_4、Q_5、T_5、W_5、C_6、B_4、M_7）。这三年分别发生了全国性的政治波动、SARS危机、北京奥运会严格安全控制及全球性金融危机。

（5）政策制度对遗产地周期性的影响明显。遗产地多周期性更迭增长与宏观政策或景区申遗有关；各遗产地周期更迭增长的同步性不如凸峰凹谷明显，显示较强的地方性特点。

宏观层面：国家旅游政策颁布对景区成长的正向推动作用；制度激励强度与遗产地有关，当遗产地处于向上发展的周期阶段或叠加景区内部创新时，将产生乘数效应，促进新的增长周期形成；政策制度干预时间及干预效果均有一定的滞后性。

中观层面：省域地方性政策制度是对全国政策制度落实的响应，往往滞后于国家颁布与制定，与周期更迭增长吻合。旅游制度名称的变化反映了各省旅游行政管理职能逐渐由管理者向促进者、由管理向引导转变，旅游奖励与激励政策具有显著地方性，均有利于旅游地延长周期、减少凹谷波动促进稳定性。遗产保护制度包括文物保护系统制度及世界文化遗产专项保护相关制度，前者均促使遗产地遗产保护与旅游开发的规范化和协调，尤其是后者，促进遗产地管理功能由单一景区管理或文物管理向复合型遗产管理模式转变，有利于促进增长。

微观层面：遗产地管理政策制度对遗产地多周期发展产生驱动效应，影响较大的主要有需求与供给两个方面。需求干预包括门票优惠、节庆活动、危机管理等，目的在于满足与扩大市场需求。供给干预包括拉动资金投入、规范相关企业管理等，目的在于满足景区建设需求。

第 7 章

游客与社区居民对世界遗产地的旅游感知差异分析

随着我国世界文化遗产地数量的增多，国内文化遗产旅游越来越热。同时，作为现代旅游活动的主体，游客对旅游地的态度影响着遗产地的旅游可持续发展，游客对遗产地的积极态度不仅有助于产生良好的口碑效应，而且对遗产型旅游目的地提高游客重游率、强化遗产型旅游目的地形象、进而提高区域旅游发展水平具有重大作用。同时遗产管理机构之间应该相互借鉴，取其精华，共同成长。游客感知与游客满意度以及旅游地形象、游客重游率都息息相关，考察游客的感知与偏好，对提高和完善旅游地的服务水平、设施条件、旅游产品设计等方面都具有重要的现实意义。因此，游客感知在世界文化遗产地的研究中受到重视，本书不同于以往单从管理制度层面评价、探讨遗产地的发展状况，不仅对单个遗产地的游客感知进行分析，更进一步对跨区域间遗产地进行对比分析。

本章立足宏观层面进行遗产地跨区域间的游客感知对比，对世界遗产地管理机构认清自己管理层面的不足、向其他遗产地管理机构借鉴经验提供了可能，有助于世界文化遗产地重新审视其资源优化、产品设计以及管理方法所存在的不足之处。研究结合了管理学、旅游学、统计学和心理学等相关知识，主要采用资料分析法、实地调研法、实证分析以及对比分析等方法，通过游客感知评价模型实现研究对象的量化，为遗产地之间的游客感知对比打下基础。通过对文献资料的收集和分析，掌握游客感知的研究进展以及游客感知的评价方法，寻找可能的突破点，希望在前人的研究成果上有所创新。作者通过实地的调研问卷以及和部分游客之间的深度访谈对 7 个样本遗产地的数据进行收集；运用模糊评价法、德尔菲法、因子分析法建立游客感知评价模型，通过数理模型的建立将主观评价定量化，然后将各大遗产地之间的得分状况进行了对比。数据处理部分包括利用因子分析法和建立游客感知评价模型，将游客感知得以量化，使遗产地游客感知之间的对比成为可能；最后通过质性研究、统计分析、逻辑分析等研究方法，从整体差异、因素差异、属性差异三个方面对 7 处世界文化遗产地样本游客感知进行深入剖析。

7.1 旅游感知评价模型的建立及数据获得

首先对样本遗产地进行初步介绍，然后从旅游体验角度出发确定了包含4个一级指标，12个二级指标的旅游感知评价体系，通过德尔菲法的实施确定了各级评价指标的权重，进而建立起世界文化遗产地旅游感知评价模型。最后根据该评价模型对两个月内7处遗产地共发放的3730份问卷数据进行了归纳整理。

7.1.1 感知评价模型

旅游感知具有主观性、情境性等特点。在相关的实证研究中，其中利用结构方程模型量化感知评价的学者居多。丁蕾，吴小根等建立了包含5个结构变量，14个观测变量的水体旅游地游客感知测度模型。李文兵在古村落游客感知价值相关研究中构建了6个组成维度的感知价值评价模型。也有部分学者利用探索性因子分析方法结合多维度的问卷量表来探究影响游客感知的相关维度。例如，胡道华、赵黎明按照游客参与旅游的动态体验过程构建了游客感知评价的概念模型和含有11个测评变量37个测评指标的评价体系。杨超运用因子分析法构建了庙会旅游游客感知的评价体系。焦世泰建立了民族文化旅游演艺产品游客感知评价指标体系，并利用因子分析法对指标体系进行定量分析。本书通过评价指标的选取结合德尔菲法构建世界文化遗产旅游感知评价模型。

7.1.2 评价指标的选取

本书从旅游动态体验过程出发结合文献资料分析确定旅游感知评价指标体系。结合"游前感知—游中感知—游后感知"这一时间线，在旅游活动的准备阶段，旅游者通过广播、电视、网络等媒体获得对遗产地的初步了解，这个过程的感知对象是遗产地的"宣传营销效果"。旅游者从居住地到遗产地，实现了空间上的位置变化，感知对象是"交通便捷性"。到达遗产地景区外围后，又会对"住宿的便捷性""从业环境的规范性"产生不同的感知水平。进入景区以后，又涉及对"基础设施""讲解服务""管理水平""参与项目"的感知。结合文化遗产旅游的特殊性，"遗产保护""教育传承""陈列展示"也要考虑在内。游览结束的后，又会产生购买"特色纪念品"的感知。这些感知因素贯穿于旅游体验活动的整个过程，没有特别明显的时间界限。本研究所依托的社科基金项目注重管理因素在遗产地发展中的作用，因此，旅游感知评价指标选取确定时在管理因素上也有所体现。

通过整合分析，上述因素可以分为"环境"和"功能"两类。环境属性不仅包括狭义的卫生环境、绿化环境、管理状况，也包括整个遗产地旅游环境，比如交通环境、从业环境、营销环境等。功能属性是由旅游活动的“休闲性”本质和世界文化遗产自身承担的文化教育、科技展示功能确立，这一属性在博物馆型文化遗产地感知中最为明显。为了便于细化分析，将环境因素进一步分为景区内环境和景区外环境，将功能因素进一步分为遗产功能因素和游娱功能因素。遵循系统性、可操作性、层次性的设计原则，经过深入的分析和筛选确定了我国世界文化遗产地旅游感知评价指标体系，主要包括4个一级指标和12个二级指标，具体如下：

（1）区外环境因素一级指标，包括便捷程度、宣传营销、治安状况3个二级指标。测量了遗产地交通的可达性、旅游活动的便捷性、遗产地景区的外围市场规范性，其中便捷程度是指遗产地外围省市层面的交通、景区周边的住宿和饮食的便利程度；宣传营销是对旅游者遗产地认知情况、了解渠道的调查，反映出政府主体对外大范围宣传遗产地的方法、途径、效果与预期效果的符合程度；治安状况是指景区外围市场的从业规范程度。

（2）区内环境因素一级指标，包括基础设施、卫生餐饮、管理水平3个二级指标。其中基础设施是指景区内部的安保设施、休息设施、公共卫生设施等关系日常生活的物质建设；卫生餐饮是指景区内的环境卫生状况以及餐饮质量、餐饮价格和餐饮卫生；管理水平是指景区内观光车的组织、线路规划、客流量的疏导控制等相关事项中体现出的遗产地的管理能力的高低。

（3）遗产功能因素一级指标，包括遗产保护、陈列展示、教育传承3个二级指标。其中遗产保护是对遗产地真实性和完整性的评价，包括文物、景观等是否遭到破坏，文风、民俗等是否得以流传；陈列展示是指出土文物的展示格局与展示方法；教育传承是指游客对遗产地文化教育效果和历史文化的传承方面的感知。遗产保护是世界文化遗产地可持续发展的基础，教育传承是文化遗产社会价值功能的体现，陈列展示是实现文化遗产与游客互动的首次互动。

（4）游娱功能因素一级指标，包括特色购买、参与项目、讲解服务3个二级指标。其中特色购买不仅代表了遗产地自身特色的发扬，也反映了遗产地对纪念品的开发程度；参与项目是对游客互动性、自主性的测量；游客对世界文化遗产地的深入了解离不开景区内导游或相关标识的讲解，讲解服务测量了遗产地景区人员解说和标识解说的水平。

7.1.3　旅游感知评价模型的建立

本研究通过德尔菲法（Delphi Method）确立评价指标权重，建立评价模型，德尔菲法又名专家打分法，是评价研究领域最常用的方法之一。该方法主要是由调查者拟定调查表，依据既定的规范程序，调查人员与专家组通过填写问卷来进行交流沟通，在匿名的条件下，专家组成员根据调查者的反馈材料交流意见，同样的程序经过若干次循环，直到专家组的意见逐步逐渐一致，最后获得有统计意义的专家集体判断结果。

首先是成立评估小组，评估成员由本书所依托的国家社科项目组成员组成，共4名。

主要负责专家组成员的确定，旅游感知专家咨询表的编制，咨询表的发放、回收及评审结果处理。其次是确定专家成员，参考德尔菲法中 10～50 个专家人数的标准，结合本文的研究范围确定了由 5 位高校旅游管理专业教授、5 位资深旅行社管理人员和 5 位具备丰富工作经验的遗产地管理人员组成的专家小组。既方便数据收集又兼顾了结果的可信度。然后是编制专家咨询表，评估小组根据选取的旅游感知评价指标，初步制定了“第一轮专家问卷调查表”以及“调查表附件”，对本书调查的目的、填表说明等进行了详尽介绍，问卷通过电子邮件进行发放和回收。最后是分论咨询，每个专家成员需要独立给出各评价指标的权重值和依据。根据对第 1 轮咨询结果完善问卷内容，连同评分结果返还专家成员进行第 2 轮咨询，所有专家成员需要在新的基础上重新确定权数。依次重复上述步骤，直至结果趋于统一。

因素权重本身差异较小，经过两轮的咨询过程，得出了较为一致的旅游感知评级指标权重，如表 7－1 所示。

表 7－1 遗产地旅游感知评价指标权重

一级指标	区外环境因素（a）			区内环境因素（b）			遗产功能因素（c）			游娱功能因素（d）		
权重	0.225			0.233			0.277			0.265		
二级指标	便捷程度	宣传营销	治安状况	基础设施	卫生餐饮	管理水平	遗产保护	陈列展示	教育传承	特色购买	参与项目	讲解服务
	a_1	a_2	a_3	b_1	b_2	b_3	c_1	c_2	c_3	d_1	d_2	d_3
组合权重	0.087	0.067	0.071	0.081	0.073	0.079	0.088	0.097	0.092	0.084	0.094	0.087
权重	0.387	0.298	0.316	0.348	0.313	0.339	0.318	0.350	0.332	0.317	0.355	0.328

构建模型是旅游感知评价的重要手段。文化遗产旅游感知评价除了要考虑体验过程中对六大服务要素的满意程度外，更要考虑到其自身所承载的文化、社会、历史等特殊信息，注重其遗产功能以及公共教育使命。综合表 7－1 中各指标权重以及之间的层次关系，笔者构建了世界文化遗产地旅游感知评价模型，如图 7－1 所示。

根据图 7－1 中各指标间的逻辑关系，得出各级指标的计算公式如下所示：

（1）样本总体得分。

$$S = \frac{1}{N}\sum_{i=1}^{N}\{u_a\sum_{a=1}^{3}P_a X_{ia} + u_b\sum_{b=1}^{3}P_b X_{ib} + u_c\sum_{c=1}^{3}P_c X_{ic} + u_d\sum_{d=1}^{3}P_d X_{id}\} \quad (7-1)$$

其中，N 为某调研目的地的总体样本数，u 为对应一级指标的权重（u_a、u_b、u_c、u_d 为定值），P 为二级指标中对应元素的权重，X_{ia}、X_{ib}、X_{ic}、X_{id} 为某一样本地中第 i 位被调查对象对某个指标的得分（i = 1～N）。

（2）一级指标得分。

将公式（7－1）展开，可得一级指标得分公式：

$$F_a = 0.087X_{ia1} + 0.067X_{ia2} + 0.071X_{ia3} \quad (7-2)$$

$$F_b = 0.081X_{ib1} + 0.073X_{ib2} + 0.079X_{ib3} \quad (7-3)$$

$$F_c = 0.088X_{ic1} + 0.097X_{ic2} + 0.092X_{ic3} \quad (7-4)$$

$$F_d = 0.084\,X_{id1} + 0.094\,X_{id2} + 0.087\,X_{id3} \tag{7-5}$$

其中，a1、a2、a3；b1、b2、b3；c1、c2、c3；d1、d2、d3 分别表示一级指标 a、b、c、d 下面的二级指标。

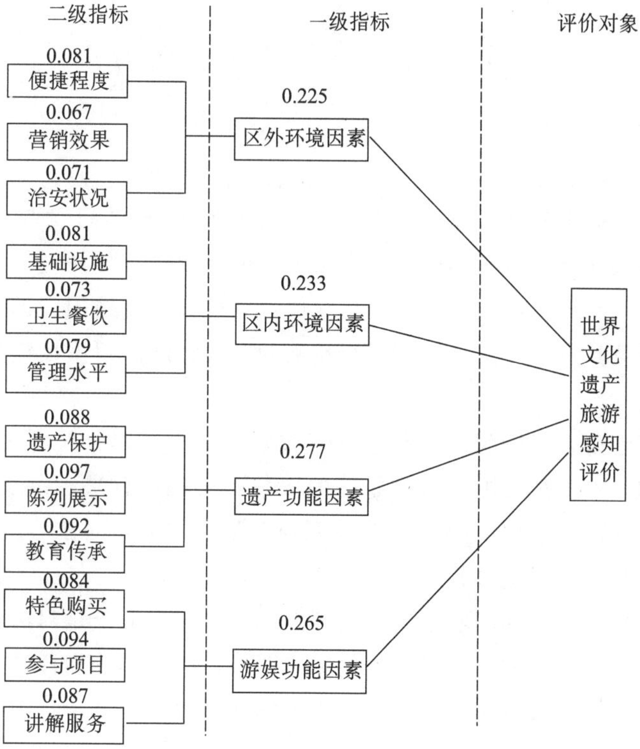

图 7－1 遗产地旅游感知评价模型

注：权重均为测评对象在评价体系中的总权重。

（3）二级指标得分。为了衡量样本群体对七大遗产地 12 个因素的感知评价结果，本书借用了马耀峰教授的居民好客度评价模型。其数学公式为：

$$M_t = \sum_{i=0}^{5} \frac{n_i}{N} m_i \tag{7-6}$$

式中，M_t 表示某处遗产地第 t（1－12）个因素的评分结果，m_i 表示游客在李克特量表下对该因素的感知评分（优＝5 分、良好＝4 分、一般＝3 分、差＝2 分、极差＝1 分），n_i 表示选择该评分 m_i 的人数，N 表示接受调查的总人数。其中 n_i/N 表示遗产地某项调查因素某一得分的评分人数占所有评分总人数的百分比。

7.2 问卷设计与数据获取

7.2.1 调查问卷设计

基于易于理解、通俗易懂的原则，在参考以前学者感知类问卷调查量表设计的基础上，结合上述旅游感知测评体系确定了问卷主体。为了使调查数据更加科学合理，在进行正式的问卷调查之前，项目组成员首先在兵马俑景区进行小规模问卷调查，查找出表述不清楚、晦涩难懂以及具有多层意思容易引起歧义的题项，之后根据反馈进行修改形成正式的调研问卷。

世界文化遗产地游客感知问卷主要包括三大部分：第一部分是游客的一些基本信息，包括游客的地区属性、出游目的、到本景区的次数、旅游信息来源以及是否在景区过夜；第二部分是游客对遗产地景区的感知与偏好调查；第三部分是对游客的社会经济学调查，包括职业类型、年龄层次、受教育状况、经济收入等。

世界文化遗产地居民感知问卷主要包括三大部分：第一部分是对居民在遗产地社区的工作、受教育状况、年龄层次以及月收入状况的调查；第二部分同样是居民对遗产地景区的感知与偏好调查；第三部分则是遗产地的旅游发展对社区带来影响的态度调查。

两类问卷的第二部分涵盖了讲解服务、陈列展示、教育传承、遗产保护、特色购买、环境卫生、参与项目、基础设施、便捷程度、治安状况、管理水平和营销效果 12 个旅游感知评价指标。采用李克特五点量表计分，测量的程度分别为优、良好、一般、差、极差，分别赋值为 5 分、4 分、3 分、2 分、1 分对 12 个变量进行测量。

7.2.2 数据收集

为了提高调查质量与回收效率，本次调查采用现场发放、一对一引导填写，并且当场回收的方式。以国内游客为主，项目组成员于 2014 年 6 ~ 7 月、2014 年 8 ~ 9 月分赴秦始皇陵兵马俑景区、平遥景区、莫高窟景区、泰山景区、曲阜三孔景区、武当山景区与承德避暑山庄景区 7 个遗产地进行游客感知与居民感知的问卷调研工作。删除问卷中大部分选择同一选项、按某种规律进行选择和回答不完整问卷等一系列无效问卷，具体问卷发放数量及有效率如表 7 – 2 所示。

由表 7 – 2 可知，问卷有效率均在 85% 以上，由于遗产地居民的文化素质普遍较低，调研实施难度增大，致使居民问卷的有效率明显低于游客问卷。同时，处于市级的遗产地问卷有效率高于处于县级的遗产地问卷有效率。两年时间内，本书共计发放游客感知问

表 7－2　　遗产地问卷发放情况表

	游客群体			居民群体			共计		
	发放数量	回收数量	有效率	发放数量	回收数量	有效率	发放数量	回收数量	有效率
泰山	320	298	93.13%	200	187	93.5%	520	485	93.27%
避暑山庄	300	276	92%	200	183	91.5%	500	461	92.2%
曲阜三孔	320	318	99.37%	240	219	91.25%	560	537	95.89%
武当山	280	267	95.36%	220	192	87.27%	500	459	91.8%
平遥古城	240	225	95.75%	240	214	89.17%	480	439	91.46%
莫高窟	380	358	94.21%	250	183	91.6%	630	541	85.8%
兵马俑	320	307	95.94%	220	197	89.55%	540	504	93.33%

卷 2160 份，有效问卷 2049 份，问卷有效率为 94.86%；居民感知问卷 1570 份，有效问卷 1421 份，问卷有效率为 90.5%。

（1）信度检验。信度指测量的一致性程度，本研究中指在同样情况下，同一调查问卷对同一调查对象进行重复测量并且得到相同结果的可能性大小。它反映了测量工具的稳定性。学者们最常用 Cronbach's alpha 系数来判断内部一致性。根据 Nually 所提出的标准，a >0.7 时表明该量表的信度是较好的；0.65 < a <0.7 时表示信度是可接受的；0.6 < a < 0.65 时则最好不要使用该量表；a <0.6 时则需要对量表进行修改或者改选其他量表。具体数据如表 7－3 所示。

表 7－3　　样本地问卷信度检验

		泰山	避暑山庄	曲阜三孔	武当山	平遥古城	莫高窟	兵马俑
游客感知问卷	Cronbach's Alpha	0.893	0.772	0.903	0.868	0.826	0.704	0.814
居民感知问卷		0.885	0.936	0.860	0.923	0.812	0.883	0.887
	项数	12	12	12	12	12	12	12

由表 7－3 可知，利用克朗巴哈系数（Cronbach's alpha）对泰山、承德避暑山庄、曲阜三孔、武当山、平遥古城、莫高窟、兵马俑 7 处样本遗产地的数据进行信度检验。其游客感知数据基于标准化项的 Cronbach's alpha 系数分别为 0.893、0.772、0.903、0.868、0.826、0.704 和 0.814，其居民感知数据基于标准化项的 Cronbach's alpha 系数分别为 0.885、0.936、0.860、0.923、0.812、0.883 和 0.887，因此，7 处遗产地问卷的游客感知维度都具有较强信度。

（2）效度检验。效度（Validity）即有效性，它是指测量工具或手段测量事物的准确程度，反映了所测量到的结果与所想要考察内容的关联程度，测量结果与要考察的内容越吻合，则效度越高；反之，则效度越低。本研究利用 spass 软件中的 KMO 和 Bartlett 球形检验来检测七处遗产地问卷的结构效度，结果如表 7－4 所示。

表 7－4　　　　KMO 和 Bartlett 的检验

		泰山	避暑山庄	曲阜三孔	武当山	平遥古城	莫高窟	兵马俑
游客问卷	取样足够度的 KMO 度量	0.867	0.842	0.869	0.807	0.693	0.856	0.874
	Bartlett 球形度检验近似卡方	726	504	1051	441	292	703	848
	Df	66	66	66	66	66	66	66
	Sig.	0	0	0	0	0	0	0
居民问卷	取样足够度的 KMO 度量	0.819	0.851	0.835	0.884	0.749	0.848	0.876
	Bartlett 球形度检验近似卡方	554	546	385	496	222	611	375
	Df	66	66	66	66	66	66	66
	Sig.	0	0	0	0	0	0	0

经过 KMO 和 Bartlett 球形检验，由表 7－4 可知，泰山景区、承德避暑山庄景区、曲阜三孔景区、武当山景区、平遥古城景区、莫高窟景区和兵马俑景区游客样本数据的 KMO 值分别为 0.867、0.842、0.869、0.807、0.693、0.856、0.874；居民样本数据的 KMO 值分别为 0.819、0.851、0.835、0.884、0.749、0.848、0.876，均高于最低水平 0.5，同时所有的 Sig. 值小于 0.001，根据 Kaiser 给出的相关度量标准可知原有变量之间结构效度具有一致性。

7.3　世界遗产地样本的描述性统计

被调查者个体的属性差异是影响旅游感知差异的最基本因素，也是目前学术界研究最为丰富的因素。本书中调查的游客群体的基本人口学特征包括从受教育程度、年龄、职业和收入四个因素，居民群体的基本人口学特征包括受教育程度、年龄和收入三个因素，由于居民的职业覆盖范围广、类别难以进行清晰的划分，未纳入研究范围。

7.3.1　样本遗产地受调查群体的人口学基本特征

（1）游客群体的人口学基本特征。影响游客感知的社会属性特征包括客源地、游览次数等，问卷中主要涉及受教育程度、年龄、职业和收入，7 处样本遗产地游客的基本人口学特征对比如表 7－5 所示。

表 7－5　七大遗产地游客的基本人口学特征

项目	类别	泰山	避暑山庄	曲阜三孔	武当山	平遥古城	莫高窟	兵马俑
受教育程度（%）	小学	4.6	2.1	4.4	3.4	1.7	0.6	1.6
	初中	9.9	4.3	9.4	9.0	8.3	3.9	9.8
	高中及中专	25.2	20.3	13.8	21.3	25.6	8.4	25.4
	大专	22.1	25.1	26.4	20.2	21.6	13.4	22.5
	本科	30.5	39.1	36.5	34.8	36.7	15.6	34.5
	硕士	7.6	8.7	8.2	10.1	4.7	48.0	4.6
	博士	0.3	0.4	1.3	1.1	1.4	6.7	1.7
年龄（%）	20 岁以下	37.4	10.9	14.4	17.1	5.0	3.4	11.4
	21～30 岁	31.3	31.5	30.2	30.3	24.7	29.6	29.1
	31～40 岁	11.3	35.9	34.6	34.8	37.3	23.5	33.0
	41～50 岁	16.0	18.5	17.6	16.9	21.7	22.9	19.9
	51～60 岁	3.1	2.2	1.3	0.9	7.0	2.8	4.6
	61 岁以上	0.9	1.1	1.9	0.5	4.4	1.1	2.0
职业（%）	公务员	8.4	9.8	8.8	3.4	11.7	14.0	7.0
	企业人员	9.1	31.5	25.8	32.6	33.4	17.3	27.1
	教育人员	10.7	13.0	11.9	10.1	18.3	10.1	13.0
	农民	0.8	1.1	1.9	1.1	5.0	1.1	5.7
	自由职业	12.2	13.0	15.7	16.9	13.3	18.4	20.4
	学生	49.7	30.5	27.0	30.3	10.0	27.9	16.1
	其他	9.1	1.1	8.8	5.6	8.3	11.2	10.7
收入（%）	1k 元以下	41.2	25.0	8.6	23.5	20.3	34.1	14.5
	1k－2k 元	13.0	11.8	10.1	12.3	22.9	10.1	14.8
	2k－4k 元	22.9	29.3	42.6	25.9	33.8	22.3	40.1
	4k－6k 元	13.7	25.0	24.0	17.3	13.3	21.8	19.2
	6k－10k 元	6.1	7.6	10.9	8.6	7.9	8.4	7.4
	10k 元以上	3.1	3.3	3.9	12.3	6.8	3.4	4.0

注：k 表示："千元"。

表 7－5 中数据显示，从整个样本群体的受教育程度来看，高中及中专和本科两个学历层次的游客最多。莫高窟景区高层次学历游客中博士占比最大，达到 54.7%。其次是兵马俑景区，硕士以上学历游客占比 54.7%。因为莫高窟与兵马俑都属于博物馆性质类的遗产地，设有专门的学术研究机构，承担着遗产管理、遗产开发、遗产保护等方面的科研互动与学术交流任务，因此科研旅游、学术旅游需求较大。另外，莫高窟属于石窟/摩崖石刻历史遗产景类，秦始皇陵兵马俑属于帝陵与名人陵墓历史遗产景类（纪素娇，2014），精神层次的受众群体范围较窄，对具有较高文化修养，浓厚知识积累的旅游者更具吸引力，这部分群体往往学历较高。

从年龄层次来看，21～30岁、31～40岁两个年龄段的游客比例最大，因为这两个群体拥有较多的闲暇时间，具备一定的经济实力，出游意愿与出游能力更为强烈。21～30岁的游客中大学生是主要群体，从上述数据可以看出他们更偏向于自然景系中的地文景观类旅游资源，所以该群体在泰山和武当山两个山岳型景区中比例较高。31～40岁的游客则偏向于人文景系中的历史遗产景类旅游资源，比如平遥古城景区和曲阜三孔景区。承德避暑山庄的调研时间刚好处于景区的旅游旺季，所以两个年龄阶段的游客比例都较高。年龄大的游客出游地受自身体力、目的地距离等较多因素的影响，所以51～60岁、61岁以上的游客在平遥古城和兵马俑景区比例最高，在山岳型景区中比例最低。

从职业类型来看，企业人员和学生出游比最大，其次是公务员、教育人员和自由职业者，农民的出游比例最小。学生出游比例较大一方面是受调研时间影响，因为两次调研的时间均选在暑假，刚好是学生出游的高峰期；另一方面与调研实施主体有关，虽然本研究选用简单随机抽样的方法，但调查者均为西安财经学院旅游管理专业的本科生，实际调研过程中，由于学生群体更易接近，问卷填写更完整、更有效的缘故，调查者会对学生群体有所偏重。从遗产类型来看，公务员较倾向于莫高窟景区和平遥古城景区；企业人员倾向于平遥、武当山、承德避暑山庄景区这些活动量较小的景区；教育人员倾向于教育意义浓厚的兵马俑景区、平遥景区和曲阜三孔景区；农民游客则在兵马俑景区和平遥景区的出游率最高，自由职业者在艺术性较强的莫高窟景区和兵马俑景区比例最大；学生群体在山岳型景区中比例最大。

从收入水平来看，1000元以下游客在多个景区中都占多数，原因可能是学生游客群体在千元以下游客中占大多数。其次是2000～4000元和4000～6000元两个收入层次的游客最多，在除泰山之外的其他六处遗产地游客中比例都超过了40%，其次是千元以下收入游客。只有泰山景区中1000元以下的游客比例最大为41.2%，这与泰山景区中学生游客较多有直接关系。

（2）居民群体的基本人口学特征。由于问卷中遗产地居民的职业十分分散，相似程度低，难以形成清楚的比例区间进行划分对比。居民感知数据的归集与处理主要从受教育程度、年龄和收入三方面进行，七处样本遗产地居民的基本人口学特征对比如表7－6所示。

表7－6　七大遗产地居民的基本人口学特征

项目	类别	泰山	避暑山庄	曲阜三孔	武当山	平遥古城	莫高窟	兵马俑
受教育程度（%）	小学	2.0	0	3.6	0	8.3	5.8	5.0
	初中	19.0	23.0	20.5	33.8	25.0	16.7	46.0
	高中及中专	30.0	29.5	39.8	36.6	35.4	42.5	35.0
	大专	19.0	21.3	21.7	18.3	29.2	18.3	10.0
	本科	28.0	26.2	13.3	11.3	2.1	16.7	4.0
	硕士	1.0	0	1.2	0	0	0	0

续表

项目	类别	泰山	避暑山庄	曲阜三孔	武当山	平遥古城	莫高窟	兵马俑
年龄（%）	20 岁以下	8.0	13.1	4.8	11.3	4.2	27.5	3.0
	21～30 岁	44.0	57.4	19.0	43.7	18.8	37.5	35.1
	31～40 岁	25.0	18.0	44.0	29.6	52.1	20.0	33.0
	41～50 岁	13.0	4.9	16.7	9.9	20.8	10.8	17.9
	51～60 岁	6.0	6.6	10.7	5.6	4.2	4.2	7.0
	61 岁以上	3.0	0	4.8	0	0	0	4.0
收入（%）	1k 元以下	13.0	37.7	6.7	10.0	14.6	28.3	24.0
	1k－2k 元	23.0	27.9	34.7	41.7	41.7	24.2	47.1
	2k－4k 元	41.0	18.0	42.7	31.7	35.4	35.8	20.0
	4k－6k 元	9.0	13.1	16.0	15.0	6.3	8.3	3.0
	6k－10k 元	4.0	1.6	0	1.7	2.1	2.5	2.8
	10k 元以上	1.0	0	0	0	0	0.8	1.1

注：k 表示："千元"。

由表 7－6 可知，遗产地居民的受教育程度普遍低于遗产地游客的受教育程度，初中、高中、中专和大专三个层次覆盖了几乎 70% 以上的居民，其中高中及中专的占比最大，除承德外均达到了 35% 以上。泰山景区受教育程度为本科及以上的居民最多，比例达到 29%，其次是承德（26.2%）、莫高窟（16.7%）、曲阜（14.5%）、武当山（11.3%）。在被调查的 7 处遗产地中，均未出现受教育程度为博士的居民。仅泰山和曲阜两地存在硕士层次的居民，比例分别为 1.0% 和 1.2%。因此，遗产地所处的具体地理位置与遗产地居民受教育层次息息相关，离市中心较近的曲阜、泰山、承德等地高学历居民比例要大于莫高窟和武当山地区。同样，距离市区较远的兵马俑和平遥地区具有较高学历层次的居民也最少。

年龄层次上，51 岁及以上的遗产地居民比例较低，仅兵马俑景区、泰山景区和曲阜三孔景区包括有 61 岁及以上的被调查者。一方面是因为年龄大的居民外出较少，遇见被调查人员的概率最低。另一方面是因为年龄大的居民受知识水平限制在问卷填写方面存在较大困难，因而被调查者有意识的排除。20 岁以下及 21～30 岁两个年龄阶段的居民在被调查者中占的比例最大，其中在莫高窟景区遗产地占 65%，在兵马俑景区遗产地占 68.1%，在平遥景区遗产地占 70.9%，在承德景区遗产地占 75.4%，在泰山景区遗产地占 69.0%，在曲阜景区遗产地占 63.0%，在武当山景区遗产地占 73.3%。

遗产地居民的月收入水平也远远低于遗产地游客，大部分处于 1k～2k 元和 2k～4k 元两个区间。莫高窟景区、兵马俑景区、平遥景区、承德景区、泰山景区、曲阜景区、武当山景区中月收入在 1k～4k 元的居民比例分别为 60.0%、67.1%、77.1%、45.9%、64.0%、77.4%、73.4%。超过 6 k 的居民分别占泰山景区遗产地月收入超过万元的居民仅占 1.0%，莫高窟景区则为 0.8%。

7.3.2 样本遗产地游客与社区居民的人口学特征差异

对比表7-5与表7-6，从受教育程度来看，遗产地游客的受教育程度普遍高于遗产地居民。游客群体中，高中及中专和本科两个学历层次的游客最多，硕士以上学历游客占比也在5%以上。而居民群体中初中、高中、中专和大专三个层次的比例达到了70%以上，仅有两处遗产地出现了少量硕士以上学历的被调查居民。同时，可以发现样本遗产地中游客的受教育水平分布差异较小，居民的受教育水平差异较大。比如，泰山、承德、曲阜的高学历居民比例较大，兵马俑、武当山、平遥、的居民中初中、高中及中专层次的居民最多。

从年龄层次来看，被调查游客在各个年龄段里呈正态分布，被调查居民主要是青壮年，集中在40岁以下的年龄阶段，中老年居民占比较小。

从收入水平来看，游客收入水平也高于居民收入水平，游客收入大多集中在2000～4000元和4000～6000元两个阶段，居民收入则大多集中在1k～2k元和2k～4k元两个阶段，6k元以上的游客比例明显高于居民比例。由于居民职业的相对多样性、复杂性，所以未将居民职业纳入到差异对比中。

7.4 游客与社区居民对世界遗产地的旅游感知差异分析

上述内容中构建起了旅游感知评价模型，分别列出了遗产地整体、一级指标以及二级指标的感知得分公式，并采用问卷调查法与实际访谈法获得了7处样本遗产地旅游感知的一手统计资料。将其进行初步整理并进行运算得出不同遗产地中两类样本群体的感知数据，本部分从以遗产地为主体的横向与以指标为主体的纵向两个方面分别对二级感知指标、一级感知指标和遗产地总体得分进行深入分析。

7.4.1 二级指标差异分析

二级指标感知是旅游者对遗产地最直接的感知。依据马耀峰教授的居民好客度评价模型，对12个二级指标的游客群体感知和居民群体感知进行了遗产地之间、因素之间、样本群之间的分析与对比。

7.4.1.1 游客群体对二级指标的感知评价

运用spass 20.0数据统计软件将包括七处遗产地、12个二级感知指标的游客感知数据进行初步处理，然后代入公式7.6中，得到各处遗产地游客感知因素的具体得分情况，如

表 7－7 所示。

表 7－7　　游客对七大遗产地感知要素的评价得分

感知对象	便捷程度	营销效果	治安状况	基础设施	环境卫生	管理水平	遗产保护	陈列展示	教育传承	特色购买	讲解服务	参与项目
泰山	3.68	3.69	3.78	3.90	3.47	3.69	4.16	3.93	3.93	3.44	3.77	3.46
避暑山庄	3.78	3.92	3.89	3.96	3.86	4.05	4.26	3.84	3.86	3.64	4.01	3.52
曲阜三孔	3.92	3.81	4.03	4.11	4.21	3.97	4.28	4.15	4.26	3.58	4.01	3.40
武当山	3.71	3.89	4.11	4.24	4.24	3.98	4.18	4.06	4.08	3.27	3.98	3.45
平遥古城	3.95	3.48	3.85	3.92	3.67	3.48	3.82	3.92	3.45	3.71	3.85	3.80
莫高窟	4.05	3.78	3.97	4.03	4.25	4.05	4.03	4.08	4.25	3.61	4.15	3.30
兵马俑	3.75	3.88	3.42	3.91	3.74	3.67	3.97	3.98	3.75	3.64	4.00	3.63

注：表中最高得分为 5 分，最低得分为 1 分，3 分处于中间水平。

（1）同一遗产地之间不同感知要素的横向比较。历史文化型遗产地中，平遥景区中便捷程度、陈列展示和基础设施三个因素得分较高，教育传承、管理水平和营销效果得分较低。承德避暑山庄景区中遗产保护、管理水平和讲解服务得分较高，参与项目和特色购买得分较低。曲阜三孔景区中遗产保护、教育传承和讲解服务因素得分较高，参与项目和特色购买得分较低。

博物馆型遗产地中，莫高窟景区的环境卫生状况、教育传承氛围和讲解与服务三个因素的游客感知得分较高，参与项目和特色购买得分较低。兵马俑景区中讲解服务、陈列展示和遗产保护三个因素得分相对较高，治安状况、参与项目和特色购买得分较低。

山岳型遗产地中，武当山景区中基础设施、环境卫生和遗产保护因素得分较高，特色购买和参与项目得分较低。泰山景区中遗产保护、教育传承和基础设施得分较高，参与项目、特色购买和环境卫生状况相对较差。

（2）不同遗产地之间同一感知要素的纵向比较。文化遗产游客对遗产地感知要素的纵向评价中，得分较高的因素主要集中在讲解服务、遗产保护、教育传承和基础设施。大部分游客认为莫高窟景区的讲解与服务做得最好，其次是曲阜三孔、承德避暑山庄和兵马俑三处遗产地。平遥景区的遗产保护因素得分最低，为 3.82 分，其次是兵马俑的 3.97 分，其他遗产地的得分均超过 4.0 分。曲阜三孔和莫高窟的景区的教育传承氛围最为浓厚，其次是武当山、泰山和承德避暑山庄，平遥景区的教育传承因素得分最低。所有遗产地的基础设施得分均在 3.90 分之上，其中武当山景区是游客认为基础设施最为完善的遗产地。

参与项目、特色购买和营销效果三个因素得分普遍较低。遗产地的参与项目得分在 3.30～3.80 分，平遥古城得分最高，敦煌莫高窟得分最低。特色购买因素得分最高的为平遥古城的 3.71 分，其次是兵马俑、承德避暑山庄和曲阜三孔，武当山得分最低为 3.27 分。除了平遥古城的 3.48 分和泰山景区的 3.69 分外，其他景区在营销效果方面的得分集中在 3.78～3.89 分。

便捷程度、治安状况、环境卫生、管理水平和陈列展示几个因素的得分整体处于中间水平。其中游客认为敦煌莫高窟和平遥古城的交通、住宿、餐饮最为便捷，泰山景区的便捷程度得分最低。武当山景区和曲阜三孔的治安状况尚且令人满意，但是兵马俑景区的治安状况急需要改善。敦煌莫高窟、武当山景区和曲阜三孔比较注重环境卫生状况，泰山景区和平遥景区的表现最为糟糕。承德避暑山庄与敦煌莫高窟、武当山景区、曲阜三孔、泰山景区、秦始皇陵兵马俑的管理水平受认可度逐渐降低，平遥古城最差。7 处遗产地的陈列展示因素得分没有太大的起伏，最低得分为 3. 84 分，最高得分为 4. 15 分。

7. 4. 1. 2 居民群体对二级指标的感知评价

运用 spass 20. 0 数据统计软件将包括 7 处遗产地、12 个二级感知指标的居民感知数据进行初步处理，然后代入公式 7. 6 中，得到各处遗产地居民感知因素的具体得分情况，如表 7 -8 所示。

表 7 -8 社区居民对七大遗产地旅游感知要素的评价得分

感知对象	便捷程度	营销效果	治安状况	基础设施	环境卫生	管理水平	遗产保护	陈列展示	教育传承	特色购买	讲解服务	参与项目
泰山	4. 16	3. 94	3. 86	3. 86	3. 58	3. 72	4. 16	3. 90	3. 92	3. 54	3. 92	3. 65
避暑山庄	4. 21	4. 00	3. 94	4. 16	4. 02	3. 87	3. 98	4. 15	4. 00	3. 84	4. 33	3. 89
曲阜三孔	4. 46	3. 93	4. 03	4. 21	4. 51	3. 83	4. 19	4. 29	4. 17	3. 95	4. 12	3. 76
武当山	4. 10	4. 00	3. 72	3. 77	3. 80	3. 75	4. 34	4. 04	3. 70	3. 76	4. 03	3. 68
平遥古城	4. 15	3. 08	3. 65	3. 81	3. 96	3. 73	4. 19	4. 08	3. 87	3. 89	4. 13	4. 00
莫高窟	4. 23	3. 78	4. 12	3. 97	4. 33	3. 92	4. 33	4. 14	3. 91	4. 18	4. 11	3. 78
兵马俑	3. 74	3. 54	3. 77	3. 56	3. 77	3. 75	4. 11	3. 80	3. 43	4. 32	3. 64	3. 29

注：最高分为 5 分，最低分为 1 分，3 分处于中间水平。

（1）同一遗产地之间不同感知要素的横向比较。经过对遗产地要素居民感知的横向对比，可以发现遗产地居民对莫高窟景区、承德避暑山庄景区和曲阜三孔景区感知要素得分较高，至少 7 个要素的得分都在 4 分以上。

历史文化型遗产地中，承德避暑山庄得分最低的要素是特色购买，其次是管理水平、参与项目和治安状况，其他要素得分都大于 4. 0 分。曲阜三孔景区得分低于 4. 0 分的因素是参与项目、管理水平、营销效果和特色购买。平遥景区中，居民感知要素得分较高的是便捷程度、遗产保护、陈列展示和讲解服务，营销效果得分最低，其次是治安状况和管理水平。

博物馆型遗产地中，莫高窟遗产地除营销效果和参与项目外，其他因素得分都高于 3. 9 分。兵马俑遗产地的遗产保护和特色购买得分最高，其次是陈列展示、治安状况、环境卫生、管理水平和便捷程度，当地居民认为遗产地在营销效果、教育传承、讲解服务和参与项目方面做得最差。

山岳型遗产地中，泰山遗产地居民认为其便捷程度和遗产保护方面做得最好，其次是营销效果、教育传承和讲解服务，特色购买与参与项目得分最低。武当山景区的便捷程度、营销效果、遗产保护、陈列展示和讲解服务得分在4.0分以上，得分最低的是参与项目，其次是教育传承和治安状况。

（2）不同遗产地之间同一感知要素的纵向比较。在感知因素的纵向比较中，居民对便捷程度、遗产保护、陈列展示与讲解服务4个要素的评价最高，大部分遗产地的得分都在4.0分以上。其中，仅兵马俑遗产地在便捷程度因素的得分为3.74分；承德景区在遗产保护因素的得分为3.98分；兵马俑遗产地和泰山遗产地的陈列展示因素分别得分3.80分和3.90分，讲解服务因素分别得分3.64分和3.92分，剩余遗产地的其他因素得分均高于4.0分。

居民对管理水平、参与项目、特色购买和教育传承因素的得分则普遍较低。其中管理水平因素得分最高的莫高窟也仅3.92分，其他几处遗产地的得分均处于3.72～3.87分。平遥古城的参与项目因素得分最高为4.0分，其次是承德、莫高窟、曲阜、武当山和泰山，兵马俑得分最低仅为3.29分。曲阜景区居民认为其教育传承氛围最浓，兵马俑景区居民则认为的最淡。特色购买因素中，兵马俑和莫高窟两地得分最高，泰山景区最低，剩余几处遗产地相差不大。

营销效果、治安状况、基础设施与环境卫生的得分处于中间水平。其中营销效果因素在承德和武当山遗产地得分最高，其次是泰山、曲阜、莫高窟、兵马俑，平遥景区得分最低仅为3.08分。治安状况中得分最高的是莫高窟4.12分，其次是曲阜、承德与泰山，兵马俑、平遥与武当山得分较低。曲阜和承德两地居民认为其基础设施比较完善，其次是莫高窟、泰山和平遥，最后是武当山和兵马俑。居民对曲阜和莫高窟的环境卫生状况最为满意，其次是承德和平遥，武当山、兵马俑和泰山则处于最低层次。

7.4.1.3 两类样本群体二级指标差异比较

将表7－7与表7－8中同一遗产地相同要素的游客与居民感知数据进行对比，发现大多情况下居民的感知得分要高于游客的感知得分，说明大部分居民对所处遗产地的发展状态比较满意。

（1）同一遗产地间两类样本群体对二级指标的评价差异。历史文化型遗产地中，平遥古城景区的教育传承因素在居民群体中的得分高于在游客群体中的得分，差异最大；其次是营销效果、遗产保护、环境卫生、讲解服务和管理水平，其中只有营销效果的游客评价得分高于居民。承德避暑山庄景区的便捷程度因素在两类样本群体中得分差异最大，居民感知高出游客感知较多；其次是参与项目、讲解服务、陈列展示和遗产保护，除遗产保护外，其他因素的居民感知得分均高于游客感知。曲阜景区中差异最大的因素的是便捷程度、特色购买和参与项目，其居民感知得分均高于游客，其中便捷程度的居民感知得分高出游客最多，其他因素之间不存在较大的差异。

博物馆型遗产地中，莫高窟景区中得分相差最大的因素是特色购买、参与项目、教育传承和遗产保护，除了教育传承项目的游客评价得分高于居民外，其他三个因素的游客评价得分均低于居民感知得分。12项感知要素在兵马俑景区中的差异最大，其中相差最大的因素是特色购买，其居民感知得分远远高于游客；其次是讲解服务、治安状况、基础设施、营销效果、参与项目和教育传承，除了治安状况外，其他因素的游客感知得分均高于居民。

山岳型遗产地中，泰山景区的游客群体与居民群体感知之间不存在太大的差异，仅便捷程度和营销效果两个因素的居民感知得分高于游客感知较多。武当山景区中游客感知得分高出居民感知较多的因素是基础设施、环境卫生、治安状况和教育传承，居民感知得分高出游客感知较多的因素是特色购买和便捷程度，其他因素之间的得分差异相对较小。

（2）同一、二级指标下不同遗产地两类样本群体的评价差异。对 12 项要素的游客与居民感知得分进行纵向对比，便捷程度指标下，承德、泰山、曲阜和武当山 4 处遗产地的得分差异最大；营销效果指标下，兵马俑和泰山两地的得分差异最大；兵马俑和武当山在治安状况和基础设施指标下的得分差异最大；平遥、曲阜和武当山在环境卫生状况方面的得分差异最大；平遥和武当山在管理水平方面的得分差异比其他几处遗产地稍大；莫高窟、平遥古城和承德避暑山庄在遗产保护方面的差异较大；陈列展示指标下仅承德避暑山庄差异较大；除承德避暑山庄、泰山和曲阜三孔景区外，其他遗产地在教育传承因素上的得分差异均较大；莫高窟、兵马俑、曲阜三孔和武当山景区在特色购买因素上的差异最为显著；讲解服务方面，兵马俑、平遥和承德三地的差异较大；除泰山和平遥景区外，剩余遗产地的游客与居民在参与项目因素上的得分差异普遍存在。

7.4.1.4 二级指标分析小结

（1）二级指标的居民感知得分多高于游客感知得分。便捷程度、环境卫生和参与项目三个指标下仅一处遗产地的居民感知得分小于游客；营销效果、治安状况、遗产保护和讲解服务指标下仅有两处遗产地的居民感知得分小于游客感知得分；陈列展示、管理水平、基础设施和教育传承指标下分别有 3、4、5 处遗产地的居民感知得分小于游客感知得分。整体上看，居民对二级指标的评价得分高于游客。

（2）遗产保护和讲解服务在两类样本群体中的评价均较高。游客感知中，得分较高的因素主要集中在讲解服务、遗产保护、教育传承和基础设施。居民则对便捷程度、遗产保护、陈列展示与讲解服务 3 个要素的评价最高。

（3）参与项目和特色购买在两类样本群体中的评价均较低。游客感知中，样本遗产的参与项目、特色购买和营销效果得分普遍较低；居民对管理水平、参与项目、特色购买和教育传承因素的得分则普遍较低。

（4）两类样本群体对便捷程度、参与项目和特色购买的评价差异最大。便捷程度因素下，除兵马俑和莫高窟外，其他五处遗产地的感知差异得分都在 0.2 分以上；特色购买因素下，仅泰山和平遥两处遗产地的游客与居民感知得分差异较小；参与项目则在所有遗产地的游客与居民感知评价中都存在较大差异。

7.4.2 一级指标差异分析

为了更细致的分析环境因素与功能因素的具体问题，将环境因素细化为区外因素和区内因素一级指标，将功能因素细化为遗产功能因素和游娱功能因素一级指标。并将一级指标进行了遗产地之间、样本群体之间的对比分析。

7.4.2.1　游客群体对一级指标的感知评价

结合表 7 - 1 与表 7 - 8，运用感知评价模型，将样本遗产地游客感知调查数据代入公式（7 - 1）（7 - 2）（7 - 3）（7 - 4）（7 - 5）进行处理，得到 7 处遗产地的游客感知得分情况，如表 7 - 9 所示。

表 7 - 9　　七大遗产地游客感知一级指标得分

遗产地	区外环境因素	区内环境因素	遗产功能因素	游娱功能因素
泰山	3.7183	3.6942	4.0031	3.5637
避暑山庄	3.8603	3.9592	3.9802	3.7320
曲阜三孔	3.9259	4.0938	4.2279	3.6736
武当山	3.8938	4.1519	4.1048	3.5811
平遥古城	3.7823	3.6926	3.7322	3.7892
莫高窟	3.9483	4.1056	4.1205	3.7000
兵马俑	3.6882	3.7754	3.9005	3.7645

注：最高分为 5 分，最低分为 1 分，3 分处于中间水平。

由表 7 - 9 可知，在四项一级指标中，游娱功能因素普遍得分较低，其次是区外环境因素，遗产功能因素和区内环境因素则得分较高。游娱功能因素中得分最低的是泰山和武当山古建筑群，均在 3.6 分下，曲阜三孔、敦煌莫高窟、承德避暑山庄、秦始皇陵兵马俑和平遥古城的得分在 3.67 ~ 3.79 分，总体相差不大。区外环境因素得分最高的是敦煌莫高窟和曲阜三孔，其次是武当山古建筑群、承德避暑山庄和平遥古城景区，泰山景区和秦始皇陵兵马俑得分最低，说明其吃住行及其治安状况需要得到改善。区内环境因素中武当山古建筑群、敦煌莫高窟和曲阜三孔景区得分较高在 4.09 ~ 4.16 分，其次是承德避暑山庄景区和秦始皇陵兵马俑，泰山景区和平遥古城得分在 3.7 分以下。曲阜三孔景区在遗产功能因素上的得分最高，也是一级指标在所有遗产地中得分最高的一项，秦始皇陵兵马俑、承德避暑山庄、敦煌莫高窟、武当山古建筑群和泰山景区得分在 3.9 ~ 4.12 分，得分最低的平遥古城也达到了 3.73 分。

7.4.2.2　居民群体对一级指标的感知评价

结合表 7 - 1 与表 7 - 8，运用旅游感知评价模型，将样本遗产地居民感知调查数据代入公式（7 - 1）（7 - 2）（7 - 3）（7 - 4）（7 - 5）进行处理，得到 7 处遗产地的感知得分如表 7 - 10 所示。

表 7-10　　七大遗产地居民感知一级指标得分

	区外环境因素	区内环境因素	遗产功能因素	游娱功能因素
泰山	4.0038	3.7249	3.9893	3.7110
避暑山庄	4.0663	4.0179	4.0461	4.0304
曲阜三孔	4.1706	4.1751	4.2184	3.9480
武当山	3.9542	3.7726	4.0225	3.8296
平遥古城	3.6773	3.8298	4.0453	4.0113
莫高窟	4.0654	4.0657	4.1241	4.0240
兵马俑	3.6936	3.6901	3.7757	3.7408

注：最高分为 5 分，最低分为 1 分，3 分处于中间水平。

根据表 7-10 中居民感知的一级指标得分可知，相比遗产功能和区外环境两个因素，游娱功能和区内环境因素得分较低。其中在游娱功能因素上得分较高的是承德避暑山庄、敦煌莫高窟和平遥古城三处遗产地，得分在 4.0～4.3 分，剩余四处遗产地得分集中在 3.70～3.95 分。区内环境因素中得分最高的是曲阜三孔景区，其次是敦煌莫高窟和承德避暑山庄，秦始皇陵兵马俑、泰山、武当山古建筑群和平遥古城四处遗产地得分均在 4.0 分以下，依次分布在 3.69～3.83 分。曲阜三孔在区外环境因素上的得分最高，其次是承德避暑山庄、敦煌莫高窟、泰山和武当山古建筑群，平遥古城和秦始皇陵兵马俑得分最低在 3.68 分左右。除兵马俑外，各处遗产地在遗产功能因素上的得分普遍较高，最高的仍为曲阜三孔景区，其次是敦煌莫高窟，承德避暑山庄、平遥古城和武当山古建筑群，得分在 4.02～4.05 分，得分最低的是秦始皇陵兵马俑为 3.78 分。

7.4.2.3　两类样本群体一级指标差异比较

将表 7-9 与表 7-10 中的一级指标数据进行对比分析，发现游客与居民感知差异主要集中在区外环境与游娱功能两个因素上。

其中，泰山景区的两类样本群体在区外环境因素的分值差异为 0.285 分，在游娱功能因素的分值差异为 0.147 分；承德避暑山庄和曲阜三孔在游娱功能因素的分值差异最大，分别为 0.298 分、0.274 分，在区外环境因素的分值差异分别为 0.206 分、0.245 分；武当山古建筑群则在区内环境和游娱功能两个因素的分值差异最大，分别达到 0.379 分、0.249 分；平遥古城在遗产功能和游娱功能两个因素上的差异最大，得分差值分别为 0.313 分、0.222 分；敦煌莫高窟仅在游娱功能因素上差异最大，差异值为 0.324 分；兵马俑游客与居民感知一级指标得分则较为集中，不存在大的差距。

7.4.2.4　一级指标分析小结

（1）遗产功能因素在游客群体中的认可度更高。一级指标下，大部分遗产地的游客感知得分高于居民感知，但是遗产功能因素的游客感知得分略高于居民得分或与其持平。说明游客比遗产地居民更了解和认同世界遗产地内在的文化元素、历史元素和精神元素。

（2）区外环境因素与游娱功能因素在两类样本群体中的感知得分差异最大。区外环境因素在泰山、承德避暑山庄和曲阜三孔的游客与居民感知比较中均呈现出较大的得分差异；游娱功能因素则在除秦始皇陵兵马俑以外的六处遗产地中都出现了较大的差异；区内环境因素仅在武当山古建筑群的两类群体中出现差异；遗产功能因素仅在平遥古城的问卷调查中出现较大差异。

7.5　本章小结

根据公式（7－1）对两类样本群体的数据进行处理，得出 7 处样本遗产地的游客感知综合得分和居民感知综合得分，如表 7－11 所示。

表 7－11　　七大遗产地整体感知得分情况表

	泰山	避暑山庄	曲阜三孔	武当山	平遥古城	莫高窟	兵马俑
游客得分	3.7497	3.8816	3.9809	3.9286	3.7485	3.9659	3.7867
居民得分	3.8563	4.0390	4.1250	3.8969	3.9024	4.0698	3.7272

注：最高分为 5 分，最低分为 1 分，3 分处于中间水平。

由表 7－11 可知 7 处样本遗产地游客感知整体得分由高到低依次为曲阜三孔景区、敦煌莫高窟、武当山古建筑群、承德避暑山庄景区、秦始皇陵兵马俑、泰山景区、平遥古城景区。7 处遗产地居民感知得分由高到低依次是曲阜三孔、敦煌莫高窟、承德避暑山庄景区、平遥古城、武当山古建筑群、泰山景区和秦始皇陵兵马俑。

遗产地整体得分中，武当山古建筑群和秦始皇陵兵马俑两处遗产地的游客整体感知得分略高于居民感知得分，剩余五处遗产地的游客感知得分均低于居民感知。其中承德避暑山庄、平遥古城和曲阜三孔的游客感知得分低于居民较多，综合得分差异分别为 0.157 分、0.144 分、0.154 分，说明这些遗产地的社区居民对景区的服务、环境和设施都较为满意。

通过遗产地整体得分的对比分析，可以发现：

（1）遗产地整体旅游感知水平较高。7 处样本地感知数据中，无论是游客群体还是居民群体，其遗产地整体感知得分均在 3.70 分以上，大部分都在 3.8 分以上，避暑山庄、曲阜三孔和莫高窟三地的居民感知得分更是在 4.0 分以上。说明我国大部分世界文化遗产地的旅游感知度处于较高水平，遗产地旅游体验、景区开发、教育展示等方面尚且令人满意。

（2）多数遗产地的居民感知综合得分高于游客。7 处样本地中曲阜三孔景区、敦煌莫高窟、承德避暑山庄景区、泰山景区、平遥古城景区的居民感知均大于游客感知。其中仅武当山古建筑群和秦始皇陵兵马俑两处遗产地的游客整体感知得分高于居民得分，且分值相差较小。结合二级指标的分析结果，武当山建筑群主要在治安状况、基础设施和环境卫生 3 个因素上的居民感知得分小于游客感知得分较多；兵马俑景区主要在营销效果、基础设施和教育传承 3 个因素上的居民感知得分小于游客感知得分较多。

（3）两类样本群体对历史文化型遗产地的感知差异大于山岳型遗产地。承德、曲阜、平遥三地为历史文化型世界遗产地，其游客与居民的整体感知得分差异分别为 0.157 分、0.144 分、0.154 分；泰山和武当山为山岳型世界遗产地，其得分差异分别为 0.107 分、0.032 分，差异较小。通过二级指标的分析可以发现，两类样本群体对历史文化型遗产地的教育传承和陈列展示因素感知得分差别最大，对山岳型遗产地的因素得分较为统一。分析原因可能为居民群体的受教育水平普遍较低，对遗产地文化内涵的感知带有盲目性，难以领略其中所蕴含的社会价值、艺术价值、文化价值。

第 8 章

影响世界遗产地旅游感知的管理因素

上一章对游客和居民对遗产地的旅游感知进行了定量和定性的分析，由于本书侧重于分析管理因素对旅游感知的影响，因而评价指标选取时针对性地列出了对管理的感知因素。实地调研时，对游客和社区居民还以访谈的形式了解他们对遗产旅游管理中的现状与问题的认知，本章即对访谈结果进行了分析，对影响旅游发展的管理问题予以归纳总结，此外，从管理主体、区域合作机制、法制建设与实施三个外部因素和门票制度、技术创新、产品创新三个内部因素两方面对影响旅游感知的管理因素进行了总结和提炼。

8.1　访谈反映影响遗产旅游感知的管理因素

在对七大遗产地两类样本群体之间进行的纵向和横向的感知得分进行比较，可以反映出遗产地管理过程中在相应指标上存在的问题。结合实地访谈中两类样本群体对景区文化价值开发、服务环境、卫生环境、设施投入等诸多管理因素的态度和意见，本小节从景区开发、景区环境和景区投入三个方面对访谈调研过程中反映出的管理问题进行了归集。

8.1.1　遗产地景区开发内涵不足

8.1.1.1　文化展示缺乏深度

近年来各处遗产地都开始注重自身文化的展示传承，不仅注重遗产地本体内部的文化展示与弘扬，走出遗产地举办展览和文化活动也已经成为日常活动。比如敦煌研究院与浙江美术馆、天津博物馆、深圳关山月美术馆、上海喜马拉雅美术馆以及龟兹研究院分别举办了多项展出活动。除了传统的彩塑复制品、临摹画稿、藏经洞文物、复制洞窟外，全新的展陈手段对洞窟原貌、洞窟维护、壁画以及文献数字化储存技术也做了全方位的展示，为广大观众提供了一个近距离感知敦煌艺术的平台。

无论是遗产本体的内部展示还是交流活动的外部展示，参观者大多是被动接受遗产地的文化内涵，主观能动性调动不起来。其原因在于内部展示和外部展示都较多注重“展”而较少注重“示”，文化展示与传播的挖掘深度不够，对参观者缺乏长久的新引力。因此如何深度挖掘遗产地的文化特色，使其对参观者产生长久的吸引力进而产生深远的影响就显得较为重要。

8.1.1.2 价值开发缺乏广度

多数遗产地资源都具有丰富的艺术价值、科学价值、历史价值、文化价值和社会价值。但是遗产地的开发实践中多注重艺术价值、科学价值、历史价值和文化价值的挖掘和传承，社会价值往往被忽略。

比如敦煌研究院和相关机构发起一系列“文化遗产进校园”活动，在全国中小学校园以及中国人民大学、北京舞蹈学院、北京服装学院、山东工艺美术学院美术馆等高校举办了多场“敦煌壁画艺术精品高校公益巡展”。吸引了诸多外地高校师生观众赶来观展，一些学校甚至把课堂搬进了展览现场，现场临摹，现场教学。兵马俑遗产地内部有“秦文化讲堂”系列讲座，外部有面向省内各个中学以及大学生游客群体开展的“秦陵文化校园行”教育体验活动。其中的“秦陵文化高校行”走进内蒙古、江苏、湖南等地高校开展社会教育活动，将秦文化带进大学校园。此外，博物院还举办了“秦陵文化社区行”“秦陵文化山区行”“秦陵文化军营行”等文化宣传活动。

上述活动偏重于遗产资源艺术价值和文化价值的传承，受众群体较小。科学价值、历史价值的受众范围更窄，一般只与遗产地内部科学研究有关。被忽略的社会价值具有庞大的受益群体，它可以引导游客群体对社会价值的认同和吸收，这不仅能促进遗产地教育功能、科技功能的实现，也能从侧面激励参观群体提高行为素质，培养其民族文化的认同感和自豪感，为遗产地的保护与长远发展打下坚实的基础。

8.1.1.3 产品开发体验性不足

休闲作为旅游的核心属性就决定了体验性在旅游产品中的重要程度。休闲旅游时代的来临更是对可参与性、体验性提出了更高的要求。在上述文化遗产旅游感知分析中，两类样本群体对“参与项目”因素的得分均处于较低水平，说明目前我国世界文化地的产品设计中对游客的体验性重视不足。

由于文化遗产保护对原真性的要求较高，景区内游客互动性项目的开发比较受限，其数量和质量远远满足不了游客求知、探奇、交流、体验的需求。各处遗产地只能从文化、体育赛事等方面加强与游客的互动，比如孔府一些传统剧目和曲种的常态化演出、泰山的各种体育赛事、平遥的春节活动、承德的冰雪项目、兵马俑的3D照相馆等。但是这些活动的持续时间、持续广度和持续深度都不够，只能影响一定时期一定范围内的游客。

游客参与度不高往往也与纪念品缺乏特色有关，目前文化遗产景区的纪念品要么是对特色文物的简单复制，有特性而质量没保证；要么是商品泛滥、有质量而缺乏特性。特色不明显、便携性不高、文化底蕴缺失、缺乏创新是我国文化地旅游纪念品市场共同面临的一大问题。

因此，游客参与度的提高一方面可以通过和科技手段相结合，或者开发持续时间久、影响力广泛的参与项目，也可以和纪念品的开发结合起来。

8.1.2　遗产地景区卫生和市场环境满意度不高

8.1.2.1　交通环境尚需进一步优化

遗产地交通包括省、市层面的大交通，也包括遗产地层面的小交通。大交通的便捷性、可选择性，小交通的服务质量、市场环境是影响旅游感知的第一道壁垒。上述数据分析以及实地调研发现目前我国世界文化遗产地的交通较为便捷，可进入性高，同时小交通服务存在优化提升的空间。

调查中发现，不少遗产地都存在小交通市场混乱的问题。比如西安市火车站旅游专线附近存在大量的私家车拉客现象，更为严重的是兵马俑景区入口处，不合规出租车误导游客参观秦始皇地宫等景点的问题大量存在。还有曲阜的外围交通也存在类似的现象，从孔府去孔林有两个出口，如果游客从较偏的出口出去，会有较多的黑车司机，一些不明白情况的游客受骗的概率就会加大，多付一倍的价格及时间到达目的地。加之混乱的三轮车市场以及随意性的收费制度致使本来方便的出行变得更为复杂。

因此，遗产地的长远发展离不开大交通的可达性，更离不开小交通规范、透明的服务环境和服务质量。

8.1.2.2　治安环境缺乏监管

在样本遗产地的调查中发现，由于商业化程度的加深，世界文化遗产地普遍存在外围社区市场不规范以及治安混乱的问题。景区外围的餐饮、住宿和交通往往是重灾区。虽然这部分地方属于外部政府管理，但却对游客感知影响极大，因此周边服务质量的好坏直接影响着游客对遗产地的感知评价。

样本地中以兵马俑和平遥古城最为典型。兵马俑景区最外围的入口与从西安火车站到兵马俑景区大巴的停车场、周围公路和村庄混在一起，遮挡住了景区本来就不清晰的入口标志，削弱了游客进入景区的便捷度。并且下客区周围秩序混乱，非管理人员和私家车司机勾结误导游客乘坐不合规出租车，进而游览其他景点，致使很多游客转了一圈又回到原地。这种行为不仅造成游客时间上的浪费使后续行程紧迫，还导致了一部分额外支出，引起游客极大的不满。再比如平遥古城景区，与游客的深入交谈中，调研人员发现，最严重的两个问题就是电瓶车管理和骗取功德钱问题，游客的合法权益极度缺乏保障。电瓶车收费存在强迫现象，缺乏统一的收费标准和规范的管理，电瓶车司机往往又与导游联合，欺骗游客消费。众多游客反映部分寺庙利用游客心理，骗取香火钱、功德费，价格没有事先告知或者没有说明，被导游带去上香最后收费，少则数十，多则数百。

武当山门口附近的餐馆价格不够公允、监督主体不够明确，存在欺诈消费者的现象，很多餐馆对外的LED屏上显示一个价格，进店消费又是另一个价格。

上述现象引起了游客极大的不满，但是由于缺乏明确的执法机构与便捷的解决途径，大部分游客只能忍气吞声。所以相关机构深化科学的市场监督机制、加强对管理人员的素质教育是促进市场秩序、提升世界文化遗产地感知度的有效方法。

8.1.2.3 卫生环境存在脏乱现象

相比历史文化型遗产地和博物馆型遗产地，山岳型遗产地的卫生环境问题较为突出。样本遗产地中游客活动范围较小的武当山景区又稍微优于活动范围较大的泰山景区。这一方面反映出游客群体的素质问题，一方面反映出景区管理力度的问题。

反映最为强烈的当属泰山景区。游客反映卫生间数量与客流量不匹配，上厕所排队时间较长，而且气味难闻、地面污脏、垃圾清理不及时。由于夜间爬山的游客较多，南天门附近休息的座位就供不应求，到了下雨天气就更为严重。很多经营餐馆就会改造成临时的休息茶座，由于需求远远大于供给，大部分经营者完全忽略提供的服务质量，不顾自身场所的容量，尽可能多的招揽游客休息。休息环境紧凑、价格昂贵、卫生脏乱是大部分游客的感受，高价格与低服务的反差大大降低了旅游感知度。游客自身的行为是造成环境问题的主要根源。泰山景区游客活动范围广、客流量大给山体带来了大量的垃圾，且山体垃圾清理难度大、速度慢、效果不显著，导致前期垃圾尚未清理干净，后期垃圾又接踵而至。

山岳型遗产地环境问题的改善一方面依靠游客自身素质提高，一方面需要管理部门加大整治力度。游客素质引导、基础设施投入、人员投入数量三管齐下才是解决卫生环境问题的根本之道。

8.1.3 遗产地景区投入与发展速度存在差距

8.1.3.1 人员配备不足

随着旅游业的飞速发展，景区旅游从业人员数量也不断上升，但是和日益飞涨的客流量相比，景区从业人员数量就显得缺乏。景区内交通疏导、应急事件的处理、对游客破坏行为的规范都需要根据客流量的大小弹性安排从业人员数量。同时，从业人员质量也是关键一环。

各大遗产地暴露出管理人员数量缺乏。比如承德游客指出景区观光车进入景区不受时间、数量限制，客流高峰期对观光车辆需求较大的同时，又会造成交通不畅，给游客参观带来不便。景区内的观光车运营管理问题在九寨沟游客滞留事件之后就逐渐显现出来，如果不给予足够的重视加以解决，就会成为景区的一大隐患。武当山区内交通较为方便，但是太子坡、金顶等主要景点的游客集散地缺乏管理人员组织。武当山景区任意两处景点的乘车时间都在30分钟以上，如果游客预先缺乏游览规划，很容易浪费时间，效率低下。

如果遇上客流高峰车辆调度跟不上的情形，很容易造成景区混乱。

讲解服务从业人员素质良莠不齐。讲解服务在遗产地之间的得分不太一致，比如莫高窟的讲解服务在两类样本群体中的得分均在 4.0 分以上，因为其解说队伍都由专业的解说员组成，能够提供五种语言的免费解说服务，并且定期参加解说以及服务素质方面的培训考核。兵马俑景区的讲解质量得到游客认同，但是部分游客指出导游应做到基本的告知义务。比如兵马俑门票实际上包括秦始皇兵马俑博物馆和秦始皇帝陵两个景区，参观完兵马俑后售票处东侧有免费的旅游专车，可以直接到达秦始皇帝陵，而且提供免费的讲解服务。曲阜三孔则存在导买导宿、误导游客付费参观其他景点的问题。野导游大量存在，讲解服务的价格和质量不成正比，解说词单调，缺乏创新，甚至存在错误之处。泰山景区缺乏讲解标识、讲解人员配备不足的问题。承德避暑山庄存在解说队伍单一，解说内容缺乏趣味性、生动性，并且讲解服务收费较高的问题。

旅游业作为服务行业的重要组成部分，其服务质量直接关系着整个行业的发展。而景区从业人员作为该行业发展的重要主体，其数量、素质、教育水平直接影响着遗产地的深远发展。

8.1.3.2　基础设施不够完善

随着遗产旅游在世界范围内的兴起，各大世界遗产地的旅游人次迅速增长，但是景区内的配套基础设施还停留在景区开发的初级阶段。基础设施的数量及更新速度满足不了游客的日常需求。

兵马俑遗产地居民反映景区内外公共休息场所与设施不能满足日常客流需求，不少游客选择席地而坐或在草坪上休息，不仅破坏了园区的绿化环境，也大大降低了旅游满意度。游客也指出景区附近取款不太方便，希望相关管理机构能够尝试增加 ATM 取款机的数量。

泰山景区的这种现象更为明显，因为游客在爬山过程中体力消耗较快，对休息座椅的需求较大，但是景区休息座椅存在受损严重、更新速度跟不上的情况较为普遍。泰山十八盘至南天门路段较为险要，但是道路两边没有路灯照明，缺乏必要的应急系统与安保措施，也没有设置醒目的求救设施与装备，对于晚上爬山的游客来说，安全缺乏保证。特别是遇上下雨天气，台阶更是湿滑，危险系数加大。

莫高窟游客也建议增加路边垃圾桶投放数量以及针对老年人和幼童的设施。因此，世界文化遗产地的基础设施需要随着客流量的加大从更新受损设施、加大投放数量两方面做出适应性的改变。

8.1.3.3　资金来源单一

遗产地的发展需要高端技术人才的引进；遗产资源的保护需要专业设备的投入；景区的正常运营需要各项基础设施的完善。遗产地各项功能的发挥都离不开是资金的投入。人力资本投入不足和基础设备不够完善一定程度上也是资金的问题。世界文化遗产的特殊性对保护条件提出了较高的要求，同时景区内又不能过度商业化开发，这就导致了文化遗产地发展过程中面临的资金问题。

考虑到遗产地的公共性及其社会价值，依靠高门票价格维持运营成为不可能。遗产地的过度商业化又会造成文物和环境的破坏。而且旅游业发展对经济的拉动，主要受益者为当地的企业和居民。根据省级旅游政务网的查询数据可知目前多数遗产地的保护和运营资金主要来源于财政拨款、财政专户管理资金、事业收入、事业单位经营收入和其他收入五大部分，其中财政拨款占比最大。

因此，如何引进社会资金投资演出展览、景区大型活动、文物修复，如何利用遗产地的光环效应产生文化上、艺术上的收入是可持续发展要解决的一大问题。

8.2 影响遗产旅游感知的外部管理因素分析

以遗产地景区地域为界对景区的管理权进行划分，景区以外的管理因素统称为外部因素，虽是间接影响旅游感知，但其作用力度不可小觑。外部因素是从宏观层面分析政府管理、区域管理对遗产地旅游感知的影响。相关政策支持力度越大，遗产地的设施、环境、技术等各方面因素都会得到改善，进而旅游感知水平。

8.2.1 管理主体与机构建制

遗产地的管理主体与其所处的地理区位、行政区位以及当地政府的行政级别、资源级别等多项因素有关。其管理级别越高，对遗产地开发的自主权越大，政策倾斜也越明显，政府支持力度也越强。本研究梳理了样本遗产地的管理主体及行政级别如表 8－1 所示。

表 8－1 七大遗产地管理机构

样本地	管理机构	行政级别
泰山	泰山风景名胜区管理委员会	泰安市政府派出机构 副厅级
避暑山庄	承德避暑山庄及周围寺庙景区管理委员会	承德市文物局下设单位
曲阜三孔	曲阜市文物局	济宁市文化局代管的政府部门
武当山	武当山旅游经济特区	独立行使县级政府职能
平遥古城	平遥古城保护管理委员会	平遥县人民政府派出单位
莫高窟	敦煌研究院	甘肃省政府文化厅同级单位
兵马俑	秦始皇帝陵博物院	陕西省文物局的派出机构

资料来源：泰山风景区官方网站、避暑山庄官网、曲阜三孔景区官方网站、武当山旅游官方门户网、平遥古城保护管理委员会官网、敦煌研究院官网、秦始皇帝陵博物馆官网。

由表 8－1 可知样本遗产地的管理主体主要有博物院、管理委员会和文物局三类，其中莫高窟和武当山遗产地管理机构的行政级别较高，其次是兵马俑和泰山，平遥古城和曲阜三孔的管理主体行政级别较低。

8.2.1.1　对交通的影响

武当山经济特区的建立为武担山旅游的发展奠定了坚实的基础，承担其保护、管理、规划、建设等各项事宜，拥有较大的自主权和政策倾斜度。武当山本就具有交通区位方面的优势，周边主要城市都有至武当山的火车旅游线路及高速覆盖，比如北京—十堰旅游专列、山东、重庆的豪华专列、成都最美武当山之旅、东北祈福武当山之旅等。经济特区对武当山机场的大力修建更是拓宽了其旅游市场，机场首期 5 ~ 8 条航线的开启拉近了武当与世界的距离，辐射了包括武汉、郑州、西安、重庆在内的各大城市，实现 1 小时内到达。“国际一流，最美武当”的旅游形象也将随着交通的便捷被推向更远的客源市场。

敦煌莫高窟位于我国西北地区，本不具有地理上的优势，但是相关管理机构大力注重其交通条件的改善，莫高窟机场近些年的两次扩建工程、国际口岸的不断获批大大提高了游客输送量，兰新高铁的开通又为敦煌旅游的发展注入了新的活力，迎接 5 月份旅游旺季长三角增开 17 趟旅游专列。这些改善将敦煌的特色、文化带到了各级客源市场，进而促进遗产地的持续发展。

西安火车站至临潼旅游专列的开通以及正在修建中的地铁一号延伸线都会大大改善西安至兵马俑的小交通状况，为大交通与小交通的融合做出极大的促进。

虽然各大遗产地大范围的交通可达性都较强，但是相关机构的扶持力度不同，其便捷性及交通市场规范性也存在或多或少的差距，因此管理主体对各级市场游客及居民的旅游感知是潜在的，也是主要的。

8.2.1.2　对服务的影响

管理主体和经营主体分离是我国目前多数遗产地的管理体制，但是管理主体的职责范围也制约着经营主体的合规经营。因此管理主体权利的集中程度也直接影响着景区的资金投入、人员配备，基础建设等，会对旅游感知中的服务感知产生较大影响。

虽然目前大多数遗产地景区都存在经营服务外包的现象。比如曲阜三孔的文艺演出及导游服务交由曲阜三孔旅游服务公司经营。景区内的经营事物交由武当山旅游发展有限公司经营。平遥古城保护管理委员会将经营业务外包给平遥古城旅游股份有限公司，但是 2014 年底又将游客中心的使用权、管理权交由平遥古城保护管理委员会负责。承德避暑山庄也将票务系统、景区安防系统、电子商务、电子游览等业务外包给出去。但是武当山旅游经济特区全权负责相关保护、管理、规划、建设等重大事务，景区内所有的经济活动必须报特区批准，自主权和决定权较大程度得保留在了管理机构手中。同样，对于缺乏自主权的遗产管理主体就存在相关指令得不到执行，不规范现象得不到整改，景区管理队伍不听指挥的现象，在景区内部服务管理方面显得力不从心。

8.2.2 区域合作机制

随着我国世界文化遗产地数量的增多，遗产旅游竞争加剧，各大遗产地逐渐认识到单个遗产地的发展限制，放下彼此间的竞争，区域旅游联合才更具竞争力。小到地市层面、大到省市层面，景区分别寻求合作机会，遗产地的发展也不例外，虽然周边景区资源等级可能较差，但是在资源类型上能形成互补效应。强强联合不仅能够降低遗产地的营销成本、交通成本以及服务成本，带动整个遗产地社区的经济发展，同时也可以在客流高峰期起到分流的作用，在客流较小时起到汇集客流的作用（周熙，2010）。样本遗产地周围景区如表 8 - 2 所示。

表 8 - 2　七大遗产地周围景区

样本地	周围景区
泰山	岱庙、济南的趵突泉、大明湖、千佛山
避暑山庄	磬锤峰、普陀宗乘之庙、普宁寺等外八庙景区
曲阜三孔	尼山孔庙景区、颜庙、周公庙、少昊陵
武当山	太极湖、神农架
平遥古城	灵石王家大院、常家庄园、绵山
莫高窟	鸣沙山、月牙泉、雅丹国家地质公园、阳关、玉门关
兵马俑	华清池、骊山

资料来源：泰山风景区官方网站、承德旅游政务网、曲阜旅游网、十堰市旅游政务网、平遥古城旅游政务网、敦煌旅游政务网、西安市旅游局官方网站。

样本遗产地中多处景区都充分利用自身的优势与周边景区形成了区域联动。根据表 8 - 2 进一步分析可知兵马俑与华清池和骊山之间交通便捷，骊山更是和华清池相连，三大遗产地在客流检测、高峰分流等方面形成了共享的资源体系。敦煌莫高窟因为与鸣沙山、月牙泉、雅丹国家地质公园、阳关、玉门关联合进行旅游推介。承德避暑山庄与周围的磬锤峰、普陀宗乘之庙、普宁寺四大景区联合申遗，成为世界文化遗产地。形成以大带小、以点带面、点面共同发展的旅游趋势。泰山本就具有地理优势，更具自然优势和交通优势、曲阜三孔则更具文化优势，两者之间的强强联合，再加之济南、青岛、威海、蓬莱等周围地区旅游业的发展，共同打造出山东黄金旅游胜地。武当山景区范围较大，一直是单点发展旅游业，但在感知调查中，武当山社区居民也提出了同时发展市区内文化景点的建议，武当山可以在壮大自身的同时多一层文化支撑，也为市区经济的发展做出贡献。

区域合作机制不仅可以实现资源类型互补、参与项目的互补，对旅游市场开发升级、旅游从业环境的净化更有促进作用。

8.2.3 法制建设与实施

近期的云南导游事件、青岛大虾事件暴露出旅游行业法制不健全、旅游者维权途径缺乏等问题。表 8 – 1 与表 8 – 2 中“治安状况”指标的得分普遍较低，调研访谈中也发现我国世界文化遗产景区外围治安混乱、从业不规范是现象普遍。因此，本部分从遗产地管理官方网站整理了相关法律法规文件，如表 8 – 3 所示，对其背后隐含的法制建设问题进行剖析。

表 8 – 3　　七大遗产地相关法律文件

样本地	主要地方性法律文件	主要国家级法律法规
泰山	《山东省旅游条例》 《山东省风景名胜区管理条例》 《泰山风景名胜区服务规范》	《中华人民共和国旅游法》 《中华人民共和国消费者权益保护法》 《中国公民出国旅游管理办法》 《旅行社条例》《旅游行政处罚办法》 《导游人员管理条例》 《旅游投诉处理办法》
避暑山庄	《河北省旅游条例》 《河北省旅游投诉处理办法》 《承德避暑山庄及周围寺庙保护管理条例》	
曲阜三孔	《山东省风景名胜区管理条例》 《山东省文物保护条例》 《曲阜市文物保护管理办法》	
武当山	《湖北省旅游条例》 《十堰市旅游业管理办法》	
平遥古城	《山西省文物保护实施办法》 《山西省风景名胜区条例》 《平遥古城保护条例》	
莫高窟	《甘肃省旅游条例》 《甘肃敦煌莫高窟保护条例》 《敦煌莫高窟保护总体规划》	
兵马俑	《陕西省旅游管理条例》 《陕西省风景名胜区管理条例》 《陕西省秦始皇陵保护条例》 《西安市旅游条例》	

资料来源：泰山风景区官方网站、承德旅游政务网、曲阜旅游网、十堰市旅游政务网、平遥古城旅游政务网、敦煌旅游政务网、西安市旅游局官方网站。

由表 8 – 3 可以看出目前遗产地旅游法律法规方面存在的部分共性问题。

8.2.3.1　立法注重宏观行业规范以及遗产保护，轻视游客权益维护

经常发生的欺客宰客、强买强卖等旅游投诉，不仅是因为旅游市场本身制度的问题，更深层次还是旅游立法、旅游执法的问题。从表 8.3 中可知国家旅游局和国务院颁布的法律法规注重整个旅游行业的宏观调控，地方性法律文件则偏重遗产地资源的保护以及旅游行业的指导意见和实施细则，比如关于旅行社、饭店、酒店等各个行业标准以及旅游纠

纷、旅行社服务质量赔偿标准、旅游规划和促进、旅游经营、旅游服务合同以及旅游安全等具体的细节问题。国家级法律文件中对游客权利的保护仍依靠《中华人民共和国消费者权益保护法》，对旅游者这一特殊群体的专项立法较少，地方性法律文件中更是较少提及游客的权益维护。

8.2.3.2 实施效率不高，缺乏监督主体

旅游消费的异地性、一次性特征明显，大部分旅游者在景区及附近逗留时间较短，而且碍于自身的行程规划，维权的时间成本和较大的风险导致了大部分游客放弃维权。因此，相关专项立法较少是一方面，法律实施效率不高，缺乏监督主体是另一方面。

大多数地方将相关法律视为一纸空文，实施力度不强，难以对市场违法行为形成警示作用，这从屡屡发生的导买导宿、交通欺骗、天价餐饮等事件中就可以看出。各大遗产地的官方网站均有投诉板块，但大多只是面子工程，旅游投诉的后续处理效果得不到保障。一方面表现在管理机构在实际工作中不对该项职能进行宣传，令大多游客不知道该条维权渠道；另一方面表现在网站上游客投诉的内容和处理进度长久不更新，处理时效和解决方法不尽如人意。曲阜三孔在游客权益保护方面做得较为到位，健全的旅游投诉反应机制获得了游客与居民的共同称赞。

旅游业的可持续发展离不开法律制度的完善，法律环境也是旅游业软环境的重要内容。整个旅游市场的法制建设，需要大到国家层面对旅游服务立法的完善，小到法律细节的贯彻落实。

8.3 影响遗产旅游感知的内部管理因素分析

内部因素是从遗产地景区管理这一微观层面分析旅游项目开发、门票定价策略、展陈手段等对遗产地旅游感知的影响，是影响旅游感知最直接的因素。通过对样本现行制度以及遗产地资源现状分析，对景区内部管理影响因素进行了归纳总结。

8.3.1 门票定价制度

目前大多数世界文化遗产地都实施淡旺季浮动价格一票制管理，但是在讲解费用、景区内交通费用上存在差异。旅游消费又是游客较为敏感的一项因素，不同的门票经济制度对参观者产生的旅游感知也不尽相同，样本遗产地的门票价格制度，如表 8 - 4 所示。

结合两类样本群体的实地访谈，对表 8 - 4 中遗产地的票价制度进行分析，发现一票制最受欢迎。出于遗产保护、运营管理以及自身资源禀赋等多方面原因，世界文化遗产地的门票价格都相对较高，但是门票价格是否包含讲解服务以及景区的优惠力度都会使游客

表 8－4　　七大遗产地 2014－2015 年票价制度

样本地	周围景区
泰山	一票制，学生及特定群体享受优惠
避暑山庄	一票制或与周围寺庙景区联票，仅包含博物馆门票
曲阜三孔	单票或联票，仅包含门票，单票售出当日有效，联票售出后 7 日内有效
武当山	通票制，包括交通费，不包括金顶、紫霄宫等主要景点门票，第二天进山另交 35 元交通费
平遥古城	一票制，包括 19 个景点的门票，有效期 3 天
莫高窟	一票制，包含莫高窟、数字展示中心门票、讲解费用及景区内交通
兵马俑	一票制，包含博物馆门票及部分景区交通

资料来源：泰山风景区官方网站、避暑山庄官网、曲阜三孔景区官方网站、武当山旅游官方门户网、平遥古城保护管理委员会官网、敦煌研究院官网、秦始皇帝陵博物馆官网。

产生不同的主观感受。通过对几处样本遗产地的分析，发现游客对多次收费最为反感；对于博物馆型以及历史文化型遗产地，如果门票价格中如果包含讲解服务，即使较高的收费标准，也不会对旅游感知以及满意度产生较大的影响；半价策略的执行范围及优惠力度影响了较大一部分游客。

虽然莫高窟的门票价格在样本遗产地中最高，但是由于其免费提供高水平的讲解服务，高门票也被游客所接受。兵马俑遗产地虽然票价较低，但是游客需要自己付费另请导游。一旦讲解服务价格没有统一的规范标准，就会出现收费上下浮动大，高价格收费、低水平的服务的情况，这在兵马俑景区和曲阜三孔都较为常见。武当山景区门票中包含交通费用，其票价最高。但是在游客访谈中发现这点为大多游客所接受，令游客较为不满则的是太和宫（金顶）、清微宫、紫霄宫等的票中加票、二次收费现象。在游客安排两日游的情况下，若当晚在景区内住宿，则面临的是高水平价格、低水平服务的住宿条件；若选择第二日再次进山则又需要增加部分收费。泰山景区和敦煌莫高窟针对学生游客群体严格执行半价策略，甚至多数景区不认同的研究生证也享受其优惠。学生群体没有收入来源，对门票价格以及旅游消费更为敏感，因此半价策略及优惠力度会对学生群体较大的影响。

8.3.2　科技运用与创新

世界文化遗产地都具有极高的资源禀赋与历史价值，一旦遭到破坏，其损失不可估量。因此世界文化遗产地的开发也逐渐从粗放型转向了可持续型，遗产地管理机构也越来越注重世界文化遗产的保护。这点从游客与居民对遗产保护因素、和遗产功能二级指标较高的得分就可以看出。但是，过分的保护又会影响到游客对陈列展示、参与项目等因素的感知，甚至影响到遗产功能的发挥，使游客身处文化瑰宝之中却不能感受到它深层次的精妙与神奇。因此，与科学技术的结合不仅可以促进遗产地陈列展示方法的更新，也为其文化传播、遗产保护以及游客参与度的提高提供了新的发展思维，是世界文化遗产地未来发展的必然之路。

莫高窟研究院数字化展示存储技术的运用以及官网对客流量的实时监测回报就是成功的典范。莫高窟自身遗产资源禀赋极高，加之特殊的沙漠地理环境，遗产保护面临更加恶劣的外部环境与更为苛刻保护要求。因此，开放的洞窟数量十分有限，洞窟展示在激起游客好奇心的同时，也引起了诸多游客的不满。所以遗产地应从丰富展示设计出发，通过模拟洞窟、数字展示等方式尽可能多的向游客展现实体洞窟内容。为了让广大游客更深入得了解敦煌莫高窟，数字展示中心推出了《梦幻佛宫》和《千年莫高》两部数字展示影片以及《敦煌文化驿站》大型公益讲座。

武当山对于数字化技术的运用也有自身的特色。其旅游门户网站不仅提供了大量的旅游资讯、旅游信息以及影视资料，主要景点之一金顶还实现了全天候 24 小时视频直播，使广大游客可以不出门就领略到金顶的朝夕四季。科学技术的运用使为“永久保存”和“永续利用”成为可能，在不断提升遗产保护力度、遗产讲解质量、遗产展示效果和教育文化传承方面给予了实际的支持，也为游客参与度的提升提供了新的解决思路。

8.3.3 体验性产品开发

在二级指标的感知分析中，两类样本群体对“参与项目”因素的得分普遍较低，均在 4.0 分以下，反映出了目前我国世界文化遗产地普遍存在体验性产品开发不足的问题。通过对样本遗产地相关活动的梳理，希望能为遗产地体验性产品的开发提供一些新思路。

体验经济时代的来临，游客及居民已经不再满足传统意义上的展览和参观，更加期待参与到实际的遗产活动中，所以举办多样性、高层次活动是提高游客参与程度进而提升旅游感知水平的有效手段。各大遗产地都根据自身资源特点、文化特色开展了一系列的旅游活动，如表 8 –5 所示。

表 8 –5　　七大遗产地代表性旅游活动

样本地	代表性旅游活动
泰山	国际登山节、泰山啤酒节、泰山马拉松
避暑山庄	四时花卉节、国家竞技赛事、休闲赛事、国际温泉节、避霾之旅、清肺之旅
曲阜三孔	孔子故里体悟儒家思想游学活动、孔子故里游学体验、曲阜国学夏令营三日游、曲阜修学两日游
武当山	中国摄影艺术节、太极湖养生之旅、武当修学之旅
平遥古城	国际摄影大展、“平遥中国年”
莫高窟	敦煌行·丝绸之路国际旅游节、修学交流旅游、大型展览
兵马俑	秦文化讲座、国际巡回展

资料来源：泰山风景区官方网站、避暑山庄官网、曲阜三孔景区官方网站、武当山旅游官方门户网、平遥古城保护管理委员会官网、敦煌研究院官网、秦始皇帝陵博物馆官网。

总结表 8 –5 中遗产地举办活动的特点，发现目前文化遗产地在挖掘自身文化优势、弥补自身市场不足方面做得较为出色。比如承德避暑山庄冬季举办的系列赛事和四时花卉节活动成功实现了从“一季游”到“四季游”的转变。平遥古城举办的国际摄影大展和“平遥中国年”系列大型喜迎春节活动大大提高了游客参与度。曲阜三孔景区举办开城迎宾仪式、晨钟暮鼓、孔庙祭孔展演和孔子文化礼仪课堂等景区演艺节目之外，还开展了声势浩大的“背《论语》免费游三孔”系列活动，更是将儒家文化带至全国范围。泰山管理委员也举办了包括环泰山 60 公里徒步、泰山马拉松、泰山国际登山节等多项体育比赛活动以及仿宋代帝王封禅表演、“泰安摄影艺术展”“泰山石文化展”“泰山文物珍宝展”“泰山盆景展”“泰山画展”等丰富多彩的文化艺术活动，其文化与自然双遗产的特性得到了充分发挥。

8.4 本章小结

结合实地访谈中两类样本群体对景区文化价值开发、服务环境、卫生环境、设施投入等诸多管理因素的态度和意见，从景区开发、景区环境和景区投入三个方面来看，较普遍的问题是遗产地景区开发内涵不足：文化展示缺乏深度，价值开发缺乏广度，产品开发体验性不足；遗产地景区卫生和市场环境满意度不高：交通环境尚需进一步优化，治安环境缺乏监管，卫生环境存在脏乱现象；遗产地景区投入与发展速度存在差距：人员配备不足，基础设施不够完善，资金来源单一。

影响游客与居民对遗产旅游体验感知的外部管理因素主要有管理主体与机构建制、区域合作机制、法制建设与实施等；内部管理因素有旅游项目开发、门票定价策略、展陈手段等。

研究表明，其管理机构级别越高，对遗产地开发的自主权越大，政策倾斜也越明显，政府支持力度也越强，对交通、服务等均有较大的影响（焦世泰，2013）；七大遗产地中多处景区都充分利用自身的优势与周边景区形成了区域联动，区域合作机制不仅可以实现资源类型互补、参与项目的互补，对旅游市场开发升级、旅游从业环境的净化更有促进作用；目前遗产地旅游法律法规方面存在的部分共性问题：立法注重宏观行业规范以及遗产保护，轻视游客权益维护；实施效率不高，缺乏监督主体等。

内部因素是从遗产地景区管理这一微观层面分析旅游项目开发、门票定价策略、展陈手段等对遗产地旅游感知的影响，是影响旅游感知最直接的因素。门票定价制度，大多数世界文化遗产地都实施淡旺季浮动价格一票制管理，但是在讲解费用、景区内交通费用上存在差异；世界文化遗产地的开发逐渐从粗放型转向了可持续型，遗产地管理机构也越来越注重科技运用与创新；世界文化遗产地普遍存在体验性产品开发不足的问题。

第9章

政府主导管理体制下优化遗产旅游管理的对策探索：以陕西为例

综前所述，政策、制度、营销对策等管理因素对遗产旅游发展起着重要的作用，各级旅游行政管理部门作为遗产旅游管理的直接主导组织，对管理因素产生的遗产旅游发展波动效用负有重要责任，管理措施与执行需要充分考虑游客、社区、相关企业等众多利益相关者。如何在政府管理层面形成科学的管理规划，助力战略规划的实现，促进遗产旅游可持续发展，是亟待解决的理论问题。

纵览全球经济发展宏观背景，知识和服务经济趋势明朗，无形资产创造价值已经从1982年的不到40%到今天超过75%。即便资源丰富，如果对人力资源和信息系统投资不足的话，其人均产出和增长都将远远低于大量投资于人力资本、信息资本和高效内部系统的国家和地区。在旅游经济发展领域，吸取其他行业发展经验，实现无形资产管理的成功在一定程度上也将决定旅游发展的业绩与趋势，有关管理带来的无形资产效益也已经逐步提上中国旅游管理的日程。

在国内遗产旅游的相关研究中，更多的是围绕“国家公园制”还是“经营权转移制”、遗产保护和开发之间的关系来进行。在遗产管理中引入新管理工具、管理体系的相关论著不多。本研究组地处的文化遗产资源首屈一指的陕西省，因此尝试把管理工具引入陕西省旅游管理中，陕西省实行政府主导管理模式下的旅游发展战略，管理要使关键内容和思想深入不同部门、不同岗位工作者中去，行动一致，才能创造出符合目标和预期的价值，这是一项涉及多主题多部门复杂、系统的工程，必须要科学的管理工具才能实现。

本书即运用Kaplan的战略地图工具，综合考虑遗产旅游产品开发与保护管理的需要。构建遗产旅游管理战略地图，是旅游目的地战略管理工具的创新应用，不仅开拓了战略地图理论在区域旅游管理领域的实践运用，对遗产旅游的良性发展也具有重要的实践指导意义。本书首先剖析战略地图在遗产旅游管理中的适用性，在明确陕西遗产旅游的发展愿景与目标后，围绕目标剖析使命、利益相关者、流程、学习成长四个层面及相关内容，构建陕西遗产旅游管理的战略地图，以期为不同级别的政府主导型管理提供借鉴与参考。

9.1 战略地图的优势与适用性分析

如第二章关于战略地图的理论所述，战略地图的特点是把组织战略作为管理过程中的焦点，自始至终地进行组织沟通、并将其与变化驱动因素结合起来，构建“以战略为核心的开放型闭环组织结构”，使财务（使命）、客户（利益相关者）、内部流程和学习与成长四个因素相互组织联系起来，将企业（组织）的业绩管理纳入企业（组织）战略管理的全过程当中，从而实现战略管理与业绩管理相互融合的目的（杜佳，2011）。因此，战略地图既是一个战略描述体系，又是一个战略管理系统。

9.1.1 战略地图的优势

战略地图实际上是一张用于描述战略的逻辑严密、全面综合的结构图。它采取自下而上的方式，利用因果链形象地说明企业和组织如何利用各种绩效指标来分层次逐步实现整体战略（刁晨晔，2010）。

战略地图提供了一种很好的形式，把战略转化为简单易用的地图的逻辑结构，以平衡计分卡（BSC）四个角度的相互关系为内核，把四个角度通过因果关系链条串了起来，并以图的形式告诉管理者：什么样的知识、技能和文化系统（学习与成长角度）可以用来构建运作系统（内部流程角度），进而给需求者带来特殊的价值（客户角度/利益相关者角度），实现更高的财务价值/使命价值（财务角度/使命角度）（毕序刚，2012），从而实现战略目标。这条因果链把组织希望达到的战略目标与这些目标的驱动因素联结起来。

战略地图是一个多维角度的、以战略为核心的高效的方法，它能保持组织各项战略流程的平衡、短期目标与长期目标之间的平衡、财务指标与非财务指标之间的平衡等。通过这个全面的描述框架，能够帮助组织找出那些完成组织使命的关键成功因素，促使组织成员完成战略目标。所以战略地图理论是一个适应社会需要的新型的战略管理理论（孟微，2012）。

多年来战略地图理论实现了在政府、企业、公共组织及众多行业企业的实践价值，中国在运用战略地图实现战略管理、绩效评估等领域虽然起步晚，但也取得了一定的经验和成绩。研究将战略地图理论运用于遗产旅游管理的实践，是旅游目的地管理理论与实践的创新（彭柯，2015）。

9.1.2 战略地图的适用性

旅游业是一个竞争激烈的服务型行业，但是一方面随着文化遗产旅游的发展、旅游需求的急速增加、游客对旅游体验的要求越来越高。另一方面文化遗产旅游开发管理体制及实践中存在大量问题，比如破坏型开发、保护措施不到位等。导致了文化遗产旅游资源管理面临的挑战越来越大（李潇，2014）。而目前的管理体系，仍处于战略导向偏弱的以传统财务指标（旅游客流与收入）为中心的阶段，对组织的长远利益重视不足，影响了文化遗产旅游业的全面发展。遗产目的地要谋求生存与发展就必须树立长远的战略目标，将组织的战略深入到每个相关组织与成员的心中，以此才能帮助实现预期的发展模式与发展目标（李佳佳，2016）。

文化遗产旅游业兼具营利性与非营利性的特点，拥有自己独有的特征。针对文化遗产来说，追求卓越财务绩效（客流与收入）的同时，遗产的保护更加不容忽视甚至需要放在第一位，财务要起到支撑文物修缮与保护、促进教育、科研等各项事业发展的作用（申电，2012）。通过优化资源配置，提升资金的使用效益；通过加强预算管理，避免规划的盲目性（杨晶晶，2012）。

战略制定完成后，战略管理过程并没有结束，必须将战略思想转化为战略行动（万方霞，2006），尤其是关键内容和思想，在《陕西省旅游十三五发展规划》战略的若干创新实施中，要使战略思想深入不同部门、不同岗位工作者中去，战略行动必须一致，才能创造出符合目标和预期的价值。我们不难想象，动辄数万字的战略规划，要在短时期内传递到每一个成员的思想中是很困难的，这种战略思想传递并不是复印文件和散发就可以实现的，需要一个全面的陕西旅游管理战略地图实现整合（张云鹏，2005）。

因而首先要做的工作是确立遗产旅游管理总战略目标，明晰遗产保护和旅游开发不同利益相关者的价值主张（喻学才，2015），通过各种从政府到旅游景区的管理来进一步明确流程，满足需求和期望，实现客流量、旅游收入、遗产保护质量等有形指标和声誉、地位等滞后指标。要求部门与执行者建立学习型旅游地与管理机构，为旅游管理部门拥有高组织准备度提供良好的基础，从而为实现创新流程等若干主题流程提供无形资产支持，实现旅游管理战略目标。

9.2 战略地图应用于遗产旅游管理的操作流程

9.2.1 制定遗产旅游管理战略地图的程序

一个组织的战略制定必然是一个连续的整体，不会孤立地存在，起点是一个组织的使命和愿景（谢树茵，2012）。战略地图内包含的因果关系链有助于利益相关者理解这种转换关系和价值创造过程。一般而言，遗产旅游管理的战略目标主体可以分为三类：短期，实现财务（业绩）目标和保证运营顺利；中期，提高利益相关者满意度；长期，实现遗产旅游的可持续发展（陕西省发改委，2017）。

因而首先要做的工作是确立遗产旅游管理总战略目标，明晰遗产保护和旅游开发不同利益相关者的价值主张，通过各种从政府到旅游景区的管理来进一步明确流程，满足需求和期望，实现客流量、旅游收入、遗产保护质量等有形指标和声誉、地位等滞后指标。要求部门与执行者建立学习型旅游地与管理机构，为旅游管理部门拥有高组织准备度提供良好的基础，从而为实现创新流程等若干主题流程提供无形资产支持，实现旅游管理战略目标。

9.2.2　政府主导遗产旅游管理应用战略地图的具体操作流程

战略地图是以组织愿景使命为导向，以战略主题为手段，在战略结构框架上实施行动的一个动态管理过程。遗产旅游管理组织可以通过辨别那些和战略发展相关的基本评价指标将组织的战略知识转化为组织的战略结构，从而绘制出其绩效评价指标体系即战略地图。

首先，划分战略地图的基本关键因素。基本关键因素是指对遗产旅游管理运行进行细化分析的一些指标，这也是战略地图中最基本的要素，也是整个管理体系的基础。

其次，根据遗产旅游管理体系划分基本的指标单元。在不同的战略层面，就需要按照工作流程去划分更细的基本指标单元，进而衡量不同的管理层、不同的管理部门符合的绩效评价指标。根据遗产性质确定保护与开发之间的度，进而确定基本指标单元的权重。

最后，根据战略地图，陕西遗产旅游管理组织可以绘制出基本评价指标和它们之间的因果关系网，从而使主体的战略目标可以通过这些基本的绩效评价指标及其之间的互相关系来体现，最终落实到实际的管理行动上。战略地图中的 4 个具体层面的区分可以使绩效评价指标体系分析中包含了整个体系的结构关系，因果关系和价值链的交叉就反映出了垂直和水平关系，从而保证了评价指标体系的整体性。各个指标之间的联系，可以使得组织的成员认识到日常工作和组织实现战略目标的重要关系，从而使每个层次的工作人员和管理层都能清晰的了解日常工作将如何影响相关绩效指标评价体系，最终影响文化遗产管理体系战略目标的实现。

9.2.3　遗产旅游管理组织应用战略地图需要注意的问题

指标是组织战略的体现和载体，指标体系的设计是所有组织构建战略地图的核心内容。由于各个不同组织的管理过程存在不同的情况，对于因为这些实际情况而造成的指标体系设计的缺陷和战略实施的错误，战略地图也无法避免这些客观存在的问题，其本身也未给出一般性的解决原则和方法。

第一，宏观的政治经济环境对遗产旅游的绩效评价指标体系的构建及具体实施起着决定性作用，其他行业和组织往往建立在案例分析的基础之上，相比之下我国旅游业并未有采用战略地图的先例，也不能对西方经验照搬照抄。所以，我们就要借鉴国内其他成功实施平衡计分卡和战略地图的组织相关的成功经验，并与遗产旅游自身的特点相结合，构建适合我国遗产旅游管理部门的战略地图。

第二，要尽量避免由于文化遗产性质的特殊性、旅游业价值属性的复杂性，与其他行业交叉性强等原因，导致引起的指标体系分解过多的情况。不易于企业的管理和监督。由于我国遗产管理存在多部门重复的情况，要防止出现评价指标主体不明确，落实不到具体责任人的情况。

9.3 陕西遗产旅游管理的目标愿景

根据2017年3月27日陕西省发改委发布的“陕西省旅游十三五发展规划”（陕西省发改委，2017），未来五年陕西省旅游发展目标为：

一是国际著名、国内一流旅游目的地。充分发挥我省旅游资源优势，有效发挥西安国际化大都市建设的带动作用，打造国际水平的旅游产品，提供优质的旅游服务，把陕西建设成国际著名、国内一流的旅游目的地。

二是“一带一路”旅游核心区。在“一带一路”倡议统领下，充分利用丝绸之路起点和旅游大省的优势，综合发力，把陕西建设成“一带一路”旅游核心区。

三是华夏文明传承地。利用陕西省华夏源脉的优势，建设国际文化交流平台，打造一批具有世界影响的历史文化旅游品牌，把陕西建设成华夏文明传承地。

由于陕西省是文化遗产大省，西安是千年古都，第一个目标的目的地资源以遗产为核心，第二个目标中的“一带一路”是历史文化与现代旅游经济发展的融合，第三个目标更是明确陕西作为华夏文明源脉，这三个分解目标均以遗产为基础，其实现与否在很大程度上依赖于遗产旅游发展是否达到相关目标。因此，“十三五”期间陕西遗产旅游管理的总目标即与陕西旅游规划总目标具有一致性，同时，由于遗产旅游管理需要兼顾旅游开发与遗产保护的双重性，增加遗产传承与可持续发展作为保护的目标。

综上所述，确立总愿景为：国际一流的“一带一路”遗产旅游核心区。

在《陕西省旅游十三五发展规划》的“主要任务”中，对目标的实现确立了以下关键任务：

一是旅游产业转型升级，实现旅游企业的国际化、集团化和品牌化发展。

二是着力加大旅游产品供给侧结构性改革，从供给侧丰富和优化旅游产品新体系，整合提升精品旅游线路，推动旅游产品向观光、休闲、度假并重转变。

三是大力加强旅游品牌化建设，发展全域旅游，建设“全景陕西”。

四是积极拓展旅游市场，极富成效地宣传陕西的旅游产品和形象。

五是持续优化旅游发展环境。

六是全面开展旅游精准扶贫，如汉唐帝陵旅游带建设等。

9.4　陕西遗产旅游管理的战略地图框架

9.4.1　陕西遗产旅游管理的价值因果关系价值链

在陕西遗产旅游管理的价值因果关系链中，使命层面将回答“成功目标是什么”；客户和利益相关者层面该回答“客户和利益相关者如何看待我们，他们的期望是什么”；内部流程层面着眼于回答“我们必须擅长什么、优势是什么”，是否建立了合适的组织、流程、管理机制，在这些方面存在哪些优势和不足，重视对利益相关者满意程度和实现战略目标影响最大的那些关键内部流程；学习与成长层面要解决“我们是否能继续提高并创造价值?”这一类问题（阙俊波，2008）。只有持续不断地开发新产品，为客户创造更多价值并提高经营效率，才能实现增长战略。

使命、利益相关者、内部流程和学习与成长四个方面的因果关系为：旅游管理者和从业人员的素质决定产品效益等，产品/服务质量决定游客满意度和忠诚度，游客满意度和忠诚度及产品/服务的质量等决定旅游经济增长状况和市场份额，由此决定战略目标的实现。据此获得陕西遗产旅游管理的价值创造因果关系模型，如图 9－1 所示。

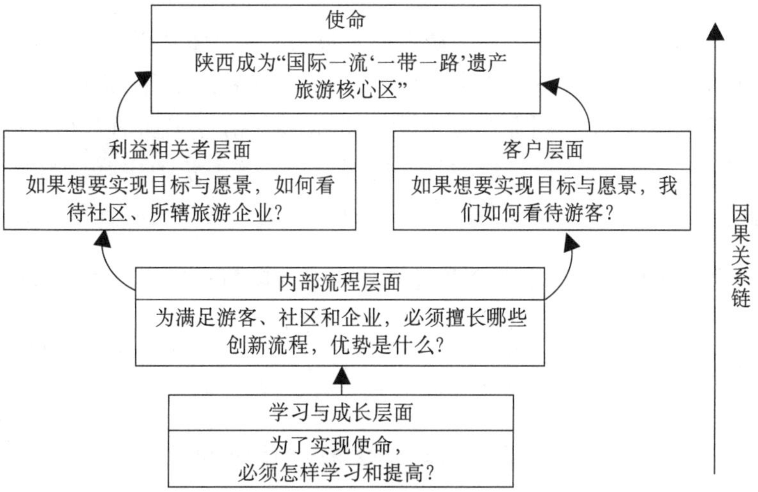

图 9－1　陕西遗产旅游管理的价值创造因果关系链

图 9－1 实际上是一张用于描述战略目标的逻辑严密、全面综合的结构图。以 BSC 四个角度的相互关系为内核，把四个角度通过因果关系链条串了起来，采取自下而上的方式，形象地说明组织如何利用各种指标来分层次逐步实现整体战略，提供了一种很好的形

式，把战略转化为简单易用的地图的逻辑结构，以图的形式告诉管理者：为了实现使命我们应该怎样学习与提高（学习与成长角度），“为满足游客、社区和企业，必须擅长哪些创新流程，优势是什么?”可以用来构建运作系统（流程角度），“如果想要实现目标与愿景，我们如何看待游客？如何看待社区、企业?”进而给需求者带来特殊的价值（客户角度/利益相关者角度），实现更高的财务价值/使命价值陕西成为“国际一流‘一带一路’遗产旅游核心区”（财务角度/使命角度），从而实现战略目标。

9.4.2 陕西遗产旅游管理 BSC

陕西遗产旅游管理 BSC 将提供一个框架，用以说明如何将无形资产与价值创造流程的联系。

9.4.2.1 使命层面描述了战略的有形成果

客流量和收入增长是遗产旅游经济增长的直接衡量指标，声誉、地位等衡量指标是滞后指标，它们显示了战略成功与否。

9.4.2.2 客户和利益相关者层面界定了相关价值主张

利益相关者的价值主张为无形资产创造价值提供了环境。遗产旅游管理的客户主要为游客，利益相关者包括企业、社区、政府相关管理部门等。

如果游客看重高质量的旅游体验，那么生产和交付高质量产品和服务的技能、系统和流程具有很高的价值；如果游客看重新奇和独特性，那么创造功能卓越的新产品和服务的技能、系统和流程则具有高价值；如果游客看重旅游产品价格，则较低价格的线路设计与产品开发的技能、系统和流程具有很高的价值。其他利益相关者的价值主张中，企业以旅游经济效益增长为主要期望，则促进客流增长的市场营销与实现消费结构高级化的技能、系统和流程必要且重要；社区以环境友好、美誉远扬为主要价值主张，则社会与法制流程更为重要。流程与客户价值主张的高度协调一致是实现战略的核心（张乐君，2011）。

9.4.2.3 内部流程层面确定几个关键流程，对战略目标实现产生最大的影响

根据陕西遗产旅游管理的目标与主要任务，陕西遗产旅游管理内部流程主要包括以下四个方面：管理创新流程、运营管理流程、社会与法规流程、文物保护流程。

9.4.2.4 学习与成长层面确定了对战略最重要的无形资产

这个层面的目标确定了需要利用哪些工作（人力资本）、哪些系统（信息资本）和哪种氛围（组织资本）来支持创造价值的内部流程。这些无形资产必须被捆在一起并与关键内部流程保持协调一致。将依据上述论述，明晰这个逻辑关系：如何创造价值以及创造价值的目的。形成陕西遗产旅游管理 BSC，如图 9－2 所示。

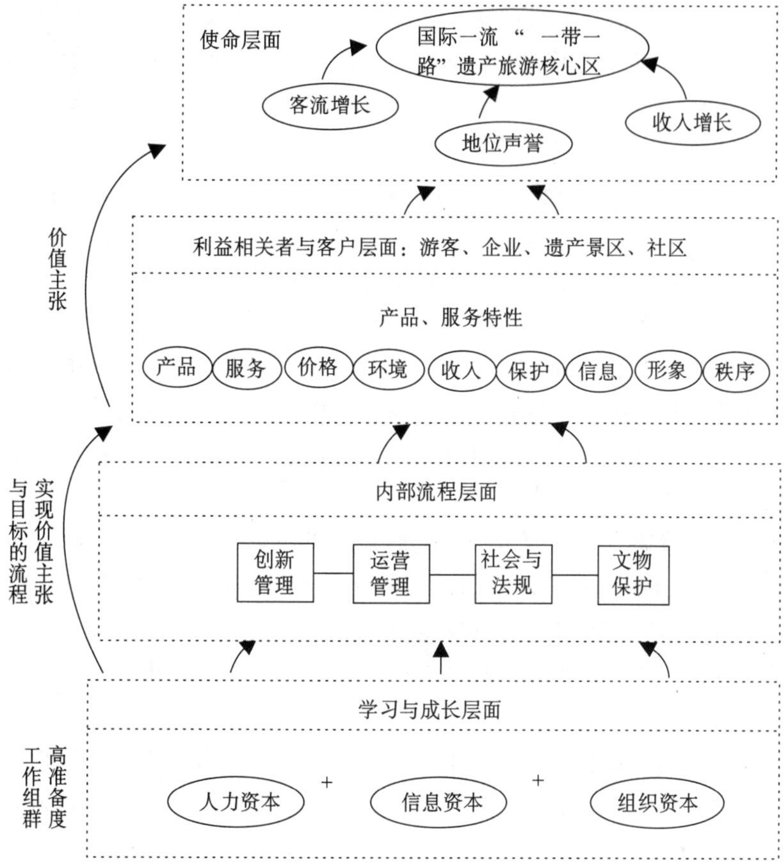

图 9－2　陕西遗产旅游管理的 BSC 框架（据 Kaplan 改编）

9.5　陕西遗产旅游管理战略地图

陕西遗产旅游管理的战略地图（Strategic Map，即 SM）从其对应的 BSC 发展而来，增加了一个细节层和颗粒层，用以说明时间动态性，展示重点和提高清晰性。SM 提供了一个全面描述战略的直观方法，以使目标和指标可以被建立和管理。下面就每一个层面的细节层进行讨论。在陕西遗产旅游管理 SM 总框图中，我们用不同的字母标示层面与相关要素，包括使命层面（M）、利益相关者层面（C）、管理流程层面（P）、学习与成长层面（L）。

9.5.1　愿景与使命层：国际化的"一带一路"遗产旅游核心区

在全国著名的省份城市中，陕西省的文化遗产资源禀赋条件是极为显著的。陕西省文化遗产旅游资源的核心价值在于它是中华文化的主干，陕西文化遗产旅游建设和发展的目标应该是，形成了国际国内认可的大尺度、大气派、大文化的遗产旅游景观体系，成为中华文明展示和文化传承传播的战略高地，从而凸显陕西“世界千年古都，华夏精神故乡”的文化身份和地位，着力打造以“扬秦·兴唐”遗产旅游为主题的多元化产品体系，实现成为“国际一流旅游目的地、‘一带一路’旅游核心区、华夏文明腹地”这一宏伟使命。

遗产旅游管理成功的最终定义是实现以上目标，显然这一使命包括了财务指标和非财务指标。这一层面应该考虑长期维度和短期维度。

长期维度：增长战略，对游客进行遗产教育，提升游客的欣赏感知度和遗产保护意识，在增加游客量的过程中不可忽视对文化遗产旅游地的保护（M_1）；优化遗产旅游产品体系，防止文化旅游产品的过度开发（M_2）；实现文化遗产旅游的可持续发展，实现“国际化、集团化和品牌化”接轨成长（M_3）。

短期维度：效率战略，一是通过更有效地利用资金与实物资产，可以减少支持既定业务量水平所必需的营运和固定资本（M_4）。对文化与遗产等相关重要旅游资产的科学管理，进行必要的投资以解决瓶颈问题如交通等基础设施、旅游交通信息系统等，还有另一个重要的方面体现在对于陕西加强培训并充分用之于本地劳动力市场，提高从业人员素质与效益，不失为有效的提高途径；二是通过降低直接和间接成本来削减成本（M_5）。这样的成本降低方式生产同样数量的产品却消耗更少的人力、物力、能源和供给。

当增长和效率这对矛盾的长期与短期力量之间进行权衡时，改善收入增长的行动通常比改善效率的行动花费更长的时间。由于政策和领导决策等变动因素，将会影响到对短期行动和长期行动的不同倾向。SM 第一层面的开发，迫使管理部门处理这种压力，陕西遗产旅游管理 SM 的顶层使命层面也必须是长期旅游经济增长所带来的旅游地位和效益的体现，即实现“全域陕西”的地位与效益。使命层细节层如图 9－3 所示。

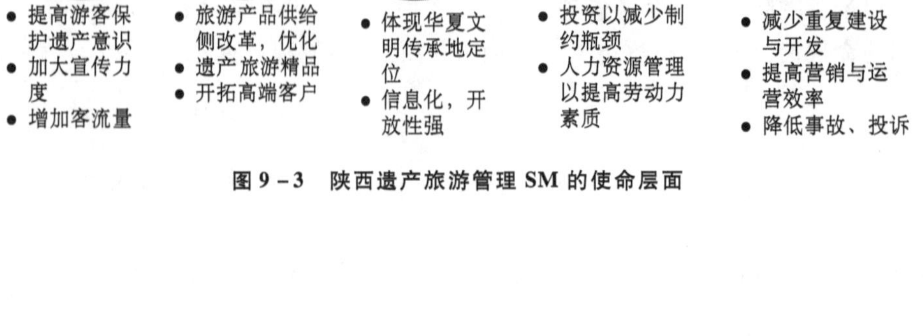

图 9－3 陕西遗产旅游管理 SM 的使命层面

9.5.2　客户与利益相关者层面：重视利益相关者需求，调整价值主张

以差异化的客户价值主张为基础，满意的客户是持续价值创造的源泉。实现使命要求在目标客户和令他们愉悦的价值主张之间建立清晰的联系。每个价值主张都清晰地界定了它们的特征，即为使客户满意而必须传送的价值，特殊的价值主张描述了如何为目标客户创造差异化、可持续的价值。通过确立和开发特定价值主张的目标和指标，将使命转化为所有从业人员能够理解并通过努力来改善的有形指标。

9.5.2.1　游客的价值主张（C_a）

产品领先价值主张（C_{a1}）：遗产的独特性，不可再生性使得文化遗产旅游成为体验独特的产品特征和性能。这恰好符合游客的心理，新奇独特的旅游体验是他们愿意付出高价获得。

成本最低价值主张（C_{a2}）：遗产旅游目标应该强调有吸引力的价格、卓越的服务质量、方便的旅游产品购买和良好的多种选择，其核心就是降低产品和服务的生产成本，用低于竞争对手的成本优势，赢得竞争的胜利。对于陕西旅游来说，采用消费结构高级化的措施增加收入，即在增加购物、娱乐消费等方面采取积极有效的措施；同时在同一价格水平，提供更多灵活的、可供选择的消费产品与线路，给游客更多的选择余地。旅游产品相关部门降低各自运营成本，提供及时和低成本的产品和服务，来自成本最低的供应商、快速一致的服务等。

高质量旅游体验价值主张（C_{a3}）：文化遗产旅游不同于观光旅游，生态旅游等，它是一种文化传承旅游。游客要获得高质量的旅游体验，就必须了解和感受到他们所需的产品和服务。例如，陕西历史博物馆，为了满足各种旅游消费者，其旅游解说系统的完善成熟起着决定性的作用，不仅要有设备充足的解说设备，更要有精通各种语言的解说员。解说员不仅要有娴熟的表达技巧更要对馆藏的文物珍品有很深的了解。

9.5.2.2　其他利益相关者的价值主张（C_b）

利益相关者希望能获得最高的效益，但不同利益相关者会有不同的角度。

（1）其他利益相关者的确认。利益相关者的愿景、决策、执行，是关系到管理目标实现程度的重要因素，对西安文化旅游资源管理体系和相关重要文化遗产旅游地进行遗产旅游开发利用与保护的利益相关者分析，对于境内最重要的物质文化遗产主体来说，主要是两大类资源，即宗教文化遗产和历史文化遗产，其利益相关者主要是政府旅游管理部门即旅游管理部门（旅游局）、遗产保护部门（文物局、宗教事务管理局）、旅游地景区、参与社区。通过明确发展目标利益相关者的差异化价值主张和利益诉求，分析其合作或非合作博弈，充分发挥遗产的旅游功能，寻求均衡。

国外的索特（Sautter）和莱森（Leisen）在 Freeman 的利益主体谱系图的基础上，基

于所有的利益主体都具有本质上相同的价值的理念，绘制了一幅旅游业利益主体图，如图9－4所示，这也是目前国内学者引用得最多的图例。

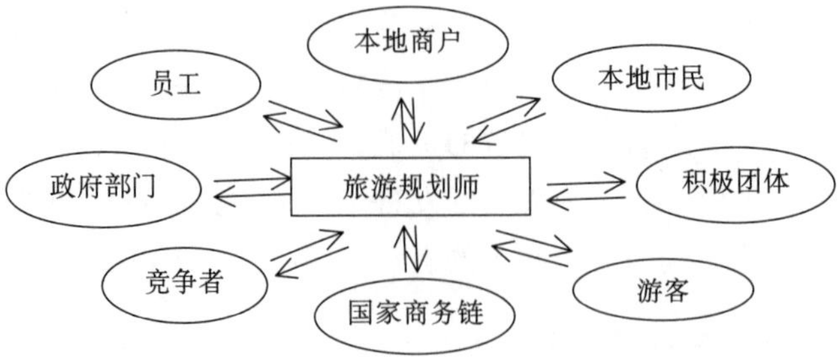

图9－4 旅游业利益主体图

根据我国文化遗产旅游地的性质，主要是政府主导模式下的事业单位制，极少部分是公司经营的。所以遗产旅游组织战略地图中的利益相关者和上述旅游业利益主体图有很大不同。具体到区域和省市层面可以细分为：旅游局、文物研究机构、文化界、国家文物局、教育部、国土资源部、水利部、林业部、建设部、国家环保总局等职能部门。

利益相关者希望能获得最高的效益，包括：

①管理效益诉求：旅游管理需要满足所辖旅游企业以下方面的要求，主要与政策制度密切相关：制度、秩序、城市尺度的营销、信息、环境。包括，建立科学合理的产业管理和行业管理体制；公开、公平、公正竞争的旅游市场秩序；营造良好投资环境；有效的旅游形象与品牌促销；大型旅游度假设施的建设，完善的旅游交通配套条件与公共配套设施；旅游行业管理网和公众信息网信息化建设等。文物局是遗产旅游管理层的重要部分，要想实现遗产保护的使命，文物局自身需要高效运转，积极协调日常事务的处理，达到管理效益最高。

②经济效益诉求：经营决定成败，利益决定生存。旅游景区和旅游企业直接与游客打交道，是旅游产品交换的第一对象，他们的日常经营是旅游业价值链的源头，因此更加看中由此产生的经济价值。这是企业与社区共同的价值主张。陕西省内城市社区是陕西旅游发展的重要的利益相关者。旅游业作为支柱产业之一，对国民经济的贡献已经很大，近年来，陕西省旅游总收入占地区生产总值的比重逐年提高，占第三产业的比重也在不断上升。旅游的发展不仅仅是带来收入，同时也增加就业机会，旅游业以其高度的关联性，消化了大批剩余劳动力，促进了社会稳定，提高了城乡居民的收入水平，按国际惯例旅游业直接从业者与间接从业者的比例约为1:5，每百万元的旅游收入就可提供两万个新的就业机会，而且旅游业的产业特性决定了对劳动力素质的包容性，降低了农业过剩劳动力和城镇结构性失业人员再就业的难度。综上所述，通过刺激旅游发展可以带动陕西省经济快速增长，社区对于旅游发展的价值主张主要体现在对国民经济的贡献期望，重点指标包括旅游收入占GDP的比重、旅游从业人数、吸引投资等。

③社会效益诉求：主要体现在社区对遗产资源地位与声誉提高的要求，遗产旅游的发

展对陕西的宣传作用是巨大的。陕西作为华夏文明重要的发源地，随着国内外游客来旅游人数的增多，会更加深刻全面地认识了华夏文明曾经的辉煌，扩大了陕西的影响力和知名度，这种宣传效应是任何广告也不可替代的，通过文化遗产旅游让世界了解了陕西，也让陕西走向了世界。以发展遗产旅游推动遗产保护及宣传是社区不二的选择。

④文物局主要职责有：研究拟定文物、博物馆事业的发展方针、政策、法规和规划，制定有关的制度、办法并监督实施；指导、协调文物的管理、保护、抢救、发掘、研究、出境、宣传等业务工作；审核、申报全国重点文物保护单位；承担历史文化名城、世界文化遗产项目的相关审核、申报工作；依照有关法律法规审核或审批全国重点文物的发掘、保护、维修项目；指导大型博物馆的建设及博物馆间的协作、交流；研究处理文物保护的重大问题；对查处盗窃、破坏、走私文物的大案要案提出文物方面的专业性意见；研究制定文物流通的管理方法；审批文物出口鉴定机构的设立和撤销；编制文物事业经费预算，审核划拨并监督各项经费使用情况；统筹规划文物、博物馆专门人才的培训；组织指导文物保护和博物馆方面的科研工作；管理和指导文物、博物馆外事工作，开展对外合作与交流；承办国务院和文化部交办的其他事项。文物局的工作会给参与社区、社会民众的文化价值观带来直接影响，冲击文化遗产旅游者的需求，对于整个社会具有福利的性质。

（2）利益相关者价值主张（C_b）。根据上述有关利益相关者和客户层面的价值主张阐述，我们将体现差异化价值主张的第二层面细节层，如图 9－5 所示。

①管理效益最高（C_{b1}）：旅游城市的旅游管理需要满足所辖旅游企业以下方面的要求，主要与政策制度密切相关：制度、秩序、城市尺度的营销、信息、环境。包括，建立科学合理的文化遗产产业管理和行业管理体制；公开、公平、公正竞争的旅游市场秩序；营造良好投资环境；完善的旅游交通配套条件与公共配套设施；旅游行业管理网和公众信息网信息化建设等。

②经济效益最高（C_{b2}）：这是企业与社区共同的价值主张。文化遗产旅游地参与社区是陕西遗产旅游发展的重要的利益相关者。陕西遗产旅游的发展已经对陕西旅游发展产生巨大推动效应，近年来，陕西省旅游总收入逐年提高，占第三产业的比重也在不断上升。通过刺激陕西遗产旅游发展可以带动陕西省经济快速增长，参与社区对于旅游发展的价值主张主要体现在对国民经济的贡献期望，重点指标包括旅游收入占 GDP 的比重、旅游从业人数、吸引投资等。

③社会效益最高（C_{b3}）：主要体现在参与社区对陕西地位与声誉提高的价值主张。旅游业的发展壮大对陕西的宣传作用是巨大的。随着国内外游客来陕西旅游人数的增多，国内外更加深刻全面地认识了陕西，扩大了陕西的影响力和知名度，这种宣传效应是任何广告也不可替代的，通过旅游让世界了解了陕西，也让陕西走向了世界。同时，陕西作为中国重要的古都和华夏文明重要的发源地，以发展遗产保护及宣传是社区不二的选择，对此期望极高。客户与利益相关者层面细节层，如图 9－5 所示。

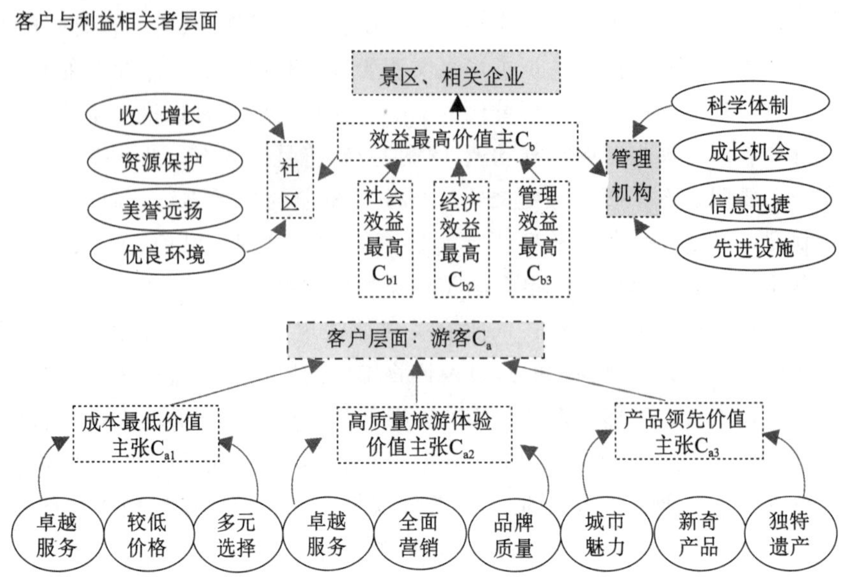

图 9－5　陕西遗产旅游管理 SM 的客户与利益相关者层面

9.5.3　内部流程层面：关键流程

一旦对组织使命愿景和利益相关者层面有了清晰的蓝图，内部和学习与成长层面的目标将描述使命如何被实现，这两个层面的卓越业绩将驱动战略。内部流程实现两个关键的要素：向利益相关者传递价值主张；为了效率战略，改善流程并降低成本。与基本的 SM 模板一样，陕西遗产旅游管理系统 SM 具有四组流程，但重点关注的是遗产保护相关流程与经营开发相关流程的结合：创新流程、运营管理流程、利益相关者管理流程、文物保护流程。这些流程中一定要突出的核心是遗产保护与旅游开发的双赢，以及必须具备的流程主题，只有这样才能在学习和成长层面确立方向，通过建立学习型旅游目的地、高准备度的创新工作组群，获得的卓越的流程。

9.5.3.1　创新管理流程（P_1）

中国遗产旅游业管理体制改革向来是争议的热点，不论是“经营权转移派”或者是“国家公园派”都是从宏观方面讨论促进遗产旅游业发展的方法，极少从引进新的管理工具方面变革管理流程。卡普兰和诺顿的战略地图工具可以从管理方法、管理工具入手，明晰组织的使命和愿景，层层分解战略目标，最终实现文化遗产旅游资源开发与保护的双赢。

在遗产管理标准方面，中国的遗产区管理中，普遍实施旅游管理标准，并按此标准进行考核和评级。这是一些各种旅游场所通用的一般性标准，并非专门为遗产区旅游而设置和制定的。这些通用标准在遗产区的实施结果，可以在黄山得到见证。在那里，为了使饭店等旅游设施达到较高的品位档次，必然走城市高级宾馆的高消费之路；为了满足这种高消费，必然过度地耗费遗产地的生活资源，过度依赖遗产区外的资源（食品等消费品）供给；这些物资的过度消费又进一步加剧遗产区的环境污染负荷，加重了环境治理成本。所有这些，既会造成遗产区破坏，又损害了旅游者利益。另外，以旅游标准主导遗产管理（如绿化与卫生措施），同样可能造成遗产破坏，因为不是每一种绿化、每一项卫生行动都对遗产保护有利。在历史园林中的盲目绿化（如秦始皇陵植树），在遗址上的盲目清洁行动（如水洗三孔），都是因为对遗产保护无知而造成的直接的遗产破坏。应当引进现代遗产管理制度中具有世界共性的先进经验：①应以遗产保护为首要任务；②应以非营利性作为遗产管理制度的基本特征；③应在遗产事业中引入遗产产业内容，在遗产管理中引入遗产经营、遗产营销。建立起适合中国文化遗产旅游的管理标准。

文化遗产好的运营管理流程表现为合理的、高级化的、具有竞争力的旅游产业链。如同陕西西安在文化遗产旅游规划中确立优先发展区和优先秦唐文化产品开发一样，在以陕西文化遗产旅游系统创新为目的的运营管理创新流程必须确定优先发展环节，识别成长机会并筹资。

优先创新环节的确立：运用木桶原理可以很好地决定优先发展的环节。西方经济学中将这个以“补短板”为核心思想的木桶原理称为“短限决定原理”。文化遗产旅游产业链可视作由许多块木板组成的“木桶”，吃住行游娱购六块“木板”中，木桶的容量就表现在整个产业链的整体实力与竞争力。遗产旅游产业链的短板有多条，从消费结构与收入的关系分析，确立最短板从非基本消费来说为娱乐，基本消费短板是餐饮。

对木桶原理的发展和创新衍生出“对称性”木桶原理，即拉长板木桶原理，指集中优势资源于自身特长再进一步将其拉长形成差异化、持续的竞争优势。拉长板的目的就是要形成与竞争对手相比具有优势的特长，这样才能在参与竞争的时候具有主动性。非基本消费中的长板是购物，基本消费中的相对长板是住宿。

因而要增大陕西遗产旅游产业链这个大“木桶”的容量，本战略期内运营管理创新流程的核心内容就很容易确定了，即筑牢“桶底”——旅行社，拉长“短板”——娱乐、餐饮，拉长“长板”——购物、住宿。

（1）管理创新流程（P_{11}）。前文已经论述游客价值主张的三种基本类型。选择客户就是确定对有吸引力的细分客源市场，构思吸引这些客户的价值主张并且创建吸引这些细分客户的产品和服务的品牌形象；在确立具体的价值主张之前，要确定在细分客户方面的业绩衡量指标，根据指标明确细分游客类别。根据这三种类型，设计适宜的产品宣传，通过向市场宣传有关信息，获得客源对旅游产品的动机，并实施购买旅游产品的计划；最新的陕西旅游战略规划中，以目的地形象设计为核心的市场营销、入境市场推广策略、国内市场推广策略体现了获得客源的意图，战略执行中则要根据策略愿景和客源选择区别对待，以“我们应该擅长什么，优势是什么”为出发点。

（2）产品创新流程（P_{12}）。开发新产品、新服务、新流程和新关系。保持竞争优势要求持续创新，开发新产品、服务和流程。陕西遗产旅游的核心是西安市，目前的战略规划中有以下方面体现了产品创新管理流程中的设计开发、营销内容：陕西省西安都市圈中心独立旅游目的地打造；四大优先发展区——唐都长安板块、临潼秦唐板块、浐灞滨水板块和秦岭北麓板块；针对入境市场、国内市场和特殊兴趣市场的不同产品策划；十五大示范项目——古都中心旅游区、兵马俑及秦始皇陵国家遗址公园、曲江故址游憩、唐华清宫御汤国家遗址公园、汉长安城国家遗址公园、祖庭朝拜系列、丝绸之路起点与欧亚论坛、白鹿原社火广场、隋灞桥遗址公园（送别公园）、中华财神故里、陕西历史博物馆数字化工程、《盛世传奇》大型史诗策划、《盛都大典》大型节庆活动、长安古乐经典剧目、虚拟唐都。

将使上述产品创新得以最高效益和最低成本地实现，主要包括以下四个流程：

识别新产品和服务。陕西遗产旅游管理的产品创新流程要为实现旅游跨越成长，建成旅游强省的使命服务，因而重点是：多元化遗产旅游产品项目及建设为遗产旅游的解说系统。新产品和新服务的思想可以有不同的来源，针对战略规划提出的新产品和服务构想，积极利用人力资源优势，广征博览，集百家所长。

建立管理研发组合。一旦获得了新产品和服务的思想，管理者必须决定应该资助、延迟和否决那个项目。

基于 PLC 进行旅游产品品牌管理。产品创新流程在这里不仅指新旅游产品和服务的设计开发上市，产品的管理创新也很重要。不仅旅游地具有发展的生命周期，更广泛的认识是认可旅游产品生命周期，由于生命周期（produce Life Cycle，简称 PLC）的概念本就来源于产品，对旅游产品生命周期的探讨还是很丰富的。陕西文化遗产旅游产品品牌管理应包含三个层次的核心内容：投入期重视品牌战略管理，包括品牌定位和品牌文化管理；成长期和成熟期重视品牌经营管理，包括品牌资产、品牌关系管理；衰退期重视品牌延伸管理；在整个品牌管理过程中渗透品牌危机管理。

9.5.3.2 运营管理流程（P_2）

（1）提升旅游体验（P_{21}）。旅游活动的核心是旅游者，旅游者旅游过程中的感知即旅游体验决定了旅游质量的高低，进而影响着整个遗产旅游业的发展和进步。所以战略地图的内部业务流程层面必须注重旅游体验的提升，其中包括合理的门票价格，周到的员工礼仪，方便舒心的陈列设计以及全面的知识讲解等。

（2）完善的管理制度（P_{22}）。管理制度是组织运行的框架，行事的标准。组织的日常运营、方针和目标的实现、业务处理效率的提高，都依赖于一套流畅、完善的管理制度。我国遗产旅游业是多部门管理，层次多，结构复杂，部门存在交叉重叠的同时，还存在空白管理，因此要更加注重管理制度的完善。达到层级目标清晰、责任到位、分工合理，使整套体系有效运转起来。

（3）遗产地营销（P_{23}）。在我国，遗产地的旅游营销始终是一个薄弱环节，遗产单位或是不重视营销，或是将遗产等同于一般风景类资源来营销（徐嵩龄，2005）。这方面没有深入的研究，只有少数文章提出了营销理念。罗佳明（2002）探讨了遗产型目的地的营销问题。黄安民（2008）以武夷山的经验总结了政府在旅游市场营销中的作用。因此，对于文化遗产旅游目的地形象的建立以及旅游市场的扩大，要注重遗产地的营销手段和营销方法，促进财务层面各指标有效的增长。

陕西遗产旅游管理战略应确定特殊的细分客源（贾峰，2011），即带来增长和盈利的目标客源。细分客源的依据较多，传统的依据是从国际客源市场和国内客源市场角度出发，或者根据游客选择产品类别如观光型、科考型、商务型，从年龄层次区分老年市场、儿童市场等，还包括游客旅游形式如包价或者自助等。保留客源的全面质量管理 TQM（P_{23}）：全面质量管理（Total Quality Management，TQM）就是一个组织以质量为中心，以全员参与为基础，目的在于通过让顾客满意和本组织所有成员及社会受益而达到长期成功的管理途径。全面质量管理的基本方法可以概括为一个过程，四个阶段，八个步骤。管理是一个过程，每项生产经营活动都有一个产生、形成、实施和验证的过程。四个阶段，戴明循环（PDCA 循环，计划（plan）—执行（do）—检查（check）—处理（action）四阶段的循环方式）的四个阶段，每阶段两个步骤：①计划阶段——分析现状，找出存在的质量问题；分析产生质量问题的各种原因或影响因素；找出影响质量的主要因素；针对影响质量的主要因素，提出计划，制定措施。②执行阶段：执行计划，落实措施。③检查阶段：检查计划的实施情况。④处理阶段：总结经验，巩固成绩，工作结果标准化；提出尚未解决的问题，转入下一个循环。在应用 PDCA 四个循环阶段、八个步骤来解决质量问题时，需要收集和整理大量的书籍资料，并用科学的方法进行系统的分析。

9.5.3.3　社会与法规流程（P_3）

（1）遗产事业使命（P_{31}）。法制建立，遵章守法、满足社会的期望。我国还没有专门针对历史文化遗产的国家立法。因此，历史文化遗产保护工作需要法制体系和法制环境的建立、健全和完善，推进文化遗产资源保护的法制化，真正做到有法可依、违法必究、执法必严，以法律为准绳，保护我国历史文化遗产资源免受不法侵害（张楠，2009）。在陕西文化遗产旅游系统创新 SM 中，尽管这个流程不是主要的创新关键流程，但还是一个完整 SM 体系的重要组成部分。文化遗产的不可再生性使得其保护成为一个重要的问题。

吸纳利益相关者的参与。满足各利益相关者的要求是一个旅游目的地或旅游企业获得成功的关键。加拿大旅游专家 Murphy P. E. 早于 1985 年在其专著《旅游：一种社区规划方法》中就提倡使用最能体现利益相关者理念的社区规划方法，强调从社区的利益出发，由社区控制开发过程，确定发展目标，并据此做出规划，其核心概念是社区发展、社会承载力，以追求经济、社会、文化、生态之间的平衡。

吸引遗产爱好者的参与。在中国，除遗产研究单位与专业协会外，资助性组织和志愿者团体等很少，甚至没有；而在发达国家，此类机构得到高度重视与发展，是遗产事业的重要资金与人才来源。拥有一批热爱遗产事业，对遗产事业抱有极大的热情和责任心的遗产爱好者，能从细微之处，从遗产保护角度及时发现问题，促进遗产保护事业使命的完成

（陈猛，2011）。

（2）生态化（P_{32}）。文化遗产资源保护体现在旅游可持续发展，通过旅游开发与利用要有效地防止资源枯竭与衰退，文化发扬光大、永久传承，使遗产与文物修复、展示、开发的同时能够具有更长久的生命力等（魏琴，2005）。

遗产单位应与其他部门和机构建立起多层次、规范化的社会关系（周熙，2010）。在中国，遗产属多部门管理；但在发达国家基本上是由单一部门管理。中国的遗产单位与旅游、文物交易等行业的关系，远未规范化，它们与学校、社区的联系也很薄弱；但在发达国家，前类关系受着商业性法规的规范，后一类关系则已成为遗产单位的一项重要的社会使命。

9.5.3.4 文物保护流程（P_4）

遗产单位应与其他部门和机构建立起多层次、规范化的社会关系（王石磊，2009）。在中国，遗产属多部门管理；但在发达国家基本上是由单一部门管理。中国的遗产单位与旅游、文物交易等行业的关系，远未规范化，它们与学校、社区的联系也很薄弱（郭华，2008）；但在发达国家，前类关系受着商业性法规的规范，后一类关系则已成为遗产单位的一项重要的社会使命（张永军，2015）。

2007 年，国家文物局局长单霁翔谈文化遗产的保护现状与展望时认为我国的文物安全形式非常严峻（王砚彬，2009）。目前，文物保护主要受到三大威胁：第一是来自于建设性的破坏；第二是来自于自然损毁；第三是文物犯罪。文物犯罪手段越来越残忍，并且出现了集团化、智能化、暴力化的特点。并且法人违法现象屡禁不止，近几年，文物部门查出的案件有 90% 以上是法人违法。一些城市明明知道有关法规的规定和专家的呼吁，但是为了经济利益，为了政府业绩还是进行一些违章建筑和类似湖北当阳玉泉寺进行的违法建设；汉长安城遗址上的违法建筑，这些都被文物部门予以行政督查并责令纠正；金山岭长城被企业经营以后，在长城上搞餐饮和舞会。每天早上，长城内外都是一片狼藉。随后被收归文物部门管理。

以上提到的只是文物破坏中的冰山一角，加之文化遗产旅游业旅游产品的独特性、唯一性，文化遗产保护关系达到遗产旅游日常经营的成败，进而继续影响遗产的保护，由此形成一个循环。所以文物保护流程不仅是实现顶层使命愿景的重要一环，也是最基本的一环（刘亚东，2007）。

在管理层面上，部分文物保护部门还存在着保护不力甚至监守自盗的问题。如某著名陶都的陶瓷文物出现了有档案无实物的离奇故事，某道教遗产地的明代石坊上的道教石雕构件被盗而竟无人知晓，某些世界遗产地主管部门擅自改变遗产地规划保护所确定的性质，某些遗产地管理部门的个别领导人，只关心自己的腰包能否鼓起来，无视遗产地工程建设的资质要求，随意层层转包，从中渔利。在干部政绩考察上缺少必要的行政督察机制，对于行政作为错误而导致遗产破坏的决策者，国家缺少惩罚规范。所以在构建战略地图时，必须注重建立适用于文化遗产保护的专有管理标准、健全法律规范严厉打击文物犯罪、改善文物修复流程把损害降到最低。

在游客层面上，游客的旅游消费贯穿遗产地的始终，所以游客的行为规范对文化遗产的保护有着直接、重要的影响。在景区内对游客的管理分为直接管理和间接管理，前者直接改变游客的行为，限制游客的活动以减少对文物的破坏。比如限制活动（禁止携带宠物、禁止野营、禁止乱扔废物等）、限制利用（限制游客数量、限制停留时间等）、分区管理（禁止在某些区域或某些时间段内从事某些活动）等。后者是指通过间接措施，让游客意识到其行为应该遵循某些规则，使其行为合理化。比如物理变更（改善维护通入道路，有选择的封闭道路）、宣传（利用宣传工具做景区和游憩机会的广告，教育游客遵守规则，号召游客予以协助）。内部业务流程层面细节层，如图 9－6 所示。

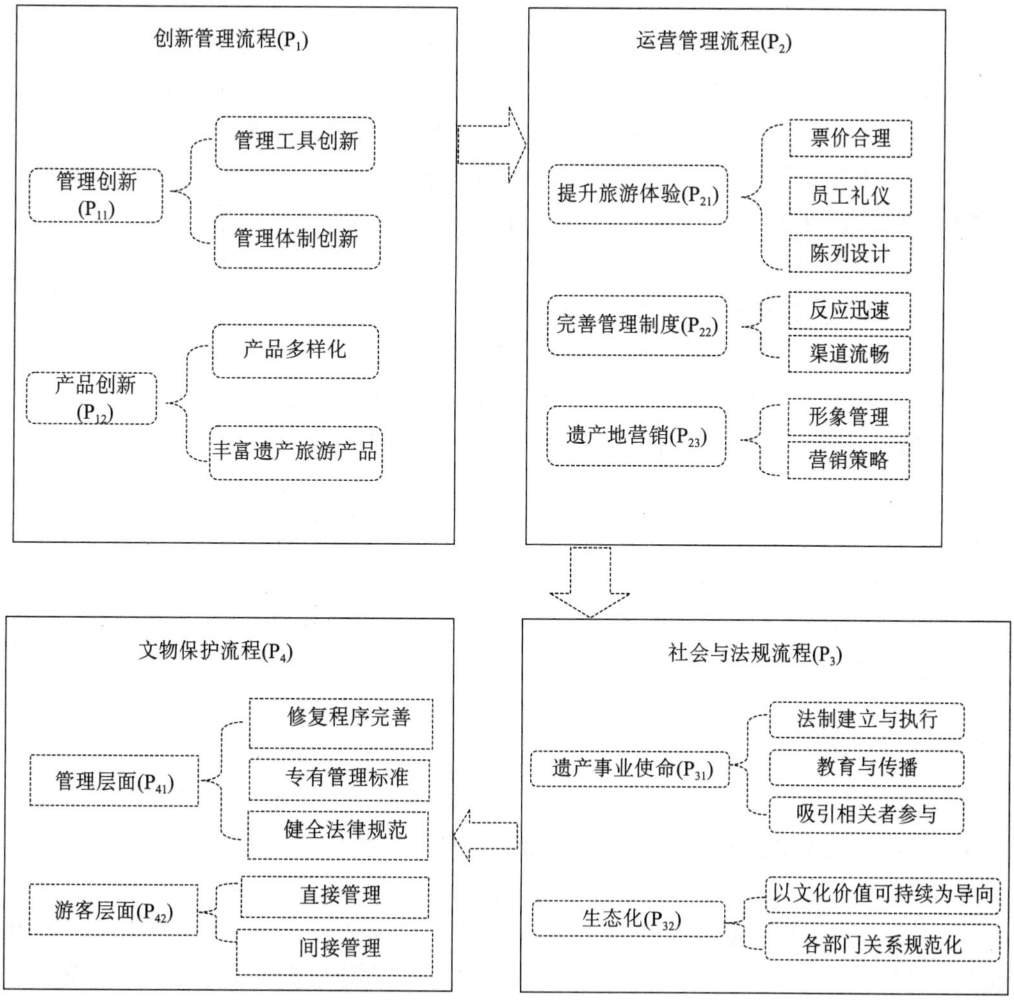

图 9－6　陕西遗产旅游管理 SM 的内部流程层面

9.5.4 学习与成长层面：建立学习型遗产旅游地

9.5.4.1 高准备组织度（L_1）

SM 的学习与成长层面描述了无形资产的作用。无形资产可以被分为如下三类：人力资本——员工技能、才干和知识；信息资本——数据库、信息系统、网络和技术基础设施；组织资本——文化、领导力、员工协调一致、团队工作和知识管理。这些无形资产的价值不可能被个别地或独立地衡量出来。它们的价值来自它们帮助实施战略的能力（梁月，2006）。

当学习与成长层面的三个要素，即人力、信息和组织资本，都与战略协调一致时，就具有了很高的组织准备度，有能力动员和维持战略执行所要求的变革流程。在下列情形下，组织准备度较高：人力资本能力与战略主题高度协调一致；信息资本提供至关重要的基础设施和战略 1T 应用，协助人力资本在其战略主题中创造卓越业绩；文化、领导力、协调一致和团队工作加强了战略执行所要求的组织氛围的变革（赵江，2014）。使无形资产与战略协调一致的目标方法是形成工作战略组群：战略工作组群，使人力资本与战略主题协调一致；战略 IT 组合，使信息资本与战略主题协调一致；组织变革议程，使组织资本整合并协调一致，持续学习和改善战略主题。

要实现陕西遗产旅游管理的使命，需要建立以上三个工作组群，实现高组织准备度。

（1）人力资本（L_{11}）。文物修复师。国家文物局调查显示，中国文物系统 3000 多万件馆藏文物中，半数存在不同程度的破损。世界上许多国家的文物工作已进入预防性保护阶段，而中国仍停留在抢救性保护阶段，也就是说“快不行了才去救”。造成这一现象的重要原因，是文物修复师的缺乏。因此，顶尖人才的培养也是促进战略实现的因素之一。

人本化管理。人本化管理强调员工自觉主动参与，制定人本化管理的机制必须围绕员工参与进行。这些机制包括培训机制、沟通机制、激励机制和团队机制。培训要实现员工的全面发展；沟通要做到“下情上传”和“上情下达”；激励要发挥员工的积极性和创造性。培训员工，不断提高员工的业务和思想素质；激励和挖掘员工的潜能；调整劳资关系；安抚员工，稳定员工队伍。

遗产旅游的解说人员。在旅游业中，员工是旅游产品的一部分，旅游产品质量的好坏，首先体现在员工的服务水平上。而且旅游消费者的体验是一种强烈而密切的接触体验，这种体验往往是在与旅游行业第一线员工的互动中获得，旅游者与一线员工的这种面对面的互动体验伴随着旅游活动的全过程。所以优秀的领队、导游群、后勤服务人员以及讲解人员都是影响游客体验的关键因素，整个队伍素质的提升涉及战略地图各个层面指标的完成，直至最终目标的实现。

文化遗产爱好者。文化遗产是历史的财富，承载着中华民族的精神之魂，具有公益的性质。随着社会的发展，教育水平的提高，遗产价值会随着人类知识的进步而提升，进而会得到越来越多遗产爱好者的参与。民众内心深处出对自己民族文化的热爱，应该是文化遗产保护当中最珍贵的情感和力量。比如给总理写信呼吁设立“文化遗产日”的 11 位老专家；给总理反映南京市在城市改造中大拆大建历史街区情况的文物专家谢辰生先生；2003 年主动上交发现的青铜器窖藏的农民；2004 年为了保护被洪水冲垮的风雨桥，跳入水中抢救，从贵州寻找到广西，走了 3 天 3 夜，最后把 75% 的桥构件全部运回自己的家乡黎平县的农民；2005 年用车辆和人墙阻止临汾军区对城墙继续破坏的文物工作者。如果每处遗产地都有一个或几个热爱遗产如同生命的从业人员，那么文物保护的质量和效率就会立即得到提升。

（2）信息资本（L_{12}）。信息技术已经深深地渗入我们社会生活的各个领域，信息资本是新经济时代创造价值的原材料。不论是经营管理系统还是文物保护系统，信息技术在旅游业随处可见而且潜力巨大。比如电子订票系统、三维成像技术、旅游网站的设计开发、文物在线档案管理、3D 立体展示、虚拟现实技术的应用等。21 世纪是信息化的社会，2013 年十一黄金周期间九寨沟旅客滞留事件之后，就有学者提出利用电子监控系统预测客流量，从高速路口开始就进行时空分流。

20 世纪 90 年代初，信息技术的最新代表互联网技术被引入到旅游业之后，对旅游业的发展产生了前所未有的影响。它除了改善对旅游企业的信息管理，更多的是促进旅游产品的电子化交易。我国在 2002 年开始建设“金旅工程”，其目的也是为了推进信息技术在旅游业发展中的应用，改善旅游企业的经营管理，进一步促进旅游的良性发展。信息技术对旅游业的影响是全方位的，势必导致信息化旅游时期的到来。

（3）组织资本（L_{13}）。为了促使最终使命的完成，管理者必须开发组织资本。组织资本为整合提供了能力，所以个人的无形人力和信息资本资产，以及有形实物资产和财务资产，不仅要与战略保持协调一致，而且要为实现战略目标集成起来共同工作。拥有较高组织资本的组织对整体愿景、使命、价值和战略有共同的认识，会围绕业务流程创造组织价值。

9.5.4.2　建设学习型旅游地（L_2）

对于陕西文化遗产旅游这样是一个复杂的、多因素的系统，要实现这种高准备度，需要在无形资产建设上作努力。美国学者彼得·圣吉（Peter M. Senge）1990 年，在《第五项修炼》（The Fifth Discipline）一书中提出学习型组织（Learning Organisations，简称 LO）管理观念，其含义为面临变遭剧烈的外在环境，组织应力求精简、扁平化、弹性因应、终生学习、不断自我组织再造，以维持竞争力。LO 理论首先在企业管理领域内被广泛实践，2002 年，党的十六大强调要形成全民学习、终身学习的学习型社会，2007 年，党的十七大提出构建终身教育体系和学习型社会的战略目标，从学习型社会（L_{22}）、学习型组织（L_{22}）到学习型个人（L_{23}）。具体到区域旅游，应该建立学习型旅游地（Learning Tourism Destinations，简称 LTD）。Karin Schianetza（2007）从学习型组织出发，界定了 LTD 的概念即，任何旅游城市、镇、乡村及周边地域，在基于共同的可持续发展目的的过程中在以下方面达成一致：将终生学习作为社区、组织和个人的组织原则和社会目标；促进旅游、市民、志愿者和教育机构的合作，提供获得知识的收集新信息、新传播、新进程、新应用的基础设施（a53)。学习与成长层面细节层如图 9－7 所示。

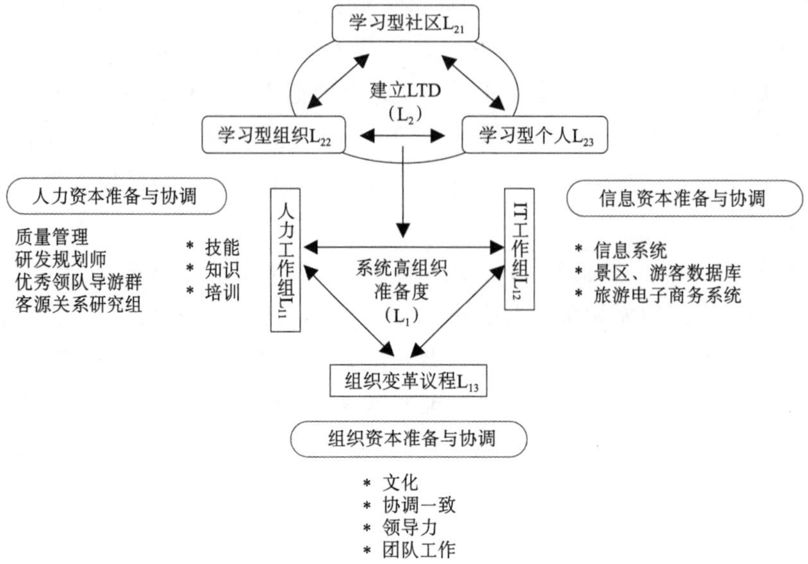

图 9－7 陕西遗产旅游管理 SM 的学习与成长层面

9.5.5 陕西遗产旅游管理战略地图

根据上述 SM 四大要素层面及其相互联系的因果链关系，形成陕西遗产旅游管理 SM。如图 9－8 所示。

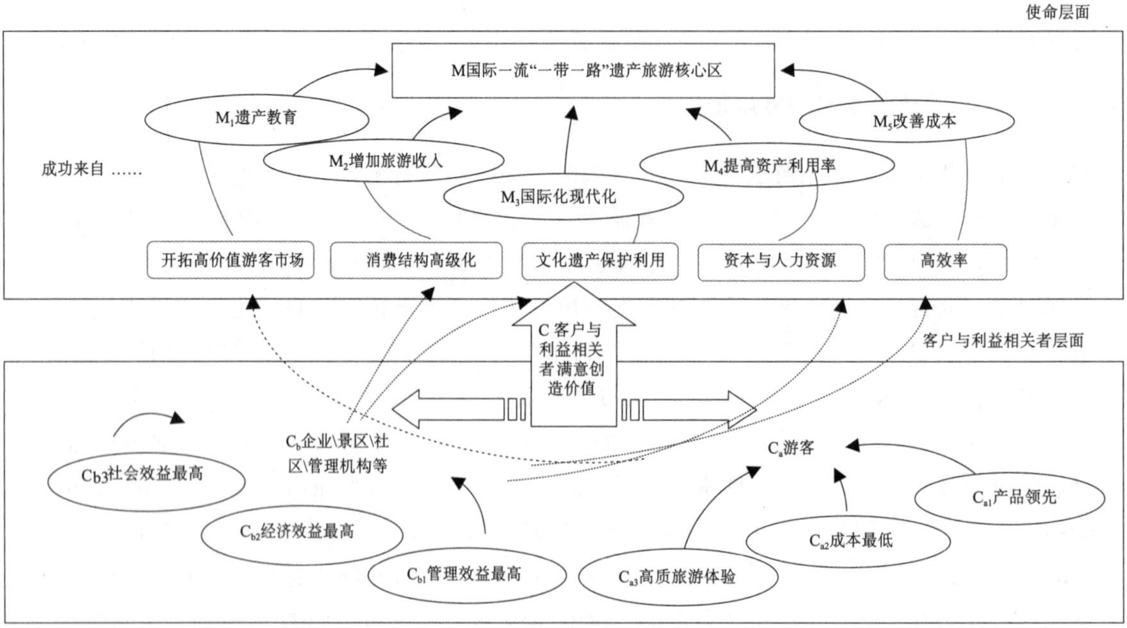

图 9－8 陕西遗产旅游管理 SM

9.6　本章小结

从前述章节中我们已经了解到管理因素极大地影响遗产地旅游成长过程，带来较大的波动，同时也影响游客对遗产旅游的体验与感知，影响社区的价值诉求实现及感知等。为了更好地完善管理，促进管理带来积极作用，为遗产地旅游发展提供推动力量，根据遗产旅游的管理需求以及政府主导管理的性质，从系统的、整体认知与管理的角度出发，尝试在管理工具的创新使用角度进行研究，明确遗产旅游管理的利益相关者诉求，以陕西省为例，通过对管理战略目标的战略地图设计，确立使命、利益相关者、流程与学习成长四个不同的层面，设计了陕西遗产旅游管理的战略地图。

以 Kaplan 的战略地图理论为基础，分析了陕西省文化遗产旅游资源管理体系引入战略地图理论的可行性、必要性及应用中的注意事项。在描绘出整个框架后，将各个层面细化分解，确定关键业务流程及关键价值因素，发现实现遗产保护与开发管理体系的双赢的因果关系链。在阐明陕西遗产旅游管理的价值创造因果关系之后，界定了 SM 的四个层面，并就四个层面的细节层进行论述。

（1）将陕西遗产旅游管理的使命明确为“国际一流‘一带一路’遗产旅游核心区”，体现到长期维度的增长战略和短期维度的效率战略两个方面。

（2）陕西遗产旅游管理的客户为游客，主要利益相关者有文化和旅游部、统战部、自然资源部、水利部、住房和城乡建设部等相关部门。他们具有管理效益最高、经济效益最高、社会效益最高等不同的价值主张．

（3）确立内部业务流程是本 SM 的关键部分，也是实现愿景使命和利益相关者差异化价值主张的基础，创新流程、运营管理流程、社会与法规流程和文物保护流程将进行整合。

（4）流程的顺利执行源于学习与成长层面的支持，对人力资本、信息资本、组织资本等无形资产的整合，使之与我们的战略、使命高度一致，满足各流程的人力、IT 等资源配置，才能实现创新，指出学习型旅游地将为高组织准备度提供良好环境。

建立陕西遗产旅游管理 SM 并不意味着任务的结束。动态的战略地图执行还没有实现，执行建立在陕西省遗产旅游管理组织的支持之上，目前由于条件所限将作为后续研究。后续研究向两个方向发展：一是向具体的遗产旅游景区延伸，本研究所尝试创建的是整个陕西遗产旅游管理层面的战略地图，需要细化主要遗产地旅游景区的管理体系，分解出各自的战略地图；二是实施方案研究，构建产旅游管理 SM 框图的目的是实践，则必须在系统相关部门、个人岗位分别制定 SM 与 BSC，并依据关键流程主题规划实施战役，量化目标值，为使命完成和阶段性业绩成果设立时间期限，选择行动方案、配置战略资源，帮助在整个期限内完成价值创造的实践，实现 SM 的动态操作。

第 10 章

结论及展望

10.1 研究结论

本书旨在分析遗产地多年旅游波动状况，解读影响波动的管理因素，尝试提出优化管理的对策建议。以我国早期入选《世界文化遗产名录》的 7 个遗产地为例，以“实地调研—数据模拟与对比—探究波动特点—对比管理因素—提出优化对策”的思路展开，将旅游地演化的理论与模型应用到世界遗产地旅游研究中，结合管理学理论分析管理实践，实现从现象到内因、从理论到实证的系统过程。基于旅游本底线及多周期逻辑方程模拟，对比各遗产地在旅游收入、客流指标上的生命周期过程与特征，揭示七大遗产地旅游本底趋势线模拟的凸峰凹谷和多周期性，结合实地调研游客与社区居民在七大遗产地的旅游感知差异对比，进一步完成管理因素对遗产地旅游发展的影响分析，并以陕西为例给出政府主导管理体制下优化遗产旅游管理的途径。研究包括：

10.1.1 七大遗产地旅游数据波动对比分析

（1）运用旅游地非线性成长理论与模型，以分段函数方程对七大遗产地的旅游统计数据进行模拟分析，其中对旅游收入确立基准年份进行标准化处理，消除汇率、物价指数两个因素对除物价通货膨胀因素的影响。在此基础上对遗产地的旅游客流模拟对比以及旅游收入模拟对比，找出波动规律与重要时间节点。

（2）将七个案例分类为历史人文型、博物馆型与山岳型，三类遗产地旅游客流与旅游收入波动的幅度与速度表现出一定的差异，旅游成长速度由高到低依次是山岳型景区、博物馆型景区、历史人文型遗产地。七大景区波动剧烈程度由强及弱分别为：平遥古城、承德避暑山庄、武当山、曲阜、莫高窟、泰山、兵马俑，即波动幅度依次是第三批遗产 > 第二批遗产 > 第一批遗产。平遥古城的波动幅度在 40% 以上，受外界影响较大；承德的振动幅度在 30% 内；武当山出现 20% 左右的波动；曲阜在 18% ~25%；莫高窟和泰山平均振幅分别为 15% 和 10%；兵马俑除三次全国范围内的略微振动外，几乎没有偏离本底线。

在旅游收入方面，山岳型景区的收入突破门票经济，引入文艺演出、索道、电梯等收入，旅游收入来源渠道较为宽广；自然类遗产的互动性更高，体验参与带来效益明显，山岳型遗产地旅游发展速度大于历史遗产景区和博物馆型遗产景区。

（3）突发危机或庆典事件中 7 个遗产地受到波动与恢复能力不同。典型事件中，1989 年“政治风波”对曲阜三孔造成的损失最大，2003 年非典对平遥古城和曲阜三孔造成的客流损失都几乎达到 50%，避暑山庄受影响较小；分析加入遗产名录后两年客流，泰山、曲阜三孔受到拉动效应很小，申遗的瞬时效应明显不足等。

10.1.2　管理因素对七大遗产地旅游波动的刺激或抑制作用分析

（1）管理因素是刺激或抑制旅游发展的重要因素，包括管理体制、政策制度、营销策略等，研究表明政策制度和大规模突发事件管理是遗产景区旅游成长过程和波动的主要影响因素，此外入遗效应差异、资源类型对管理要求差异、营销能力差异、旅游交通管理等也是重要影响因素。

（2）从政策制度来看，国家层面旅游法律法规颁布的规范引领性。国家出台的政策或制度发挥的效力与遗产景区所处生命周期有关。景区旅游成长周期与国家的成长周期同步时，政策的激励瞬时性较强，如曲阜三孔生命周期与国家旅游生命周期的同步性致使法律效力发挥的瞬时性明显。省市层面地方旅游政策法规对全国号召的响应，凸显出地方立法的雷同，针对性小。山东省旅游立法理念与时俱进，政府职能由管理者向促进者转变，是曲阜三孔与全国旅游发展契合度高的重要原因之一。景区层面的政策干扰途径与效果各不相同，这与资源禀赋、区位优势和经济发展水平有关。各遗产地普遍重视挖掘遗产的历史与文化内涵，充分利用各种节庆活动和门票优惠来吸引游客；各遗产地通过微信、二维码等互联网途径售票、发放优惠券等，使现代景区管理逐步走向网络化与智能化；融资与投入等资本手段不同，对旅游发展有的促进作用表现出一定的差异，如中央财政对曲阜与承德的大力资金投入促进其保护工作进行，平遥古城承载的内涵独特性使其也能通过各种平台招商引资完成古城的修葺与保护。

10.1.3　七大遗产地游客与居民的旅游感知差异与管理因素分析

（1）七大遗产地游客与居民的旅游感知差异。七处遗产地感知整体得分中，游客和居民一致评价曲阜三孔和敦煌莫高窟位居前列，其他五个景区则差异较大。在旅游感知的二级指标分析中，游客打分较高的因素主要集中在讲解服务、遗产保护、教育传承和基础设施，参与项目、特色购买和营销效果打分较低。居民对便捷程度、遗产保护、陈列展示与讲解服务四个要素的评价最高，对管理水平、参与项目、特色购买和教育传承因素的评价较低。在四项一级指标中，游客和居民一致认为游娱功能因素差而遗产功能因素较好。

通过遗产地整体得分的对比分析，可以发现：遗产地整体旅游感知水平较高，七处样本地感知数据中，无论是游客群体还是居民群体，其遗产地整体感知得分均在3.70之上，说明世界文化遗产地的旅游感知度处于较高水平，遗产地旅游体验、景区开发、教育展示等方面尚且令人满意。结合实地访谈中两类样本群体对景区文化价值开发、服务环境、卫生环境、设施投入等诸多管理因素的态度和意见，从景区开发、景区环境和景区投入三个方面看，较普遍的问题是遗产地景区开发内涵不足，遗产地景区卫生和市场环境满意度不高，遗产地景区投入与发展速度存在差距。

（2）影响游客与居民对遗产旅游体验感知的管理因素。外部管理因素主要有管理主体与机构建制、区域合作机制、法制建设与实施等；内部管理因素有旅游项目开发、门票定价策略、展陈手段等。研究表明，其管理机构级别越高，对遗产地开发的自主权越大，政策倾斜也越明显，政府支持力度也越强；七大遗产地中多处景区都充分利用自身的优势与周边景区形成了区域联动，区域合作机制不仅可以实现资源互补、参与项目的互补，对市场开发升级、旅游从业环境的净化更有促进作用；遗产地旅游法律法规方面存在的部分共性问题：立法注重宏观行业规范以及遗产保护，轻视游客权益维护；实施效率不高，缺乏监督主体等。从遗产地景区管理内部因素看，旅游项目开发、门票定价策略、展陈手段等是影响旅游感知最直接的因素，多数世界文化遗产地都实施淡旺季浮动价格一票制管理，但是在讲解费用、景区内交通费用上存在差异，遗产地开发逐渐从粗放型转向可持续型，越来越注重科技运用与创新，但普遍存在体验产品开发不足的问题。

10.1.4 优化政府遗产旅游管理的对策分析

知识与信息时代要求我们更加重视无形资产管理带来的效益，研究围绕旅游发展战略目标，以提升无形资产管理绩效作为优化政府主导的遗产旅游管理的途径，尝试借鉴战略地图模型，以陕西为例构建遗产旅游管理模型。结合陕西省“十三五”旅游规划目标，明确遗产旅游管理的使命愿景为“国际一流‘一带一路’遗产旅游核心区”，明确与目标相关的客户价值主张为“产品领先、成本最低、高质量旅游体验”、利益相关者价值主张为“经济效益最高、社会效益最高、管理效益最高”，为实现使命与价值而注重的管理流程主要包括“产品创新流程、运营管理流程、社会与法规流程、文物保护流程”，建立学习型组织与学习型旅游地的重要任务包括“人力、组织、技术”，最终构建了陕西遗产旅游管理战略地图，明晰了管理的衡量目标、绩效层面。

10.1.5 研究结论

1. 旅游地非线性成长模型是对较长时段的旅游地多个生命周期演化过程进行模拟和分析的工具，通过模拟方程与成长曲线及相关特征值实现不同周期的横向与纵向比较，成为研究旅游地演化的有力工具，是生命周期理论的延伸。世界文化遗产作为旅游吸引物，既实现了遗产传承与共享功能，又是地方经济重要的增长点，运用TANG模型全面剖析其多年发展周期结构与趋势，是十分必要而且可行的实证应用，总结波动规律、对比国家与地区旅游业大背景，有助于明晰各遗产地发展效益与问题，为确立遗产旅游发展战略方向、目标与对策提供基础数据。

2. 世界遗产地旅游发展受到多因素影响，对比影响不同遗产地旅游成长过程的管理因素，结合游客、社区居民对遗产旅游管理的感知，有助于认识影响旅游波动的若干管理要素，进一步探析世界遗产地旅游演化的动力和障碍，为遗产景区旅游管理及地方政府管理提供依据。

3. 遗产旅游管理的难点在于遗产旅游开发与遗产资源保护的双重目标，要实现目标必须充分融合政府行政管理、景区与企业运营管理、社区与游客行为管理，如何将几组利益相关者的管理目标统一并充分执行，如何使管理适应并促进旅游战略彻底执行、提高管理绩效是实践难点，是各级管理的重要使命。仅着眼于旅游产品创新、市场创新是不够的，必须充分重视管理创新，在遗产旅游经营体系和文化管理体系的双重结构中实现发展目标，以无形资产管理创造效益。运用战略管理工具 Strategic Map 研究遗产旅游管理创新途径是旅游战略管理技术手段研究的创新，具有实践指导意义。

10.2 主要创新点

1. 研究首次定量对比多个世界遗产地旅游发展过程，使用 TANG 模型、本底趋势线模型实现多个遗产地纵向与横向的长时间序列对比，实现了旅游地演化研究方法的拓展运用。

2. 首次探索世界遗产地旅游发展波动分析与管理动因比较，对比多个遗产地进入世界遗产名录之后的波动、旅游开发管理过程、剖析成长曲线波动，发现数据波动表现并分析造成波动的管理因素，分析管理因素对遗产旅游波动带来的影响。

3. 拓展管理学工具应用到遗产地旅游管理的研究范围，运用管理学工具战略地图 Strategic Map 研究遗产旅游管理创新途径，尝试对政府主导管理模式下对遗产旅游管理进行整合，以战略管理工具分析提升遗产旅游管理绩效的途径，是旅游发展战略管理技术手段研究的创新。

10.3 研究不足

1. 旅游地成长是一个复杂的多因素过程，其客流、收入作为最重要的衡量指标，得到极其广泛的关注和运用，目前就整个旅游地成长过程而言，由于缺乏对旅游地内部结构的了解，对旅游地演化中的结构变化分析不够；旅游地是一个复合的系统，生命周期受各子系统的影响，其中一些要素在增长的同时另外一些要素反而在下降，目前多数研究是笼统地将旅游地作为一个整体研究，应对其各子系统及相关因子做系统全面地研究。

2. TANG 理论与模型不仅适用于世界文化遗产景区，后续研究将继续就不同类型、不同尺度的旅游地展开实证分析，尤其是尝试对博物馆型遗产景区等各种不同类型世界遗产景区的成长过程与周期进行对比较研究。对比不同发展模式下遗产地的旅游成长速度、幅度和效益，一方面以便改进模型、创新方法，另一方面为不同世界遗产旅游地采取合适的发展模式提供借鉴。

3. 在游客感知量化的过程中可控性较弱，评价模型较为简单；问卷指标选取方面应更全面而简单；后续研究应尝试加入时间因素的影响，在更长的时间轴上，对比分析单个或多个遗产地之间游客感知的纵向变化以及与管理层面因素的互动反应机制。

10.4 研究展望

1. 模型与方法的推广应用

（1）TANG 理论与模型不仅适用于世界文化遗产景区，研究可推广至不同类型、不同尺度的遗产旅游地展开实证分析与对比较研究。对比不同发展模式下遗产地的旅游成长速度、幅度和效益，一方面以便改进模型、创新方法，另一方面为不同世界遗产旅游地采取合适的发展模式提供借鉴。

（2）引入企业（组织）战略绩效管理工具，基于战略地图构建模型，明确遗产旅游发展愿景，分析遗产旅游发展的因果关系链、目标框架，根据四大要素层面及其相互联系，形成遗产旅游管理战略地图，是遗产旅游管理途径的优化与创新。可推广至各级政府与组织的遗产旅游管理。

2. 研究展望

（1）进一步全面梳理所有世界遗产地旅游发展数据，建立世界遗产地数据库，跟踪旅游发展过程，以便于进行综合分析，为我国遗产旅游发展战略总体规划提供依据。

（2）建设美丽中国、全域旅游战略、汹涌的大众旅游队伍，对遗产旅游管理提出了更高的要求，现有的遗产旅游管理策略明显滞后于战略要求，改变粗放型遗产管理、提高管理水平与效益是迫在眉睫的重要问题，需要更多的科学管理理念、手段与措施介入，全面建设学习型遗产旅游地是必由之路。

附录一　部分引用政策法规

1.《山西省文物保护实施办法》，1987 年 1 月 11 日，山西省第六届人民代表大会常务委员会第二十二次会议通过。

2.《山西省旅游管理条例》，1997 年 7 月 30 日，山西省第八届人民代表大会常务委员会第二十九次会议通过。

3.《平遥古城保护条例》，1998 年 11 月 30 日，山西省第九届人民代表大会常务委员会第六次会议通过。

4.《山西省旅游条例》，2002 年 9 月 28 日，山西省第九届人民代表大会常务委员会第三十一次会议通过。

5.《山西省促进旅游产业发展条例》，2005 年 5 月 31 日，山西省第十届人民代表大会常务委员会第十七次会议通过。

6.《山西省风景名胜区条例》，2006 年 11 月 30 日，山西省第十届人民代表大会常务委员会第二十七次会议通过。

7.《关于推动“美丽山西休闲游”若干措施》，2013 年 5 月，省政府办公厅、山西省旅游局颁布。

8.《河北省文物保护管理条例》，1993 年 12 月 22 日，河北省第八届人民代表大会常务委员会第五次会议通过。

9.《河北省旅游业管理条例》，1996 年 9 月 11 日，河北省第八届人民代表大会常务委员会第二十二会议通过。

10.《河北省风景名胜区管理条例》，1996 年 11 月 3 日，河北省第八届人民代表大会常务委员会第二十三次会议通过。

11.《承德避暑山庄及周围寺庙保护管理条例》，2003 年 7 月 18 日，河北省第十届人民代表大会常务委员会第四次会议通过。

12.《河北省旅游景区管理若干办法》，2012 年 7 月，河北省旅游局颁布执行。

13.《河北省旅游局游客招徕奖励办法（试行）》，2013 年 9 月，河北省旅游局。

14.《河北省旅游条例》，2003 年 11 月 29 日，河北省第十届人民代表大会常务委员会第六次会议通过。

15.《湖北省武当山风景名胜区管理办法》，1998 年 7 月 2 日，湖北省人民政府常务会议审议通过。

16.《湖北省旅游管理条例》，1999 年 1 月 22 日，湖北省第九届人民代表大会常务委员会第 7 次会议通过。

17.《湖北省旅游条例》，2005 年 3 月 31 日，湖北省第十届人大常委会第 14 次会议通过。

18.《武当山风景区 2015 年旅游优惠及奖励办法》，2015 年 1 月 1 日起执行。

19.《山东省文物保护管理条例》，1990 年 10 月 30 日，山东省第七届人民代表大会常务委员会第十八次会议通过。

20.《曲阜市文物保护管理办法》，1995 年，曲阜市文物旅游局颁布。

21.《山东省旅游管理条例》，1996 年 10 月 14 日，山东省第八届人民代表大会常务委员会第二十四次会议通过。

22.《山东省历史文化名城保护条例》，1997 年 12 月 13 日，山东省第八届人大常委会第 31 次会议通过。

23.《泰山风景名胜区保护管理条例》，2000 年 10 月 26 日，山东省第九届人民代表大会常务委员会第 17 次会议审议通过。

24.《山东省风景名胜区管理条例》，2001 年 12 月 7 日，山东省第九届人民代表大会常务委员会第二十四次会议通过。

25.《山东省旅游条例》，2005 年 5 月 27 日，山东省第十届人民代表大会常务委员会第十四次会议通过。

26.《山东省文物保护条例》，2010 年 9 月 29 日，山东省第十一届人民代表大会常务委员会第十九次会议通过。

27.《济宁市旅游奖励暂行办法》，2011 年 1 月 1 日起施行济宁市人民政府。

28.《陕西省旅游条例》，2005 年 9 月 29 日，陕西省第十届人民代表大会常务委员会第二十一次会议通过。

29.《甘肃省旅游条例》，2006 年 7 月 28 日，甘肃省第十届人大常委会第 23 次会议通过。

30.《福建省文物保护管理条例》，2009 年 8 月 2 日，福建省第十一届人民代表大会常务委员会第十次会议修订。

附录二　世界遗产地游客旅游感知调查（A）

尊敬的女士/先生：

您好！此问卷为科学研究任务，用于了解游客对遗产地的形象感知与旅游需求，不用于任何商业目的。请您在符合情况的项目内填“√”。十分感谢您支持旅游业发展！

西安财经学院 商学院

1. 请问您来自：

□省　□香港　□澳门　□台湾　□外国

2. 您是第几次到本景区旅游

□1　□2　□3　□4　□5

3. 您到本遗产景区旅游的方式是

□单位组织 □个人参加旅游团　□自助游　□亲朋结伴组团 □亲朋结伴自助游

4. 您到世界文化遗产景区最主要目的是（可多选）

□了解世界遗产　□观光休闲　□带小孩学知识　□商务/会议　□探亲访友顺便游览

□体验异地风情　□健康/疗养　□研究/工作需要　□文化交流　□陪同客人 □其他

5. 您一般通过什么途径了解世界文化遗产（可多选）

□朋友宣传　□电视　□报纸杂志　□旅行社　□网络　□其他

6. 请问您来本景区旅游是否过夜：□不过夜　□过夜并逗留

7. 您对本景区哪些旅游资源感兴趣（可多选）

□山水风光　□文物古迹　□民俗民情　□文化艺术　□饮食烹调

□旅游购物　□节庆活动　□商务　□休闲娱乐　□其他

8. 您对本景区评价（5 分制：5 表示最好 ，1 表示最差）

吃住行便捷程度	□5 优	□4 良好	□3 一般	□2 差	□1 极差
旅游综合体验	□5 优	□4 良好	□3 一般	□2 差	□1 极差
景区总体特色	□5 优	□4 良好	□3 一般	□2 差	□1 极差
基础设施建设	□5 优	□4 良好	□3 一般	□2 差	□1 极差
文化展示效果	□5 优	□4 良好	□3 一般	□2 差	□1 极差
教育作用	□5 优	□4 良好	□3 一般	□2 差	□1 极差
游客参与性项目	□5 优	□4 良好	□3 一般	□2 差	□1 极差
环境卫生	□5 优	□4 良好	□3 一般	□2 差	□1 极差
特色纪念品	□5 优	□4 良好	□3 一般	□2 差	□1 极差

宣传营销效果 □5 优 □4 良好 □3 一般 □2 差 □1 极差
管理水平 □5 优 □4 良好 □3 一般 □2 差 □1 极差
文化遗产保护 □5 优 □4 良好 □3 一般 □2 差 □1 极差
旅游对文化遗产保护工作的作用
□较大促进 □较大破坏 □有些促进 □有些破坏 □旅游开发与遗产保护双赢

9. 您认为本景区目前最需要完善的是
□配套基础设施设备 □改善环境 □遗产展示设计 □提高经营与管理水平
□遗产科学研究 □解说系统 □科普教育 □提高从业人员素质
□开发特色纪念品 □旅游服务质量

10. 您认为对文化遗产破坏最大的是
□某些游客不文明行为 □当地政府不合理利用 □科学管理制度与体系缺失
□不合理的旅游开发 □过度的商业化建设 □不合理的市政规划
□公民的遗产保护意识不够 □管理与服务人员素质较低 □教育不到位

11. 您认为促使旅游开发与文化遗产保护双赢最重要的是
□完善法制并有效执行 □培养公众正确的遗产观 □科学的管理与经营制度安排
□加强对游客的引导 □科学的监督制度 □减少游客量，保护文化遗产
□更多的资本投入 □市场化运作，让公众更多参与

12. 您认为本文化遗产地与全国同类遗产中旅游开发层次比较，
□层次高，影响大，对地方旅游经济带动作用很大 □特色鲜明 □管理水平高
□层次高，影响较好，对地方旅游经济带动作用较大 □特色一般 □管理水平中
□层次高，影响一般，对地方旅游经济带动作用不大 □没有特色 □管理水平差

13. 您的年龄是：
□20 岁以下 □21～30 岁 □31～40 岁 □41～50 岁 □51～60 □61 岁以上

14. 您的受教育程度：
□小学 □初中 □高中及中专 □大专 □本科 □硕士 □博士

15. 您的职业：
□公务员 □企业管理人员 □文化教育人员 □农民 □失业中
□退休人员 □技术人员 □自由职业 □学生 □其他________

16. 您的月收入：
□1000 元以下 □1000～2000 元 □2000～4000 元 □4000～6000 元
□6000～10000 元 □10000 元以上

17. 您此次在本景区的花费总额约________元，其中主要用于（可多选）
□交通 □住宿 □餐饮 □景点游览 □娱乐 □购物 □其他

18. 您对本遗产地管理部门有何建议：

____

再次感谢您的支持！

附录三　世界遗产地社区居民旅游感知调查（B）

尊敬的女士/先生：

您好！此问卷为科学研究任务，用于了解景区居民对遗产地的形象感知与旅游需求，不用于任何商业目的。请您在符合情况的项目内填“√”。十分感谢您支持旅游业发展！

西安财经学院 商学院

1. 请问您在本社区的工作是

2. 您的年龄

□20 岁以下　□21～30 岁　□31～40 岁　□41～50 岁　□51～60　□61 岁以上

3. 您的受教育程度

□小学　□初中　□高中及中专　□大专　□本科　□硕士　□博士

4. 您的月收入

□1000 元以下 □1000～2000 元　□2000～4000 元　□4000～6000 元

□6000～10000 元　□10000 元以上

5. 您对本景区的评价？（5 分制：5 表示最好，1 表示最差）

吃住行便捷程度	□5 优	□4 良好	□3 一般	□2 差	□1 极差
旅游综合体验	□5 优	□4 良好	□3 一般	□2 差	□1 极差
景区总体特色	□5 优	□4 良好	□3 一般	□2 差	□1 极差
基础设施建设	□5 优	□4 良好	□3 一般	□2 差	□1 极差
文化展示效果	□5 优	□4 良好	□3 一般	□2 差	□1 极差
教育作用	□5 优	□4 良好	□3 一般	□2 差	□1 极差
游客参与性项目	□5 优	□4 良好	□3 一般	□2 差	□1 极差
环境卫生	□5 优	□4 良好	□3 一般	□2 差	□1 极差
特色纪念品	□5 优	□4 良好	□3 一般	□2 差	□1 极差
宣传营销效果	□5 优	□4 良好	□3 一般	□2 差	□1 极差
管理水平	□5 优	□4 良好	□3 一般	□2 差	□1 极差
文化遗产保护	□5 优	□4 良好	□3 一般	□2 差	□1 极差

旅游对文化遗产保护工作的作用

□较大促进　□较大破坏　□有些促进　□有些破坏　□旅游开发与遗产保护双赢

6. 您认为旅游开发中政府是否考虑社区乡民的权益　□是　□否

7. 请问您是否参与世界文化遗产景区建设　□是　□否　如果是，参与了哪些事务？

□参与景区基础设施建设

□参与景区建设方案意见征集与听证

□参与景区旅游服务，包括：

□解说 □餐饮销售 □纪念品销售 □景区周边交通服务 □提供住宿

□因景区扩建改建本人所在社区土地被征用

□解决就业，成为景区管理人员

8. 请问世界文化遗产景区建设给您的生活带来的变化

□收入增加 □收入减少

□解决就业 □失业

□解决住房 □失去土地

□农转非 □失去农村户口

□所在地经济繁华 □外来竞争多，抢夺饭碗

□所在地治安变好 □所在地治安变差

□所在地人口素质提升 □所在地人口素质下降

□所在地文化多样化 □外来文化入侵，本地文化被破坏

9. 您认为游客抱怨本景区最多的问题是

□环境不好 □秩序混乱 □门票高 □吃住不便 □交通不便 □景区没啥意思

10. 您认为对文化遗产破坏最大的是

□某些游客不文明行为 □当地政府不合理利用 □科学管理制度与体系缺失

□不合理的旅游开发 □过度的商业化建设 □不合理的市政规划

□公民的遗产保护意识不够 □管理与服务人员素质较低 □教育不到位

11. 您认为本景区长期发展中最大的问题是

□管理水平 □环境问题严重 □安全存在隐患 □文化展示与设计很差

□设施差 □资金投入不够 □过度追求门票效益 □掠夺式经营，不能可持续发展

12. 您认为对本景区目前最需要完善的是

□配套基础设施设备 □改善环境 □遗产展示设计 □提高经营与管理水平

□遗产科学研究 □解说系统 □科普教育 □提高从业人员素质

□开发特色纪念品 □旅游服务质量

13. 您认为促使本景区开发与保护双赢的途径

□完善法制并有效执行 □培养公众正确的遗产观 □科学的管理与经营制度安排

□加强对游客的引导 □科学的监督制度 □减少游客量，保护文化遗产

□市场化运作，让公众更多参与 □地方政府营造好的投资环境，带来更多的资本投入

14. 您认为本文化遗产地与全国同类遗产中旅游开发层次比较，

□层次高，影响大，对地方旅游经济带动作用很大 □特色鲜明 □管理水平高

□层次高，影响较好，对地方旅游经济带动作用较大 □特色一般 □管理水平中

□层次高，影响一般，对地方旅游经济带动作用不大　□没有特色　□管理水平差

15. 您对本遗产地管理部门有何建议：

____

再次感谢您的支持！

参考文献

[1] R. W. Butler. The concept of a Passenger Flow Area cycle of evolution: Implications for management of resources [J]. Canadian Geographer, 1980, 14 (1): 5 - 12.

[2] S. Agarwal. The resort cycle revisited: Implications for resorts. C. P. Cooper, A. Lockwood. Progress in tourism, recreation and hospitality management Vol. 5 [C]. London: Cassell, 1994: 194 - 208.

[3] S. Agarwal. The resort cycle and seaside tourism: An assessment of its applicability and validity. Tourism Management, 1997, 18 (2): 65 - 73.

[4] S. Agarwal. What is new with the resort cycle? Reply [J]. Tourism Management, 1998, 19 (2): 181 - 182.

[5] S. Agarwal. Restructuring seaside tourism: The resort lifecycle [J]. Annals of Tourism Research, 2001, 29 (1): 25 - 55.

[6] R. Butler. The Passenger Flow Area life cycle model, Applications and modifications Vol. 1 [M]. Clevedon: Channel view Publications, 2006: 52 - 55.

[7] R. Butler, The Passenger Flow Area life cycle model, Conceptual and theoretical issues Vol. 2 [M]. Clevedon: Channel view Publications, 2006: 34 - 36.

[8] Di Benedetto C, D Bojanic. Passenger Flow Area life cycle extensions [J]. Annals of tourism research, 1993, 20 (3): 557 - 570, 21.

[9] S. Lundtorp, S. Wanhill. The resort lifecycle theory: Generating processes and estimation [J]. Annals of Tourism Research, 2001, 28 (4): 947 - 964.

[10] E N. Berry. An application of Butler 's (1980) Passenger Flow Area life cycle theory to the Cairns Region, Australia1876 - 1998 [D]. PhD thesis, Australia: James Cook University of North Queens land, 2001.

[11] 姚宏，孙根年. 中国名山旅游地成长理论与实证分析 [J]. 山地学报，2008，26 (2): 237 - 243.

[12] 姚宏，孙根年，贾英. 50 年来西安临潼旅游地非线性成长——基于中国旅游发展大背景的区域指示与响应研究 [J]. 人文地理，2008 (4): 100 - 104.

[13] 姚宏，孙根年. 基于本底趋势线理论的 3 个遗产地旅游成长多周期分析 [J]. 山地学报，2010，28 (4): 492 - 499.

[14] 姚宏，孙根年. 基于 TANG 模型的西安国际旅游成长实证分析 [J]. 旅游学刊，

2011，26（8）：53 –59.

［15］谢彦君．旅游地生命周期的控制与调整［J］．旅游学刊，1995（2）：41 –44.

［16］陆林．山岳型旅游地生命周期研究——安徽黄山、九华山实证分析［J］．地理科学，1997，l7（1）：63 –69.

［17］古诗韵，保继刚．城市旅游研究进展［J］．旅游学刊，1999，14（2）：15 –20.

［18］张朝枝．旅游地衰退与复苏的驱动力分析——以几个典型旅游景区为例［J］．地理科学，2003，23（3）：372 –378.

［19］王兴斌．中国自然文化遗产管理模式的改革［J］．旅游学刊，2002，17（5）：15 –21.

［20］宋振春．发展旅游应遵从文化遗产的基本属性和功能［J］，旅游学刊，2010，25（4）：8 –9.

［21］张朝枝，徐红罡，保继刚．世界遗产地内索道游客的特征、满意度及其影响——武陵源案例研究［J］．旅游学刊，2005（3）：33 –37.

［22］张朝枝．旅游与遗产保护：政府治理视角的理论与实证［M］．北京：中国旅游出版社，2006.

［23］张朝枝，徐红罡．中国世界自然遗产资源管理体制变迁——武陵源案例研究［J］．管理世界，2007（8）：52 –57.

［24］张朝枝．文化遗产与旅游开发：在二元冲突中前行［J］．旅游学刊，2010，25（4）：7 –8.

［25］年继伟．丽江模式：文化遗产保护、管理与旅游产业发展［J］．经贸世界，2004（11）：72 –75.

［26］朱生东，杨晓忠．旅游发展背景下的徽州文化遗产保护模式研究［J］．资源开发与市场，2009，25（9）：855 –860.

［27］朱生东，杨晓忠．徽州文化旅游整体开发模式研究［J］．地域研究与开发，2010，29（2）：86 –90.

［28］朱生东，杨晓忠．基于共生理论的古村落遗产旅游整体开发模式研究——以西递为例［J］．中南林业科技大学学报（社会科学版），2015，9（4）：33 –37.

［29］徐嵩龄．西湖模式的意义及其对中国遗产旅游经济学的启示［J］．旅游学刊，2013，28（2）：23 –34.

［30］徐嵩龄．中国文化与自然遗产的管理体制改革［J］．管理世界，2003（6）：63 –73.

［31］徐嵩龄．西欧国家文化遗产管理制度的改革及对中国的启示［J］．清华大学学报：哲学社会科学版，2005，25（2）：87 –100.

［32］汪明林．遗产资源保护及旅游发展中的政府作为研究［J］．旅游学刊，2005，20（4）：21 –24.

［33］汪明林，陈向红．遗产旅游发展与资源保护中政府的组织作为探讨［J］．生态

经济，2014，30（2）：184－187.

［34］张慧祯．加强文化遗产保护的财政支持研究——以福建省为例［J］．南京财经大学学报，2013（3）：104－108.

［35］朱建安．市场化与规制：世界遗产资源管理模式可能的路径选择［J］．中国软科学，2004（6）12－17.

［36］杨瑞芹，马波．公共旅游资源经营权辨析［J］．社会科学家，2004（1）：90－92.

［37］王咏，陆林．古村落型旅游地管理体制研究——以黟县西递、宏村为例［J］．安徽师范大学学报：自然科学版，2006，29（3）：294－297.

［38］王嘉学．三江并流世界自然遗产保护中的怒江峡谷脱贫问题探讨［J］．生态经济，2006（1）：31－33.

［39］胡海燕．世界文化遗产利益相关者管理的理想模式研究——以布达拉宫为例［J］．西藏大学学报（汉文版），2006，21（1）：23－28.

［40］邹统钎，王燕华．乡村旅游社区主导开发（CBD）模式研究——以北京市通州区大营村为例［J］．北京第二外国语学院学报（旅游版），2007（1）：53－59.

［41］邹统钎，金川．中国遗产旅游资源管理体制的历史演变、问题及改革路径研究［J］．资源科学，2013，35（12）：2325－2332.

［42］王晓梅，邹统钎等．国外遗产旅游资源管理研究进展［J］．资源科学，2013，35（12）：2334－2343.

［43］邹统钎，赵英英．基于自然与文化解决方案的遗产旅游资源管理战略研究［J］．遗产与保护研究，2017（1）：35－38.

［44］胡北明，王挺之．基于利益相关者视角的我国遗产旅游地管理体制改革［J］．软科学，2010，24（5）：69－72.

［45］胡北明，雷蓉．遗产旅游地核心利益相关者利益诉求研究——以世界遗产地九寨沟为例［J］．四川理工学院学报（社会科学版），2014，29（4）：32－42.

［46］尹寿兵，刘云霞．基于核心利益主－体的古村落文化旅游发展研究［J］．安徽工业大学学报：社会 科学版，2011（3）：8－10.

［47］宋振春．发展旅游应遵从文化遗产的基本属性和功能［J］．旅游学刊，2010，25（4）：8－9.

［48］吴育标．中国世界遗产战略管理模式研究 ——以西江千户苗寨战略管理模式为例［D］．北京：中国地质大学，2010.

［49］孙根年．我国境外旅游本底趋势线的建立及科学意义［J］．地理科学，1998，18（5）：442－448.

［50］李乃英，孙根年．西安市境外旅游本底趋势线的建立及科学意义［J］．西北大学学报．1998，28（4）：339－343.

［51］孙根年．我国6大境外客源市场旅游本底趋势线的建立［J］．系统工程理论与

实践，2000，(1)：140－143.

[52] 姚宏. 旅游地非线性成长与发展战略研究——以西安为例 [M]. 北京：科学出版社，2013.

[53] 唐代剑，旅游地复兴的第二曲线理论及其路径 [J]. 经济地理，2009，29 (5)：840－845.

[54] 李晨辉，谷晓红，罗海元. 高校推进马克思主义大众化战略地图的绘制 [J]. 中医教育，2012 (2)：90.

[55] R. S. Kaplan, D. Norton. Having Trouble with Your Strategy? Then Map it [J]. Harvard Business Review, 2002 (9/10): 165－167.

[56] 胡玉明. 平衡计分卡是什么 [M]. 大连：东北财经大学出版社，2004：27－42.

[57] 姚宏. 旅游地非线性成长与发展战略研究——以西安为例 [M]. 北京：科学出版社，2013：30.

[58] 罗伯特·S. 卡普兰，大卫·P. 诺顿. 战略地图——化无形资产为有形成果 [M]. 刘俊勇，孙薇，译. 广州：广东经济出版社，2005：26.

[59] 杨效忠，陆林. 旅游地生命周期研究的回顾与展望 [J]. 人文地理，2004 (5)：5－10.

[60] Lundtorp S, Wanhill S. The resort lifecycle theory [J]. Annals of Tourism Research, 2001, 28 (4): 947－964.

[61] R. M. Lagiewski. The application of the TALC model: A literature survey. R. W. Butler. The Passenger Flow Area Life Cycle: Vol. 1. Applications and modifications [M]. Clevedon: Channel View Publications, 2006: 27－50.

[62] D B. Weaver. Grand gayman island and the resort cycle concept [J]. Journal of Travel Research, 1990, 29 (2): 9－15.

[63] J. G. Bao, Z. Zhang. The TALC in China's tourism planning: Case study of Danxia Mountain, Guangdong Province, PRC. In C. Cooper, C. M. Hall, & D. Timothy (SeriesEds.) & R. W. Butler (Vol. Ed.) . The Passenger Flow Area Life Cycle: Vol. 1. Applications and modifications [M]. Clevedon: Channel View Publications, 2006: 107－115.

[64] G M. Prosser. Tourism destination lifecycles: progress, problems and prospects [R]. Paper presented at national tourism research conference, Melbourne, Australia. 1995.

[65] S. Agarwal. The resort cycle and seaside tourism: An assessment of its applicability and validity [J]. Tourism Management, 1997, 18 (2): 65－73.

[66] A. Mathieson, G. Wall. Tourism: Economic, ohysical and social impacts [M]. New York: Longman Scientific&Technical, 1982.

[67] E N. Berry. An application of Butler' s (1980) Passenger Flow Area life cycle theory to the Cairns Region, Australia1876－1998 [D]. PhD thesis, Australia: James Cook Univer-

sity of North Queens land, 2001.

[68] K. M. Haywood. Revisiting resort cycle [J]. Annals of Tourism Research, 1992, 19 (2): 351 - 354.

[69] S. Lundtorp, S. Wanhill. The resort lifecycle theory: Generating processes and estimation [J]. Annals of Tourism Research, 2001, 28 (4): 947 - 964.

[70] S. Agarwal. The resort cycle and seaside tourism: An assessment of its applicability and validity. Tourism Management, 1997, 18 (2): 65 - 73.

[71] 张丽，吴必虎．人造景观地区旅游产品的选择与切换——石家庄市正定人造景观旅游开发的实证研究 [J]. 地理学与国土研究，1997，13 (4): 57 - 58.

[72] 朱晓杰，张斌．旅游产品生命周期理论研究——以秦兵马俑为例 [J]. 桂林旅游高等专科学校学报，1999，10 (1): 36 - 37.

[73] 吕菽菲，张捷，甘萌雨．城市古典园林原始功能老化的初步研究 [J]. 经济地理，1999，19 (5): 86 - 89.

[74] 丁健，保继刚．特类喀斯特洞穴旅游生命周期探讨——以云南建水燕子洞为例 [J]. 中国岩溶，2000，19 (3): 283 - 286.

[75] 肖光明．鼎湖山旅游地生命周期的分析与调控 [J]. 热带地理，2003，23 (2): 181 - 183.

[76] 杨效忠，陆林，张光生，等．旅游地生命周期与旅游产品结构演变关系初步研究—以普陀山为例 [J]. 地理科学，2004，24 (4): 502 - 504.

[77] 王志稳，黄家美．主题公园生命周期的演化 [J]. 资源开发与市场，2004，20 (3): 236 - 238.

[78] 刘泽华，张捷，黄泰，解杼．旅游地旅游产品生命周期复合模型初探——旅游地生命周期的一种机制假说 [J]. 南京师大学报（自然科学版），2003，26 (3): 106 - 110.

[79] 徐红罡，龙江智．城市旅游地生命周期的模式研究 [J]. 城市规划学刊，2005 (2): 70 - 73.

[80] 麻学锋，孙根年，马丽君．旅游地成长与产业结构演变关系——以张家界为例 [J]. 地理研究，2012，31 (2): 246 - 256.

[81] 马秋芳，孙根年．基于旅游本底线法（TBCM）的旅游业成长研究——以桂林入境旅游为例 [J]. 经济地理，2009，29 (8): 1403 - 1408.

[82] 王晓华，马耀峰，孙根年，谢雪梅．旅游地非线性成长影响因素及作用机制研究——以西安市为例 [J]. 资源开发与市场，2009，25 (11): 982 - 985.

[83] 马丽君，孙根年，王洁洁，姚宏．基于本底趋势线理论的 3 个遗产地旅游成长多周期分析 [J]. 山地学报，2010，28 (4): 492 - 499.

[84] 姚宏，孙根年，贾英．50 年来西安临潼旅游地非线性成长——基于中国旅游发展大背景的区域指示与响应研究 [J]. 人文地理，2008 (4): 100 - 104.

[85] 孙根年，吴晓娟．中国六大遗产地旅游非线性成长及比较研究［J］．陕西师范大学学报：自然科学版，2007，35（1）：108－111.

[86] 马丽君，孙根年．30年来危机事件对中国旅游业发展的影响及比较［J］．经济地理，2009，29（6）：1006－1009.

[87] 孙根年，马丽君．2003年SARS对我国铁路客运量的后影响评价［J］．铁道学报，2006，28（6）：29－34.

[88] 孙根年．2008年五大事件对中国入境旅游的影响［J］．地理科学，2011，31（12）：1438－1446.

[89] 舒镜镜，孙根年，张毓．美国九大客源市场旅游本底趋势线及危机评估［J］．统计与信息坛，2010，25（4）：41－45.

[90] 戴光全，保继刚．昆明世博会效应的定量估算：本底趋势线模型［J］．地理科学，2007，27（3）：426.

[91] Samuel Seongseop Kim，Kevin K F，Wong Min Cho. Assessing the Economic Value of a World Heritage Site and Willingness－to－pay Determinants：ACase of Changdeok Palace［J］. Tourism Management，2007，(28) B317－322.

[92] John Hall，John V Basarin，Leonie Lockstone－binney. An Empirical Analysis of Attendance at a Commemorative Event：Anzac Day atGallipoli［J］. Interna－tional Journal of Hospitality Management，2009，(6) B11－19.

[93] Andy S Choi，Brent W Ritchie，Franco Papandrea，et al. Economic Valuation of Cultural Heritage Sites：AChoice Modeling Approach［J］. TourismManage－ment，2010（31）B213－220.

[94] Kareem O I. A panel data analysis of demand for tourism in Africa［R］. A Paper Presented at the 12th Africa Econometric Society（AES）Annual conference，Cape Town，South Africa. 2007.

[95] Naude W A，Saayman A（2005）. The determinants of tourist arrivals in Africa：A panel data regression analysis［J］. Tourism Economics，11（3）：365－391.

[96] Yang C H，Lin H L，Han C C（2010）. Analysis of international tourist arrivals in China：The role of World Heritage Sites［J］. Tourism management，31（6）：827－837.

[97] Yang Y，Wong K K（2012）. A spatial econometric approach to model spillover effects in tourism Tourism Science flows［J］. Journal of Travel Research，51（6）：768－778.

[98] 周常春，孙秀华，蒋先锋．遗址旅游影响因素实证研究——以河南商丘古城为例［J］．资源开发与市场，2013，29（4）：322.

[99] 王纯阳，屈海林．村落遗产地社区居民旅游发展态度的影响因素［J］．地理学报，2014，69（2）：278－288.

[100] 王钦安，孙根年，顾梦雅．安徽省入境旅游流量与流质发展变化分析［J］．华东经济管理，2016，30（3）：27－29.

[101] 郑媛媛．国内旅游影响因素分析与模型评估 [J]．成都电子机械高等专科学校报，2005，31 (2)：64.

[102] 邵晓兰，高峻．旅游地生命周期研究现状和展望 [J]．旅游学刊 2006，21 (6)：76－82.

[103] 谢彦君，旅游地生命周期的控制与调整 [J]．旅游学刊，1995，10 (2)：41－60.

[104] 王晓华，马耀峰，孙根年，谢雪梅．旅游地非线性成长影响因素及作用机制研究 [J]．资源开发与市场，2009，25 (11)：982－985.

[105] 张惠．城市旅游地生命周期的动力学研究 [D]．南京师范大学，2005.

[106] 闫颖，张广海．基于 CSSCI 文献分析的中国世界遗产与旅游发展研究进展 [J]．中国海洋大学（社会科学版），2015 (6)：38－45.

[107] 百度百科．中国世界遗产 [EB/OL]．http：//baike. baidu. com/view/139046. htm.，2014－07－12.

[108] 王洋．国内遗产旅游研究 22 年——《旅游学刊》反映的学术动态 [J]．旅游学刊，2010：58－62.

[109] 陆林．山岳风景区国际旅游经济效益探析——以黄山国际旅游业为例 [J]．旅游学刊，1991，6 (1)：43－45.

[110] 陆林．黄山境外客源市场研究 [J]．经济地理，1994 (3)：100.

[111] 陆林．山岳风景区旅游季节性研究—以安徽黄山为例 [J]．地理研究，1994 (4)：34－40.

[112] 陆林．皖南旅游区布局研究 [J]．地理科学，1995 (1)：23－24.

[113] 陆林．山岳旅游者感知行为研究——黄山、庐山实证分析 [J]．北京大学学报：哲学社会科学版，1996 (3)：30.

[114] 陆林．山岳风景区旅游者空间行为研究——兼论黄山与美国黄石公园之比较 [J]．地理学报，1996 (4)：58.

[115] 陆林．山岳型旅游地生命周期研究——安徽黄山、九华山实证分析 [J]．地理科学，1997 (1)：92－100.

[116] 许嵩龄．中国遗产旅游业的经营制度选择——兼评“四权分离与制衡”主张 [J]．旅游学刊，2003 (4)：30－37.

[117] 胡济源．黄山旅游资源开发与保护 [J]．安徽地质，1997 (2)：71.

[118] 黄成林．黄山市人文旅游资源及其开发利用研究 [J]．经济地理，1995，15 (3)：101－102.

[119] 胡善风．黄山合理客容量综合评估 [J]．旅游学刊，1996 (3)：41－45.

[120] 冯学钢．黄山风景区旅游商品的开发 [J]．资源开发与市场，1998，14 (4)：186－187.

[121] 张朝枝，徐红罡，保继刚．世界遗产地内索道游客的特征、满意度及其影

响——武陵源案例研究［J］．旅游学刊，2005（3）：33－37．

［122］张朝枝．旅游与遗产保护：政府治理视角的理论与实证［M］．北京：中国旅游出版社，2006．

［123］张朝枝，徐红罡．中国世界自然遗产资源管理体制变迁——武陵源案例研究［J］．管理世界，2007（8）：52－57．

［124］马丽君，孙根年，王宏丹等．汶川地震对四川及周边省区旅游业的影响［J］．中国人口·资源与环境，2009（11）：168－174．

［125］丛莎莎．我国世界双重遗产旅游资源开发研究［D］．南京师范大学，2008．

［126］Andriotis K. Genres of heritage authenticity：Denotations from a pilgrimage landscape［J］．Annals of Tourism Research，2011，38（4）：1613－1633．

［127］Abdel Tawab A G. Evaluating the authenticity of earthen heritage：The case of Ramses Wissa Wassef Art Centre in Egypt［J］．Alexandria Engineering Journal，2013，52（3）：489－498．

［128］Apostolakis A. The convergence process in heritage tourism［J］．Annals of Tourism Research，2003，30（4）：795－812．

［129］Pendlebury J，Short M，While A. Urban World Heritage Sites and the problem of authenticity［J］．Cities，2009，26（6）：349－358．

［130］翟峰．论武陵源景区的开发［J］．旅游学刊，1990，5（3）：46－49．

［131］谢凝高．关于风景区自然文化的保护利用［J］．旅游学刊，2002，17（6）：8－9．

［132］梁学成．对世界遗产的旅游价值分析与开发模式研究［J］．旅游学刊，2006，21（6）：16－22．

［133］丁小丽．丝绸之路宁夏固原段遗产廊道空间格局研究［D］．西安建筑科技大学，2008．

［134］孙云仙．浅谈我国西北干旱地区旅游资源的开发利用［J］．干旱区地理，1996，19（1）：62－63．

［135］朱强．京杭大运河南段工业遗产廊道［D］．北京大学，2007．

［136］李创新，马耀峰，李振亭，马红丽．遗产廊道型资源旅游合作开发模式研究——以“丝绸之路”跨国联合申遗为例［J］．资源开发与市场，2009，25（9）：841．

［137］施然．遗产廊道的旅游开发模式研究——以京杭大运河为例［D］．厦门大学，2009．

［138］俞孔坚，奚雪松．发生学视角下的大运河遗产廊道构成［J］．地理科学进展．2010（8）：43．

［139］王丽萍．文化遗产廊道构建的理论与实践——以滇藏茶马古道为例［J］．贵州民族研究，2011（5）：76．

［140］冯学钢．皖南旅游区旅游资源基本态势与开发方向［J］．经济地理，1998，18

(1): 107 - 111

[141] 张瑛, 孔令栋. 中国世界文化遗产的保护与旅游开发——以敦煌莫高窟为例 [J]. 思想战 2006, 32 (2): 123 - 128.

[142] 康俊香, 杨新军, 马秋芳. 基于市场需求—承载力矩阵模型的遗产旅游潜能研究 [J]. 旅游学刊, 2006, 21 (7): 38 - 42.

[143] 张维亚. 城市历史地段旅游开发中吸引力—承载力矩阵应用———以南京内秦淮河历史地段为例 [J]. 旅游学刊, 2008, 23 (3): 63 - 67.

[144] Robina Hetherington, Brian Farrimond and Steve Presland. Information rich temporal virtual models using X3D [J]. Computers & Graphics, 2006, 30 (2) .

[145] Meehae Song, Thomas Elias, Wolfgang Mueller - Wittig, Tony K. Y. Chan. Using the Chinese Calligraphy brush as a tangible user interface tool in virtual heritage scenarios [J]. Computers & Graphics 2005, 29 (2): 41 - 48.

[146] Mimi Li, Bihu Wu, Liping Cai. Tourism development of World Heritage Sites in China: A geographic perspective [J]. Tourism Management, 2008, 28 (1): 308 - 319.

[147] Pingsheng Wu, Chunming Hsieh, Minfu. Using heritage risk maps as an approach to estimating the threat to materials of traditional buildings in Tainan (Taiwan) [J]. Journal of Cultural Heritage, 2013 (10): 1 - 7.

[148] Jiuping Xu, Liming Yao, Liwen Mo. Simulation of low - carbon tourism in world natural and cultural heritage areas: An application to Shizhong District of Leshan City in China [J]. Energy Policy , 2011, (39) : 4298 - 4307.

[149] Wang Yu. Sensor Nodes Deployment Strategy for Monitoring Roadside Biomass Carbon Stocks of Tourism Destination: A Case of Wulong World Natural Heritage, China [J]. Annals of Tourism Research, 2007, 34 (3): 789 - 804.

[150] Loulanski T, Loulanski V. The sustainable integration of cultural heritage and tourism: A meta - study [J]. Journal of Sustainable Tourism, 2011, 19 (7): 837 - 862.

[151] Calver S J, Page S J. Enlightened hedonism: Exploring the relationship of service value, visitor knowledge and interest, to visitor enjoyment at heritage attractions [J]. Tourism Management, 2013 (39): 23 - 36.

[152] Richards G. Creativity and tourism: The state of the art [J]. Annalsof tourism research, 2011, 38 (4): 1225 - 1253.

[153] 张晓, 郑玉欲. 中国自然文化遗产资源管理 [M]. 北京: 社会科学文献出版社, 2001.

[154] 吴必虎, 李咪咪, 黄国平. 中国世界遗产地保护与旅游需求关系 [J]. 地理研究, 2002, 21 (5): 618 - 620.

[155] 吴晓隽. 文化遗产旅游的真实性困境研究 [J]. 思想战线, 2004, 30 (2): 82.

［156］邓明艳．构建世界遗产旅游教育体系保护世界遗产［J］．乐山师范学院学报，2003，18（8）：98－102.

［157］王琴红．构建科学有效的文化遗产保护体系［J］．南方文物，2006（4）：118－122.

［158］王永桂．非物质文化遗产地方保护体系的三维构架——地方政府、地方社区组织、地方居民［J］．郑州航空工业管理学院学报（社会科学版），2011，30（1）：107－110.

［159］梁学成，邢晓玉．对我国世界遗产品牌价值的保护策略研究［J］．人文地理，2007（5）：110－113.

［160］李伟，俞孔坚，李迪华．遗产廊道与大运河整体保护的理论框架［J］城市问题，2004（1）：28－54.

［161］李林．“文化线路”对我国文化遗产保护的启示［J］．江西社会科学，2008（4）：201－205.

［162］孙秀丽．城市遗产概念拷问历史文化名城保护体系［N］．中国文物报，2011－09－02.

［163］罗佳明．保护为先是永恒的主题——从世界遗产保护与旅游的关系谈乐山大佛的保护［J］．理论与改革，2001（5）：67－69.

［164］常玉生．坚持“保护第一”的科学指导方针——关于旅游开发与自然文化遗产保护的关系［J］．经济社会体制比较，2002（2）：86－88.

［165］魏小安．五化：解决争论症结的一种观点［J］．旅游学刊，2002（6）：30.

［166］陈耀华，赵星烁．中国世界遗产保护与利用研究［J］．北京大学学报（自然科学版），2003，39（4）：573.

［167］何星亮．关于保护和开发文化与自然遗产的若干问题［J］．云南社会科学，2003（6）：86－90.

［168］鲍展斌，曹辉．历史文化遗产保护和开发的对策思考［J］．宁波大学学报（人文科学版），2002，15（3）：86－87.

［169］张朝枝．文化遗产与旅游开发：在二元冲突中前行［J］．旅游学刊，2010，25（4）：7－8.

［170］Mechtild R'ssler and Cécile Menétrey－Monchau，UNESCO World Heritage Centre. World Heritage Reports：Periodic Report and Action Plan Europe 2005－2006［R］. UNESCO World Heritage Centre，2007.

［171］陈来生．中国世界遗产旅游可持续发展研究简述［J］．学术月刊，2003（11）：109－111

［172］谢凝高．世界国家公园的发展和对我国风景区的思考［J］．城乡建设，1995（8）：30.

［173］郑玉歆．遗产资源管理七大问题突出［N］．经济参考报，2002－06－19.

[174] 苟自钧．中国自然文化遗产要走专业化经营管理之路 [J]．经济经纬，2002 (1)：64－65.

[175] 张晓．遗产资源所有与占有——从出让风景区开发经营权谈起 [J]．中国园林，2002 (2)：29－30.

[176] 魏小安．提高旅游市场竞争水平 [N]．人民日报（海外版），2003－11－19.

[177] 朱建安．世界遗产旅游发展中的政府定位研究 [J] 旅游学刊，2004，19 (4)：79－80.

[178] 张朝枝．旅游与遗产保护——政府治理视角的理论与实证 [J]．北京：中国旅游出版社，2006.

[179] 张朝枝，保继刚．国外遗产旅游与遗产管理研究——综述与启示 [J]．旅游科学，2004，18 (4)：7－16.

[180] 王兴斌．中国自然文化遗产管理模式的改革 [J]．旅游学刊，2002，17 (5)：15－21.

[181] 刘正威．黄山世界文化与自然双遗产的可持续发展研究 [D]．中国地质大学，2013.

[182] 刘思敏，刘民英．杭州西湖景区免费模式的实质及可复制性分析 [J]．旅游学刊，2011，26 (10)：50－56.

[183] 张晓亮，马玉洁，厉新权．平遥古城旅游成功内因初探 [J]．区域经济，2008 (7)：304－305.

[184] 文红，刘芳．从丽江模式看民族文化旅游资源的开发与保护——以通道侗族为例 [J]．怀化学院学报，2006，25 (10)：9－17.

[185] 木基元．从丽江模式看世遗的保护与利用 [N]．中国旅游报，2004－07－05.

[186] 范玉仙．世界文化遗产平遥古城的保护与旅游管理模式研究 [D]．青岛大学，2004.

[187] 欧阳坚．古城保护模式的新探索——以丽江与平遥为例 [J]．中国软科学，2008 (11)：12－16.

[188] 徐嵩龄，刘宇，钱薏红，汪秋菊．西湖模式的意义及其对中国遗产旅游经济学的启示 [J]．旅游学刊，2013，28 (2)：23－33.

[189] Yi Wang, Bill Bramwell. Heritage protection and tourism development priorities in Hangzhou, China. A political economy and governance perspective [J]. Tourism Management, 2012 (33): 988－998.

[190] Mingming su, Bin Li. Resource Management at World Heritage Sites in China [J]. Procedia Environmental Sciences, 2012 (12): 293－297.

[191] Li Yang. Ethnic tourism development : Chines Government Perspectives [J]. Annals of Toursim Research, 2006, 3 (35): 751－771.

[192] Masele F. Private business investments in heritage sites in Tanzania: Recent devel-

opments and challenges for heritage management [J]. African Archaeological Review, 2012, 29 (1): 51 – 65.

[193] Murzyn – Kupisz M. The socio – economic impact of built heritage projects conducted by private investors [J]. Journal of Cultural Heritage, 2013, 14 (2): 156 – 162.

[194] Poria Y, Butler R, Airey D. The core of heritage tourism [J]. Annals of Tourism Research, 2003, 30 (1): 238 – 254.

[195] Yankholmes A K, Akyeampong O A. Tourists' perceptions of heritage tourism development in Danish – Osu, Ghana [J]. International Journal of Tourism Research, 2010, 12 (5): 603 – 616.

[196] Alexandros A, Jaffry S. Stated preferences for two Cretan heritage attractions [J]. Annals of Tourism Research, 2005, 32 (4): 985 – 1005.

[197] Esther H. K Yung, Edmin H. W. Chan. Problem issues of public participation in buit – heritage controversial cases in HongKong [J]. Habitat International , 2011 (35): 457 – 466.

[198] Yuan Wang. Management of the Grand Canal and its bid as a world cultural heritage site [J]. Frontiers of Architectural Research, 2012 (1): 34 – 39.

[199] 汪明林，刘旺．遗产资源保护及旅游发展中的政府作为研究 [J]. 旅游学刊，2005 (4): 22 – 24.

[200] 胡海燕．世界文化遗产利益相关者管理的理想模式研究——以布达拉宫为例 [J]. 西藏大学学报，2006，21 (1): 23 – 28.

[201] 薄茜．工业遗产旅游利益相关者角色定位研究 [J]. 经济研究导刊，2012 (2): 71 – 75.

[202] 胡北明，王挺之．基于利益相关者视角的我国遗产旅游地管理体制改革 [J]. 管理科学，2010，24 (5): 69 – 72.

[203] 王纯阳，黄福才．村落遗产地利益相关者界定与分类的实证研究——以开平碉楼与村落为例 [J]. 旅游学刊，2012，27 (8): 88 – 89.

[204] 唐杰锋．湘西民族地区村寨旅游利益相关者利益分配研究 [J]. 区域经济，2013 (6): 108.

[205] 蒋先峰．河南商丘遗址旅游影响因素研究 [D]，昆明理工大学，2010.

[206] Qindi Li, Ruo You, Chun Chen, Xudong Yang. A field investigation and comparative study of indoor environmental quality in heritage Chinese rural buildings with thick rammed earth wall [J]. Energy and Buildings, 2012 (33): 988 – 998.

[207] Tongbin Chen. The rescue, conservation, and restoration of heritage sites in the ethnic minority areas ravaged by the Wenchuan earthquake [J]. Frontiers of Architectural Research, 2012 (1): 77 – 85.

[208] Hailong Li, Dihua Li, Ting Li, Qing Qiao, Hemin Zhang. Application of least – cost path model to indentify a giant panada dispersal corridor network after the Wenchuan

earthquake—Case study of Wolong Nature Reserve in China [J]. Ecological Modelling, 2010 (221): 944 - 952.

[209] 陶伟. 中国"世界遗产"的可持续旅游发展研究 [J]. 旅游学刊, 2000 (5): 36 - 41

[210] 严梅. 论中国世界文化遗产—旅游可持续发展的文化建设 [D]. 武汉大学, 2003.

[211] 张维亚. 信息交流技术在遗产旅游管理中的应用 [N]. 中国旅游报, 2009 - 01 - 12.

[212] 邵佳, 冷志明. 世界遗产价值分析与旅游开发对策研究—以武陵源自然遗产为例 [J]. 资开发与市场, 2011, 27 (2): 178 - 180.

[213] 吕宛青. 利益相关者共同参与的民族地区家庭旅馆经营及管理模式研究 [J]. 思想战线, 2007 (5): 35 - 42.

[214] 陈昕. 基于演化经济学的遗产地旅游利益相关者系统演化 [J]. 思想战线, 2012, 38 (6): 109 - 110.

[215] 陈岩峰. 基于利益相关者理论的旅游景区可持续发展研究 [D]. 西南交通大学, 2008.

[216] 罗佳明. 我国自然与文化遗产可持续发展的组织体系建设 [J]. 旅游学刊, 2003 (1): 51 - 55.

[217] 罗佳明. 中国世界遗产的组织体系建设与改革 [N]. 中国旅游报, 2004 - 10 - 18.

[218] 王镜. 基于生态和旅游体验的西安遗产旅游开发模式研究 [D]. 陕西师范大学, 2008.

[219] 王平. 基于旅游感知视角农业旅游的可持续发展研究——以东北地区为例 [J]. 湖北农业科学, 2014, 53 (23): 5898 - 5901.

[220] 机构研究. 国际文化遗产保护机制研究与对我国历史文化旅游发展的启示 [EB/OL]. http://mp.weixin.qq.com/s? _ _ biz = MjM5MzQ4OTIxNA = = &mid = 201624009 &idx = 2&sn = ed63b7ef30c2f531999f43b70d94bc07&3rd = MzA3MDU4NTYzMw = = &scene = 6 #rd, 2014 - 12 - 24.

[221] 姚宏, 郭雪梅. 中国遗产旅游开发管理比较研究——基于 1985 ~ 2014 年的相关国内外研究 文献 [J]. 西安财经学院学报, 2016 (6): 62 - 68.

[222] 姚宏, 李晓英. 基于游客感知的世界文化遗产地差异化开发——以敦煌莫高窟为 [J]. 资源开发与市场, 2015 (10): 1254 - 1258.

[223] 白凯, 马耀峰, 游旭群. 基于旅游者行为研究的旅游感知和旅游认知概念 [J]. 2008, 22 (1): 22 - 23.

[224] 白凯, 马耀峰, 游旭群. 基于旅游者行为研究的旅游感知和旅游认知概念 [J]. 2008, 22 (1): 25 - 26.

[225] 黎洁，赵西萍．美国游客对西安的感知研究［J］．北京第二外国语学院学报，2000（1）：51－55.

[226] 李永乐，陈远生，张雷．基于游客感知与偏好的文化遗产旅游发展研究——以平遥古城为例［J］，改革与战略，2007，23（12）：123－125.

[227] 钟栎娜，吴必虎等．国外旅游地感知研究综述［J］．人文地理，2013（2）：13－19.

[228] Pearce P L, Stringer P F. Psychology and Tourism [J]. Annals of Tourism Research, 1991, 18 (1): 136－154.

[229] Mayo E J, Jarvis L P. The psychology of leisure travel. Effective marketing and selling of travel services [M]. Boston: CBI Publishing Company, 1981: 90－92.

[230] Lennon R, Weber J M, Henson J. A test of a theoretical model of consumer travel behaviour: German consumers' perception of Northern Ireland as a tourist destination [J]. Journal of Vacation Marketing, 2001, 7 (1): 51－63.

[231] Gnoth J. Tourism motivation and expectation formation [J]. Annals of Tourism research, 1997, 24 (2): 283－304.

[232] Correia A, Oom Do Valle P, Moco C. Modeling motivations and perceptions of Portuguese tourists [J]. Journal of Business Research, 2007, 60 (1): 76－80.

[233] Fishbein M, Ajzen I. Attitudes towards objects as predictors of single and multiple behavioral criteria [J]. Psychological Review, 1974, 81 (1): 59－63.

[234] Bagozzi R P, Burnkrant R E. Attitude organization and the attitude－behavior relation: A reply to Dillon and Kumar [J]. Journal of Personality and Social Psychology, 1985 (49): 47－57.

[235] Baloglu S. An empirical investigation of attitude theory for tourist destinations: A comparison of visitors and nonvisitors [J]. Journal of Hospitality & Tourism Research, 1998, 22 (3): 211－224.

[236] Goodrich J N. A new approach to image analysis through multidimensional scaling [J]. Journal of Travel Research, 1978, 16 (3): 3－11.

[237] Goodrich J N. The relationship between preferences for and perceptions of vacation destinations: Application of a choice model [J]. Journal of TravelResearch, 1978, 17 (2): 8－13.

[238] Pritchard M P, Havitz M E. Destination appraisal: An Analysis of Critical Incidents [J]. Annals of tourism research, 2006, 33 (1): 25－46.

[239] Ryan C, Cave J. Structuring destination image: a qualitative approach [J]. Journal of Travel Research, 2005, 44 (2): 143－153.

[240] Mazanec J A, Strasser H. Perceptions－based analysis of tourism products and service providers [J]. Journal of Travel Research, 2007, 45 (4): 387－398.

[241] Gunn C A, Var T. Tourism planning: Basics, concepts, cases [M]. New York: Routledge, 2002: 102 - 105.

[242] Gartner W C, Shen J. The Impact of Tiananmen Square on China's Tourism Image [J]. Journal of Travel Research, 1992, 30 (4): 47 - 52.

[243] 国平, 叶文. 游客感知“灰度区”的旅游形象策划初探——兼曲靖市旅游形象策划 [J]. 人文地理, 2002, 17 (4): 34 - 37.

[244] 朱竑, 李鹏等. 中国世界遗产类旅游产品的感知度研究 [J]. 旅游学刊, 2005 (5): 21 - 25.

[245] 白凯, 马耀峰, 李天顺. 北京市入境游客感知行为研究 [J]. 消费经济, 2005 (3): 63 - 67.

[246] 陈玉英. 旅游目的地游客感知与满意度实证分析——开封市旅游目的地案例研究 [J]. 河南大学学报 (自然科学版), 2006 (4): 62 - 66.

[247] 李文兵. 古村落游客忠诚模型研究——基于游客感知价值及其维度视角 [J]. 地理研究, 2011, 30 (1): 37 - 48.

[248] 吴晶, 马耀峰, 高军. 基于游客感知的古都类城市旅游资源评价研究 [J]. 干旱区资源与环境, 2012, 26 (2): 186 - 191.

[249] 史春云, 张捷, 尤海梅. 游客感知视角下的旅游地竞争力结构方程模型 [J]. 地理研究, 2008, 27 (3): 703 - 714.

[250] 何琼峰. 中国国内游客满意度的内在机理和时空特征 [J]. 旅游学刊, 2011 (9): 45 - 52.

[251] 高军, 马耀峰, 吴必虎. 外国游客对华旅游城市感知差异——以 11 个热点城市为例的实证分析 [J]. 旅游学刊, 2010 (5): 38 - 43.

[252] 李永乐、陈远生. 基于游客感知与偏好的文化遗产旅游发展研究——以平遥古城为例 [J]. 改革与战略, 2007, 12 (12): 123 - 126.

[253] 李玺, 毛蕾. 澳门世界文化遗产旅游的创新性开发策略研究——游客感知的视角 [J]. 旅游学刊, 2009, 24 (8): 53 - 57.

[254] 王晓华, 马耀峰, 孙根年, 谢雪梅. 旅游地非线性成长影响因素及作用机制研究——以西安市为例 [J]. 资源开发与市场, 2009 (11): 146 - 151.

[255] 熊剑平, 刘承良, 颜琪. 城郊农村居民对乡村旅游感知影响因素的实证分析——以武汉市黄陂区明清古街为例 [J]. 中国农村经济, 2008 (1): 59 - 67.

[256] 隋丽娜, 程圩. 三类不同开放程度景区游客感知差异研究 [J]. 人文地理, 2014 (4): 126 - 133.

[257] 陈乾. 陕西袁家村居民旅游影响感知研究 [D]. 长安大学, 2012.

[258] 王丹. 基于 BSC 的企业 IT 部门绩效评价研究 [D]. 吉林大学, 2012.

[259] 毛乃才. 基于 BSC 的 H 公司绩效管理研究 [D]. 昆明理工大学, 2009.

[260] 吴大军. 平衡计分卡评说 [J]. 财务与会计, 2001 (11): 11 - 15.

[261] 林俊杰．创造价值：通过平衡计分卡导向全面质量管理概念 [J]．中国质量，2003 (5)：15－18.

[262] 毕意文，孙永玲．平衡记分卡：中国战略实践 [M]．北京：机械工业出版社，2003.

[263] 孙伟，张大卫．战略地图无形资产管理路线图 [J]．中国企业家，2004 (6)：122－124.

[264] 李东，王翔．基于期望理论的战略地图价值评估：中国环境的实证分析与应用展望 [J]．管理评论，2006，18 (4)：30－34.

[265] 王翔，李东，项保华．基于战略地图和 BSC 的企业整合型战略控制系统研究 [J]．管理工程学报，2007，21 (2)：110－113.

[266] 刘俊勇．平衡计分卡的有用性：一项实验研究 [J]．会计研究，2011 (5)：36－43.

[267] 彭绯．H 银行运用平衡计分卡完善战略绩效管理体系的探讨 [D]．厦门大学，2009.

[268] 任芳．平衡计分卡在我国商业银行绩效管理中的应用研究——以中国银行×支行为例 [D]．西南财经大学，2012.

[269] 王松．基于平衡计分卡的中国银行大连 S 支行绩效考核指标体系研究 [D]．吉林大学，2013.

[270] 刘俊勇．战略运营人员一体化系统研究——基于长寿药业实施平衡计分卡的案例 [D]．中央财经大学会计学院，2012.

[271] 陈海烽．基于战略地图的中小企业 ERP 实施模型 [D]．福建江夏学院，2012.

[272] 杨晶晶．基于战略地图的我国石油企业绩效评价指标体系研究 [D]．江西财经大学，2012.

[273] 杨辉．基于平衡计分卡的石油企业业绩评价体系研究 [D]．东北石油大学，2012.

[274] 郝敏．基于平衡计分卡的国有煤炭企业业绩评价指标体系研究 [D]．中国海洋大学，2009.

[275] 代碧波．基于战略地图的我国中小食品企业关系营销战略研究 [D]．哈尔滨商业大学，2010.

[276] 郝敏，李鹏，马俊云．基于战略地图的煤炭企业业绩评价指标体系研究 [D]．山东科技大学，2011.

[277] 周熙．平衡计分卡在物流企业中的应用研究 [D]．上海交通大学，2010.

[278] 徐春福．基于平衡计分卡的跨国物流子公司业绩评价体系的构建 [D]．南开大学，2012.

[279] 黄伟．平衡计分卡－基于 X 航空公司战略地图的战略性绩效管理体系 [D]．厦门大学，2005.

[280] 杨辉．基于平衡计分卡的石油企业业绩评价体系研究［D］．东北石油大学，2012.

[281] 迟骏．论平衡计分卡中国化的困境［J］．贵州民族学院学报（哲学社会科学版），2010（2）：73－74.

[282] 王建．我国企业绩效管理中采用平衡计分卡存在问题及相关对策研讨［D］．西南财经大学，2010.

[283] 邓自华．平衡记分卡和战略地图在转型期医院战略管理中的应用［J］．现代医院，2006（11）：89－91.

[284] 何雪松，曹建文．平衡计分卡在非营利性医院管理层绩效考评中的应用［J］．中国卫生经济，2007（12）：62－64.

[285] 王靖旭．基于平衡计分卡的公立医院急诊科室绩效考核机制研究［D］．中国海洋大学，2010.

[286] 甘政鑫．基于平衡计分卡的医院绩效管理研究——以TD医院为例［D］．天津财经大学，2009.

[287] 张大同．新医改背景下的我国公立医院平衡计分卡应用研究——以KF市人民医院为例［D］．西南财经大学，2011.

[288] 王琳．构建医院发展的战略地图—以石家庄市第一医院为例［J］．经济研究导刊，2013（3）：242－244.

[289] 葛露．政府绩效评估体系创新研究－平衡计分卡在政府部门的应用［D］．南京师范大学，2005.

[290] 罗海波．论平衡计分卡在政府绩效管理中的应用［D］．华中师范大学，2006.

[291] 吴英力．平衡计分卡在公共部门绩效管理中的应用研究［D］．哈尔滨理工大学，2009.

[292] 李宁．政府绩效评价视角下的政府会计基础改革［D］．湖南大学，2010.

[293] 肖蕾，杨斌基于战略地图的高校知识资本开发与运用研究［J］．科技情报开发与经济，2008（30）：179－180.

[294] 柴旭东．战略地图与大学发展战略制订—以英国利兹大学战略地图为例［J］．教育发展研究，2008（1）：1037.

[295] 易柱勤．基于动态平衡计分卡的高校绩效评价研究［D］．哈尔滨理工大学，2009.

[296] 丁阳．基于平衡计分卡的民办高校教师绩效考核研究［D］．西安理工大学，2010.

[297] 张晗，杜纲．战略地图在高校战略制定中的应用与研究［J］．社科纵横，2011（7）：56－58.

[298] 张晗．高校战略地图模型与应用研究［D］．天津大学，2012.

[299] 李晨辉，谷晓红，罗海元．高校推进马克思主义大众化战略地图的绘制［J］．

中医教育，2012（2）：89.

［300］孔令军．基于BSC的高绩效管理设计［J］．陕西广播电视大学学报（哲学社会科学版），2005（2）：31－33.

［301］姚宏，郭雪梅．我国世界文化遗产地旅游成长波动与驱动因素——以平遥、曲阜与承德为例［J］．陕西师范大学学报（自然科学版），2016（4）：94－101.

［302］张凌云，刘威．欧洲文化遗产保护及对中国的启示－评《旅游文化资源：格局、过程与政策》［J］．世界地理研究，2010（3）：168－176.

［303］郭雪梅．我国世界文化遗产地旅游成长波动比较与管理动因研究—以平遥古城、曲阜三孔和承德避暑山庄为例［D］．西安财经学院，2015.

［304］陈春晓．泰山旅游发展战略研究［D］．天津大学，2005.

［305］纪素娇．目的地旅游危机影响与恢复的时空格局研究［D］．江苏师范大学，2014.

［306］丁蕾，吴小根，等．水体旅游地游客感知测度模型及实证分析［J］．地理科学，2014，34（12）：1453－1461.

［307］胡道华，赵黎明．基于旅游体验过程的游客感知评价［J］．湘潭大学学报（哲学社会科学版），2011，35（2）：80－84.

［308］杨超．基于因子分析的庙会旅游游客感知评价体系——以河南淮阳太昊陵庙会为例［J］．河南科技大学学报（社会科学版），2015，33（1）：8－11.

［309］焦世泰．基于因子分析的民族文化旅游演艺产品游客感知评价体系研究——以“印象刘三姐”实景演出为例［J］．人文地理，2013（1）：150－154.

［310］杜佳．河南省乡村旅游区景观规划设计思路探讨［D］．河南农业大学，2011.

［311］刁晨晔．纺织业中“80后”员工的激励模式研究［D］．沈阳理工大学，2010.

［312］毕序刚．基于平衡计分卡的Y农商行绩效管理体系设计［D］．山东大学，2012.

［313］孟微．高职学生职业决策自我效能感的特点及干预研究［D］．辽宁师范大学，2012.

［314］彭柯．数字阅读平台用户体验影响因素研究［D］．南京大学，2015.

［315］李潇．360度绩效考评方法在高校管理人员中的应用研究［D］．西安建筑科技大学，2014.

［316］李佳佳．住宅市场消费者感知价值对购房意愿影响的实证研究［D］．安徽大学，2016.

［317］申电．代工企业社会责任表现对跨国公司形象的影响研究［D］．华东师范大学，2012.

［318］杨晶晶．基于战略地图的我国石油企业绩效评价指标体系研究［D］．江西财经大学，2012.

［319］万方霞．基于BSC的公司战略管理研究［D］．哈尔滨工程大学，2006.

[320] 张云鹏．战略导向的企业绩效测评机制研究［D］．南京理工大学，2005.

[321] 喻学才．我国当前文化遗产保护存在的八大难题［J］．旅游学刊，2015（6）：51－52.

[322] 谢树茵．矩阵式组织绩效管理系统研究［D］．天津大学，2012.

[323] 陕西省发改委．陕西省“十三五”旅游发展规划［E］．http：//www.shaanxi.gov.cn/jbyw/ggjg/sswgg/zxgg/76287.htm，2017.03.27

[324] 阙俊波．基于平衡计分卡的企业战略执行流程研究［D］．暨南大学，2008.

[325] 张乐君．平衡计分卡在H学院绩效管理的应用研究［D］．湖南大学，2011.

[326] 贾峰，罗俊辰．平衡计分卡在企业战略管理中的应用述评［J］．山西农业大学学报（社会科学版），2011（4）：368－372.

[327] 张楠，狮子乾．中外历史文化遗产保护分析［J］．陕西师范大学学报（自然科学版），2009（1）：112－113.

[328] 陈猛．基于平衡计分卡在企业战略实施及效果评价研究［D］．山东科技大学，2011.

[329] 魏琴．基于战略管理的平衡计分卡的设计与应用研究［D］．武汉理工大学，2005.

[330] 周熙．平衡积分卡在物流企业中的应用研究［D］．上海交通大学，2010.

[331] 王石磊．西安城市化与生态效应研究［D］．陕西师范大学，2009.

[332] 郭华．国外利用相关者研究综述与启示［J］．人文地理，2008（2）：101－102.

[333] 张永军．重温“西安文化建设的十大构想”［J］．西部大开发，2015（6）：51－52.

[334] 王砚彬．核电工程设计质量管理研究［D］．山东大学，2009.

[335] 刘亚东．冲击与机遇并存—国家文物局局长单霁翔谈文化遗产的保护现状与展望［J］．艺术市场，2007（6）：51－52.

[336] 梁月．基于平衡计分卡的企业战略管理［D］．北京：对外经济贸易大学，2006.

[337] 赵江，孔燕．基于战略地图的上市公司财务战略研究［J］．四川职业技术学院，2014（3）：46－48.

致　谢

本书得到了我的博士后合作导师西北大学文化遗产学院王建新教授、博士导师陕西师范大学地理科学与旅游学院孙根年教授的不吝赐教，衷心感谢两位教授的精心指导。同时，本书还获得陕西省文化与旅游厅陈梦榆副厅长，陕西师范大学地理科学与旅游学院马耀峰教授，西北大学文化遗产学院徐卫民教授、经济学院李树民教授、城市与环境学院杨新军教授等专家的指点与帮助，在此向他们表示最诚挚的谢意！

感谢泰山景区管理委员会、曲阜文物局与三孔景区管理委员会、承德避暑山庄及周围寺庙景区管理委员会、武当山旅游经济特区、平遥古城保护管理委员会、敦煌莫高窟研究院、秦始皇陵兵马俑博物院等单位领导与工作人员对调研工作的大力支持与帮助，感谢西安财经大学科研处、商学院领导及同仁的支持与帮助。

感谢我的家人及朋友，给予我理解、勇气与力量，陪伴我每一段旅程。

姚　宏

2019 年 6 月于西安